法脉不绝：沈家本先生后裔小考

——以沈承熙为中心

韩涛 著

上海三联书店

本书为复旦大学第三批"卓学计划"项目（2015）"晚清司法的多维观照"的成果之一

序

韩涛先生儒冠博士[①]大作《法脉不绝：沈家本先生后裔小考——以沈承熙为中心》付梓之际，微信致函问序。作为沈家本先生四世孙，自然义不容辞，遂微信复允之。

作为沈家本先生后裔，对本人的诸祖父辈、父辈本应了如指掌，然而事实是知之甚少，乃至似是而非，甚至张冠李戴。于旁观者，必觉不可思议，甚或斥之至于不肖。作为从上世纪八十年代初就从事沈家本研究的沈家本四世孙，更觉十分惭愧，又很无奈。

客观地说，如果不似儒冠博士下大力气，大量查阅文献、深入考据求证，历经百年的家族，要想弄清每一个人的情形，也并不易。即使我们"厚"字辈堂兄弟姐妹多数也不过知道而已，有些甚至毫无所知。

究其原因，无非时间推移与时代变迁。

且不说百年家族，就我个人而言，如1942年至46年初，本人随祖母、母亲暂居杭州，那时二伯父曾若干次到我家做客，但我始终没有把他和"沈仁堪"和"远重"两个名字联系起来；46年至47

[①] 涛按："儒冠"为著者之微信名称，因以微信致函请序，厚铎先生行文时视之为表字，与姓名并用。

年初离开上海前,全家曾在六姑家住了几个月。虽然本人对这段生活,有不少清晰的记忆,但至今我也没弄清这位"六姑"是哪位祖父的女儿。

就本人而言,作为沈家本四世孙辈唯一从事沈家本研究的非法学学者,八十年代初调入北京政法学院后,才正式步入这一领域。而这时能给我讲一点沈家本故事的人,在世的长辈,仅有的大姑妈(沈仁垌),已经年近百岁。就本人最亲近的太公四子的本房长辈而言:祖父沈承煌去世时,本人两岁、父亲沈仁坚去世时,本人十三岁,即便是对父亲的记忆,也就是支离破碎的点点滴滴了。与我一起生活时间最长的祖母赵六如,1904年嫁入沈门,有在沈家本身边生活九年的历史,1969年去世时八十四岁。虽然祖母不时给我讲一些太公的逸闻轶事,但在当时的社会环境下,也没有胆量做任何文字记录,在外人面前,更只能讳莫如深,久而久之,淡忘得也所剩无几了。

鉴于这些缘故,本人或其他亲属撰写的有关沈家本先生的文章,涉及祖父辈、父辈的内容,就必然地出现了许多误会和差错。如沈承焕、沈承熊、沈承熙的混淆抵牾等等。尤其本人,作为沈家本四世孙的沈家本研究人员,在一些文字中,也因为没有做认真的考究,出现了重大舛误,给亲属、读者,特别是给沈家本历史文化研究的专家学者造成困惑。多年来,虽有究误之愿而又力不从心,这也是本人长期以来愧对亲属与读者的纠结与遗憾。幸有韩博士儒冠先生的难能可贵的工作,有了《法脉不绝:沈家本先生后裔小考——以沈承熙为中心》拨乱反正,了却了一个耄耋老朽的心愿。

韩博士儒冠先生之作难能可贵之处有三:一曰有我等沈氏后人谬误在先,而儒冠博士欲究之错,必有很大的决心,且必有详实之确证,方得以服人;二曰必须有严肃的学术研究之精神,痛下十分努力之功夫,做到如韩博士自己所说:"1. 文献考据法。运用沈家本日记、家乘、墓志铭、哀挽录,沈家本、沈彦模、沈家霖、沈承熙等人科举考试硃卷,沈家本姻亲族谱等一手文献,钩沉史实,深入考证沈家本后裔的生平与事迹。2. 破立结合法。逐条驳斥对于沈家本后裔的各种不实之说,廓清笼罩在沈家本后裔身上的迷雾,辨析还原历史真相,厘清沈家本的血脉传承与法脉延续。3. 明暗互见法。采用太史公马迁所创之'互见法',铺设明暗两条线索,以核心人物沈承熙为明线,在考证沈承熙人生履历时,将其父沈家本的身世信息、家庭生活、变法修律活动、晚清民国法界影响等问题分布其中作为暗线,以期丰富沈家本研究的维度,为沈家本在晚清法律转型中的贡献提供一种来自生活史的解释。"才能成一家信说,做成信史;三曰必得有坐得住冷板凳之恒心。在如今"钱途"社会,干这种无利可得,且耗时数年的学术研究,如果不是如儒冠博士怀着"于法律人而言,有义务,也有责任,对'中国法制现代化之父'沈家本先生的子孙传承正本清源,以正视听。"之心,胸记"纪念沈家本先生对于中国传统法律现代化的卓越贡献,希望先生后继有人,血脉绵长——这种血脉,某种意义上,代表着一条法脉,一派文脉,乃至一缕国脉——而且或许同时,可以在厘清历史真相之余,展现和扫描晚清民国政法领域的多重面向。"之情、深怀对中华传统法治文化的一片衷爱;没有对学术研究的坚定信念,焉能完成如此费力而不得财之艰巨的工作。

儒冠博士在书中结语说:"以沈承熙为线索,梳理沈家本先生的后裔,厘清史实,纠正不实之说,不是为了批评,而是为了纪念。希望对于先生的血脉传承,有更加清晰的言说。"其实是替我沈氏后代,作了本应由沈家本先生后裔应为之事,为我沈家本先生的后代梳理了自己的亲源关系。对我们沈家本先生后裔而言,如果不是儒冠博士的力作,恐怕不会有人有此作为。故而,我以为我们沈家本先生之后人,应该铭记韩涛博士为我家族做出的如此贡献,要怀有一片感激之情。

韩涛博士又说:"这些亲属关系的界定,可以将人物置于更加宏阔的社会关系网络中,对于解释人物的行为及其背后的动因,或许会有更多的启发意义。透过沈氏家族与政法领域的密切关系,或许也可以管窥其血脉传承与法脉延续,展现和扫描晚清民国政法领域的多重面向。"由是而言,《法脉不绝:沈家本先生后裔小考——以沈承熙为中心》一书,也是儒冠博士对我国法律文化史做出的巨大贡献。

沈家本先生以法学名于世,但在他的著述中,非法学著作占了相当大的分量。中国政法大学出版社出版的八卷本《沈家本全集》中,1—4卷收入了他的法学著作,除了第8卷是他整理编辑的书籍外,5—7卷收入的全部是他的非法学著作。尤其是他充分运用朴学的治学方法对中国历代刑法的考证、对经史经典的考据,更是具有很高的学术价值。因此沈家本也是一位不折不扣的国学大师,还是有六百多首诗作的诗人。把这些著作纳入沈家本研究的范畴,也应该是学界有价值的课题。

通过对沈家本的全面研究,我们会发现,沈家本先生就是一位通过科举进身的读书人、一位深受中国传统儒家思想影响的读书人、一位勤奋又有责任心的学者、一位生于动荡时代知识分子。经史考据之学是他的毕生钟爱;法律之学,是长期刑部工作的需要、修律是"国家兴亡匹夫有责"的结果。

他的学术成就,已经构成了一个综合性的学术范畴。以沈家本先生法学成就的研究为龙头,包括沈家本先生的经学、史学、版本目录学(文献学)以及沈家本先生的诗歌创作、随笔等著作的研究;对沈家本先生佚稿的研究、沈著的版本研究、沈家本先生身世、生平、生活、社交的研究、沈氏学术方法学的研究等丰富内容为底蕴的研究,就构成了"沈学"。只有沈学的弘扬,才能还原一个完整的沈家本。

韩涛博士《法脉不绝:沈家本先生后裔小考——以沈承熙为中心》对沈家本后裔人物的考证,厘清了沈家本先生儿孙两代的亲属关系,进行更加系统化的考察。"寻找钩沉沈家本先生的后裔,梳理先生的血脉传承,接续他延续至今的生命轨迹与历史足迹。或许,也是在检视晚清沈家本先生主持的法律近代化以来,国家那一缕法脉的运行与流转,在起承转合、若隐若现、朦朦胧胧、若有若存中窥测近代法治的兴衰浮沉。"我以为这正是"沈学"研究的奠基之作。

在国家提倡发掘、弘扬中华历史文化的当今,韩涛博士的《法脉不绝:沈家本先生后裔小考——以沈承熙为中心》,在盛开的历史文化研究百花园中是一朵小花,但他散发着耕耘者精神的芬芳。盼韩博士的新作绵绵。是为序。

沈厚铎
中国政法大学教授,沈家本四世孙
2023年仲夏于明光村

目 录

引 言 ………………………………………………………… 1
  一、选题缘由 ……………………………………………… 1
  二、学术史回顾 …………………………………………… 2
  三、研究方法 ……………………………………………… 4
  四、本书结构 ……………………………………………… 4

第一章 沈承熙之谜 ………………………………………… 7
  一、长子抑或次子：众说纷纭的排行 …………………… 7
  二、战死还是被杀：语焉不详的去向 …………………… 9

第二章 沈承熙的身世信息 ………………………………… 13
  一、沈承熙的排行 ………………………………………… 13
  二、沈承熙的生日 ………………………………………… 15
  三、沈承熙的乳名 ………………………………………… 19

第三章 沈承熙的家族谱系 ………………………………… 23
  一、沈承熙的父辈 ………………………………………… 23

二、沈承熙的兄弟 …………………………………… *37*
　　三、沈承熙的姊妹 …………………………………… *74*
　　四、沈承熙的姐夫 …………………………………… *79*
　　五、沈承熙的妹夫 …………………………………… *97*
　　六、沈承熙的子侄 …………………………………… *121*

第四章　沈承熙的科举之路 ………………………………… *155*
　　一、师承与攻读 ……………………………………… *155*
　　二、入闱与考题 ……………………………………… *159*
　　三、中举之作 ………………………………………… *164*
　　四、考取原因 ………………………………………… *181*

第五章　沈承熙的宦海生涯 ………………………………… *191*
　　一、晚清工部 ………………………………………… *192*
　　二、晚清巡警部 ……………………………………… *199*
　　三、晚清民政部 ……………………………………… *202*
　　四、民国内务部 ……………………………………… *206*

第六章　沈承熙之死 ………………………………………… *217*
　　一、积劳病故 ………………………………………… *217*
　　二、身后抚恤 ………………………………………… *219*

结　　语 ……………………………………………………… *223*
参考文献 ……………………………………………………… *249*
附　　录 ……………………………………………………… *259*
　　附录一：沈子惇先生事略补志 ……………………… *259*
　　附录二：沈子敦先生传略 …………………………… *261*

附录三：沈子敦先生传略 …………………………………… 263
附录四：记法学先进沈家本 …………………………………… 265
附录五：祭沈子惇先生家本文 ………………………………… 267
附录六：吊法学大家沈家本先生 ……………………………… 269
附录七：前法部正首领沈君之碑 ……………………………… 271
附录八：吴兴沈公子惇墓志铭 ………………………………… 273
附录九：沈家本乡试硃卷 ……………………………………… 277
附录十：沈家本会试硃卷 ……………………………………… 286
附录十一：沈彦模乡试硃卷 …………………………………… 296
附录十二：沈家霦乡试硃卷 …………………………………… 306
附录十三：沈承熙乡试硃卷履历 ……………………………… 316
附录十四：皇清诰授奉政大夫王君云卿碑铭 ………………… 323
附录十五：沈家本致二村啸庵手札 …………………………… 326
附录十六：令江苏直隶浙江民政长前法部正首领沈家
　　　　　本灵柩回籍应饬沿途地方官妥为照料文 …… 327
附录十七：内务部呈本部佥事沈承熙积劳病故恳请
　　　　　照章给恤文并批令 ………………………………… 328
附录十八：沈承烈偕弟承煌、沈仁垓率子厚淦挽
　　　　　汪大燮联 ………………………………………… 330
附录十九：沈仁恫（余谷似）词作三首 ……………………… 331

后记 …………………………………………………………… 333

引　言

一、选题缘由

　　1913年6月9日,德高望重的法学泰斗沈家本先生驾鹤西去。在中国法律史上,留下一幕幕"法制冰人"的传奇,诉说着其丰功伟绩,供人们思慕品评,追忆缅怀。然而,斯人已逝,在凭吊纪念之余,对于先贤的敬意与怀念,往往会情不自禁地转移到对其后裔的关注之上,这似乎是国人的普遍心理。

　　或许因为,那后裔,正是先贤的生命延续、血脉传承,是先贤最亲近之人,在他们身上,多多少少遗留着先贤的音容笑貌;在他们心里,多多少少蕴积着先贤的言传身教;在他们脑中,多多少少珍藏着先贤的生活故事。所有这些,都彰显着先贤的品行与风范,是了解先贤生活、解读先贤功业、丰富先贤形象的更加鲜活的途径。孔子后代"衍圣公"封号的设立,在政治目的之余,或许亦有此意。

　　然而,由于年深日久,史料匮乏,对于沈家本先生后裔的具体情况,国人知之甚少,徒增悬念。而随着时间的推移,他们中的不少人已经相继转身而去,隐入历史的烟尘,淡去人生的痕迹。沈家本先生遗留在他们身上的信息,也随之风流云散。若不及时搜集梳理,我们与通过他们了解沈家本先生的机会,将会失之交臂。同时,这些人与沈家本先生一样,也已经完成了自己的历史使命,成为历史的组成部分,带有深刻的时代烙印。而这,也为我们了解他们置身其中的沈家本先生所开创的法制环境,管窥沈家本先生在他们所处时代的影响,提供了新的可能。

故而,在沈家本先生逝世110周年之际,在探究沈家本先生的思想与功业之余,追溯历史,考察沈家本先生的后裔,梳理沈家本先生的血脉传承,具有显著的学术价值。这不仅是对沈家本先生的一种更加亲切的私人化、生活化的纪念,更是拓展沈家本研究维度、推进"沈学"①研究深入的别样尝试。

二、学术史回顾

对于沈家本先生的后裔,学界尚缺乏专门考察,至今未见国内外有专门学术论著。由于研究主题与文章使命不同,本师李贵连先生在《沈家本传》中论及了沈家本先生的前辈与同辈,对于其后辈,除长女婚姻情况外,未曾赘言②。高勇年先生在《法学泰斗沈家本》中虽然对于沈家本先生的一些后代有所言及③,但惜乎语焉不详,且不无舛误。

目前,这方面的最重要的资料,主要出自沈家本先生后人的追述与回忆。最具代表性的为沈厚铎先生在《法制日报》上的《沈家

---

① 沈厚铎:《代后记:说"沈学"》,载沈家本著:《日南随笔》,沈厚铎重校,商务印书馆2017年版,第237—254页。
② 李贵连:《沈家本传(修订本)》,广西师范大学出版社2017年版,第85—87页。
③ 高勇年:《法学泰斗沈家本》,浙江人民出版社2006年版,第147—149页、180页、188页、361—363页、370—371页、385页、388页、390—391页。

本长子和他的后代》①、《沈氏老二房与老三房》②、《乡思凝成"枕碧楼"》③等一系列文章,沈厚鋆先生、余谷似女士的回忆④,常寒婴、沈巳森先生的追述⑤,以及沈小兰女士、蔡小雪先生合著的《修律大臣沈家本》⑥、《沈家本新传》⑦中的只言片语等。

然而,令人遗憾的是,这些由沈家本先生后人所写的文章与著作中,对于沈家本先生后裔的情况,彼此之间却表述不一,存在不少相互矛盾之处,有些地方更是存在明显错误。甚至一人所述的不同文字之间,也有不少抵牾之处。尤其是对于沈家本先生之子沈承熙,着墨最多,但疑问最大,乃至对其家族排行、生平去向,也未有确论。

混乱的言说,不仅混淆视听,有违历史真相,而且某种程度而言,也是对先贤的不敬。故而,对于后来者,尤其是对于法律人而言,有义务,也有责任,对"中国法制现代化之父"沈家本先生的子孙传承正本清源,以正视听。因为,以沈承熙这位沈家本先生的哲嗣为中心,考证其生平事迹,梳理其亲属关系,不仅是为了纪念沈家本先生对于中国传统法律现代化的卓越贡献,希望先生后继有人,血脉绵长——这种血脉,某种意义上,代表着一条法脉,一派文

---

① 沈厚铎:《沈家本长子和他的后代》,载《法制日报》2016年12月5日,第8版,"法治文化"。
② 沈厚铎:《沈氏老二房与老三房》,载《法制日报》2017年5月8日,第8版,"法治文化"。
③ 沈厚铎:《乡思凝成"枕碧楼"》,载《法制日报》2016年4月25日,第8版,"法治文化"。
④ 沈仁垌(余谷似)口述、沈厚鋆整理:《沈家本先生二三事》,载张国华主编:《博通古今学贯中西的法学家》,陕西人民出版社1992年版,第471—476页。
⑤ 常寒婴:《革命老人余谷似的一生》,载《法制日报》2017年6月5日,第8版,"法治文化"。沈巳森:《踏遍坎坷终归安宁——沈家本四世孙沈厚锦的一生》,载"法制网"2017年4月11日。
⑥ 沈小兰、蔡小雪:《修律大臣沈家本》,人民法院出版社2012年版。
⑦ 沈小兰、蔡小雪:《沈家本新传》,商务印书馆2022年版。

脉,乃至一缕国脉——而且或许同时,可以在厘清历史真相之余,展现和扫描晚清民国政法领域的多重面向。

三、研究方法

本书是一项微观史学的尝试,拟以沈家本先生之子沈承熙为切入,运用文献考据、破立结合与明暗互见等方法,综合展开研究。

1. 文献考据法。运用沈家本日记、家乘、墓志铭、哀挽录,沈家本、沈彦模、沈家霖、沈承熙等人科举考试硃卷,沈家本姻亲族谱等一手文献,钩沉史实,深入考证沈家本后裔的生平与事迹。

2. 破立结合法。逐条驳斥对于沈家本后裔的各种不实之说,廓清笼罩在沈家本后裔身上的迷雾,辨析还原历史真相,厘清沈家本的血脉传承与法脉延续。

3. 明暗互见法。采用太史公司马迁所创之"互见法",铺设明暗两条线索,以核心人物沈承熙为明线,在考证沈承熙人生履历时,将其父沈家本的身世信息、家庭生活、变法修律活动、晚清民国法界影响等问题分布其中作为暗线,以期丰富沈家本研究的维度,为沈家本在晚清法律转型中的贡献提供一种来自生活史的解释。

四、本书结构

本书拟以沈家本先生之子沈承熙为明线,以沈家本先生为暗线,围绕沈承熙的父辈、兄弟、姐妹、姐夫、妹夫、子侄等亲属关系,钩沉沈承熊、沈承熙、沈承烈、沈承煌、沈仁㤙、沈仁堪、沈仁培、沈仁坚等沈家本的子孙后裔,考证其身世信息、婚姻关系、读书科举、官场浮沉、人生际遇等问题,辨析争议观点,驳斥不实之说,从而厘清沈家本先生后裔的生平与事迹,重构沈家本先生的血脉传承史在梳理历史真相之余,揭示沈家本变法修律事业的家庭生活背景,管窥沈氏家族的血脉传承与法脉延续,考察沈家本对其后裔的福泽与恩荫,展现和扫描晚清民国政法领域的多重面向,勾勒与摹画大时代下法律人家族的历史命运,从侧面透视晚清法律转型对于沈家本后裔的影响,以期为沈家本的官场活动提供一个私人化、立体化的生活史的解释,为全面解读沈家本的生平与在晚清法律转型中的功业,贡献一个别样的视角。

具体而言,除"引言"与"结语"外,主体部分共分六章:

引言部分:指出选题的目的与意义,梳理既有研究成果,阐明本书的研究方法与基本结构。

第一章　沈承熙之谜:集中梳理笼罩在沈承熙身上的排行之谜与生死之谜,汇集不同观点,指出其排行上的长子抑或次子、去向上的战死还是被杀等争议问题。

第二章　沈承熙的身世信息:深入考证沈承熙的排行、生日、乳名等身世信息,驳斥不实之说,奠定本书的研究基础。

第三章　沈承熙的家族谱系:逐一考证沈承熙的父辈、兄弟、姐妹(姐妹夫)与子侄的生平履历,厘清沈承熙与沈家本、沈家树、沈彦模、沈家棨、沈家霂、沈承熊、沈承烈、沈承煌、沈承辉(汪大燮)、沈承烶(徐士钟)、沈仁垓、沈仁堪、沈仁培、沈仁坚等人的亲属关系,建构沈家本的亲属关系网络。

第四章　沈承熙的科举之路:依据沈家本日记与沈承熙乡试硃卷等一手资料,分别考证沈承熙的师承与攻读、入闱与考题、中举之作与中举原因等问题,关注沈家本对子女的经史教育与科考影响。

第五章　沈承熙的宦海生涯:以时间为序,依次考证沈承熙在晚清工部、巡警部、民政部与民国内务部的任职经历,透视沈承熙生活的时代背景,扫描晚清民国法律转型的个人镜像,侧面指出沈家本先生对于子孙仕途的无形荫庇。

第六章　沈承熙之死:着力考证沈承熙的死亡时间、死亡原因与死后的官方抚恤等情况。

结语部分:回顾沈家本先生的身后哀荣,总结沈家本先生的后裔情况,指出这些后裔对沈家本先生变法修律事业的隐形贡献,梳理其中的法律从业者,考察沈氏家族的血脉传承与法脉延续,揭示沈家本先生的变法修律功业对其法界后裔的影响。通过典型法律人家族谱系的梳理,勾勒晚清民国司法的多重面向,为沈家本先生的官场活动提供一个私人化、立体化的生活史的解释,为全面解读沈家本先生的生平与在晚清法律转型中的勋劳,贡献一个新的视角。

第一章　沈承熙之谜

沈承熙是沈家本先生的儿子,这一史实并无争议。然而,对于他的身世,沈家后人却众说纷纭,莫衷一是。

一、长子抑或次子:众说纷纭的排行

(一) 长子说

沈厚铎先生在《沈家本长子和他的后代》中说:"沈家本育有四男:长子承熙、次子承煦、三子承烈、四子承煌,三女:承辉、承烇、承烨。""不知是何原因,最终导致沈家本长子沈承熙离家出走,把家人的牵挂抛在身后。"①在《〈沈家本全集〉后记》中说:"沈家本先生育有四男:承熙、承煦、承烈、承煌,二女:承辉、承烨。"②又说:"我的大祖父沈承熙。"③

---

① 沈厚铎:《沈家本长子和他的后代》,载《法制日报》2016年12月5日,第8版,"法治文化"。
② 沈厚铎:《小楼藏得书千卷　闲里光阴相对酬——写在〈沈家本全集〉问世之际》,载徐世虹主编:《沈家本全集》第八卷《后记》,中国政法大学出版社2010年版,第987页。
③ 沈厚铎:《小楼藏得书千卷　闲里光阴相对酬——写在〈沈家本全集〉问世之际》,载徐世虹主编:《沈家本全集》第八卷《后记》,中国政法大学出版社2010年版,第987页。

沈小兰女士在《"无念尔祖，聿修厥德"——关于沈家本及其他》中说："我们的曾祖父沈承熙，是沈家本的长子。"①

沈小兰女士、蔡小雪先生二位在《修律大臣沈家本》中说："唯老大承熙不省心。"②"长子承熙，到底和他还是不一样的。"③

沈小兰女士、蔡小雪先生二位在《沈家本新传》中仍然说："唯老大承熙不省心。"④"长子承熙，到底和他还是不一样的。"⑤

（二）次子说

沈厚鋆先生在《读陈宝琛〈题沈家本遗像〉诗》中说："像绘成后，我的二祖父请曾祖父的老友、溥仪的老师陈宝琛去题字。"⑥"在这段时间里，他还抓紧整理出版了《枕碧楼丛书》和《吴兴长桥沈氏家集》等书。还命我的二祖父沈承熙为主，请沈兆奎、屈伯刚、严启丰等人协助整理了平生大部分著作成书，这便是《沈寄簃先生遗书》。"⑦

常寒婴先生在《革命老人余谷似的一生》中说："姥姥余谷似原名沈仁垌，是清末法学家沈家本的长孙女。后来参加革命，为避免牵连到家庭，改名余谷似。姥姥1897年出生在天津，那时沈家本在天津任知府，正值神州大地多事之秋。姥姥的父亲沈承熙是沈家本的二儿子，清末举人。"⑧

---

① 沈小兰：《"无念尔祖 聿修厥德"——关于沈家本及其他》，载《中国法律评论》公众号，2016年7月10日。
② 沈小兰、蔡小雪：《修律大臣沈家本》，人民法院出版社2012年版，第179页。
③ 沈小兰、蔡小雪：《修律大臣沈家本》，人民法院出版社2012年版，第179页。
④ 沈小兰、蔡小雪：《沈家本新传》，商务印书馆2022年版，第208页。
⑤ 沈小兰、蔡小雪：《沈家本新传》，商务印书馆2022年版，第209页。
⑥ 沈厚鋆：《读陈宝琛〈题沈家本遗像〉诗》，载张国华主编：《博通古今学贯中西的法学家》，陕西人民出版社1992年版，第477页。
⑦ 沈厚鋆：《读陈宝琛〈题沈家本遗像〉诗》，载张国华主编：《博通古今学贯中西的法学家》，陕西人民出版社1992年版，第478—479页。
⑧ 常寒婴：《革命老人余谷似的一生》，载《法制日报》2017年6月5日，第8版，"法治文化"。

高勇年先生在《法学泰斗沈家本》中沿袭此说:"沈家本的第二个儿子沈承熙,拿着这幅画像去请陈宝琛题字。"①

二、战死还是被杀:语焉不详的去向

沈厚铎先生在《沈家本长子和他的后代》中说:"不知是何原因,最终导致沈家本长子沈承熙离家出走,把家人的牵挂抛在身后。他最终的去向,也成为谜团。有人说他在与洋人拼杀中战死;也有人说是他加入义和团时,为了不牵涉家人更名换姓,后来朝廷镇压义和团时被捕,宁死不屈而被杀。其实沈承熙的出走,与沈家本不无关系。……正年轻的沈承熙,长期生活的京、津、保地区。这里也是义和团活跃的地方,'扶清灭洋'的激情口号吸引了他。投身其中,也是容易理解之事。但,沈承熙是否投身义和团却始终没有实证。这也正是沈家本在保定被法国牧师杜保禄衔仇告发后,能够据理辩驳而没有被处死的原因之一。"②在《〈沈家本全集〉后记》中说:"我的大祖父沈承熙,据说参加过义和团,后来就下落不明了。有人说是战死了,有人说是被清政府杀了。"③

沈小兰女士在《"无念尔祖 聿修厥德"——关于沈家本及其他》中说:"我们的曾祖父沈承熙,是沈家本的长子。而这位曾祖父,据说很同情穷苦的百姓,还参加了义和团,之后便下落不明。有人说他是战死的,也有人说他被清政府杀了,究竟如何,不得而知。他的遭遇,是沈家本心中永远的痛。曾祖父消失后,沈家长房

---

① 高勇年:《法学泰斗沈家本》,浙江人民出版社 2006 年版,第 413 页。
② 沈厚铎:《沈家本长子和他的后代》,载《法制日报》2016 年 12 月 5 日,第 8 版,"法治文化"。
③ 沈厚铎:《小楼藏得书千卷 闲里光阴相对酬——写在〈沈家本全集〉问世之际》,载徐世虹主编:《沈家本全集》第八卷《后记》,中国政法大学出版社 2010 年版,第 987 页。

这一门,便渐入困境。"①

沈小兰女士、蔡小雪先生二位在《修律大臣沈家本》中饱含深情地说:"承熙,有几分像他自己年轻的时候,爱国心最强烈,也最关心国事。和他不一样的则是,承熙这个孩子,情感热烈,遇事喜冲动,为他自己认为是救国救民的事业,愿意赴汤蹈火。动荡之中,他也不知道承熙到哪里去了。有人说,他加入了义和团,和那些不识几个大字的泥腿子搅和在一起。真实情况究竟如何,他并不知晓。……承熙,你现在到底在何方?又在做些什么呢?长子承熙,到底和他还是不一样的。他管不住他,也拦不住他,孩子大了,由不得爹娘。"②

沈小兰女士、蔡小雪先生二位在《沈家本新传》中,仍然沿袭了这段文字,仅改动了个别字词:"承熙,有几分像他年轻的时候,爱国心最强烈,也最关心国事。和他不一样的则是,承熙这个孩子,情感热烈,遇事喜冲动,为他自己认为是救国救民的事业,愿意赴汤蹈火。动荡之中,他也不知道承熙到哪里去了。有人说,他加入了义和团,和那些不识几个大字的泥腿子搅和在一起。真实情况究竟如何,他亦茫然不知。……承熙,你现在到底在何方?又在做些什么呢?长子承熙,到底和他还是不一样的。他管不住他,也拦不住他,孩子大了,由不得爹娘。"③

清末至今,不过区区百余年。然而,对于沈承熙,不惟外人鲜知其人,即便沈家后人,也似乎未能详知其事。这一切,都给这个人物身上,蒙上了一层扑朔迷离的色彩。

那么,沈承熙,到底是沈家本先生的长子还是次子呢?他究竟

---

① 沈小兰:《"无念尔祖 聿修厥德"——关于沈家本及其他》,载《中国法律评论》公众号,2016年7月10日。
② 沈小兰、蔡小雪:《修律大臣沈家本》,人民法院出版社2012年版,第179页。
③ 沈小兰、蔡小雪:《沈家本新传》,商务印书馆2022年版,第208—209页。

去了哪里呢？他的家族谱系是怎么样的？他的生平履历如何？所有这些，都似乎成为笼罩在他身上的一个个或大或小的谜团，亟待解开。

第二章　沈承熙的身世信息

事实上,沈承熙的身影在晚清史料中时有闪现,随着对一系列材料的梳理,他的家族排行、生辰、乳名等各种身世信息日益明朗。

一、沈承熙的排行

若要更加精确地解决沈承熙的排行问题,首先要明确沈家本一共有几个儿子。这一点儿,沈家后人目前意见一致,即沈家本夫妇一共生育了四个儿子。

查阅现存日记,沈家本对于夫人生子的记录也正好共有四次——在第四次时,还明确指出:"申正二刻,四儿生。"① 故而,这四次应该一一对应四个儿子的出生。录之如下:

同治十二年(癸酉,1873):"十月……廿六日,晴。夜内子举一男,时交卯刻,已明日付分矣。"②

---

① 徐世虹主编:《沈家本全集》第七卷《日记(癸未)》,中国政法大学出版社2010年版,第746页。
② 徐世虹主编:《沈家本全集》第七卷《日记(癸酉)》,中国政法大学出版社2010年版,第557页。

光绪二年(丙子,1876):"闰五月……二十日,晴。酉刻内子举一男。"①

光绪六年(庚辰,1880):"六月……廿六日,晴。早四下钟二刻,内子举一男。长夏天气凉爽,今日始热。"②

光绪九年(癸未,1883):"十一月……初十日。申正二刻,四儿生。是日未进署。"③

由于沈家本日记起自咸丰十一年(1861),止于中华民国元年(1912),跨度长达52年,但中间多有散失,并不完整,这就使得我们无法仅仅根据既有日记草率断言其生子情况。

仔细看来,这52年日记中,仅有25年(1861—1866、1871—1883、1890—1891、1893—1894、1898、1912)有文可查,另外27年(1867—1870、1884—1889、1892、1895—1897、1899—1911)的记载渺无踪迹。而沈家本于同治五年(1866)成婚,这些散失的日记恰好均在其成婚之后,故而,并不能完全排除其中还有生子记录的可能——事实上,阅读所及,冠以"沈家本之子"的名字,至少有9个:"沈承熙"、"沈承煦"、"沈承烈"、"沈承煌"、"沈承焯"、"沈承熊"、"沈承焕"、"沈承燓"、"沈羹梅"。

好在,王式通的记载,消解了这种疑虑。在《吴兴沈公子惇墓志铭》中,他明确指出,沈家本"子四"④。鉴于王式通与沈家本的密切关系——王式通是沈家本的同事和下属,在晚清刑部、大理院

---

① 徐世虹主编:《沈家本全集》第七卷《日记(丙子)》,中国政法大学出版社2010年版,第614页。

② 徐世虹主编:《沈家本全集》第七卷《日记(庚辰)》,中国政法大学出版社2010年版,第694页。

③ 徐世虹主编:《沈家本全集》第七卷《日记(癸未)》,中国政法大学出版社2010年版,第746页。

④ (民国)王式通:《吴兴沈公子惇墓志铭》,载(民国)闵尔昌纂录:《碑传集补·卷六·部院大臣·沈家本》(近代中国史料丛刊第100辑),台湾文海出版社有限公司1973年版,第418页。

和修订法律馆与沈家本共事多年,他"尝从公问律,受知最深"①,生活中与沈家本也多有交往——加之墓志铭文体的严肃性,这的确应属于"盖棺定论"。

那么,这四个儿子中,沈承熙究竟排行第几呢?由于沈家本在现存日记中并未明确记载四个儿子的命名情况,故而,无法直接将名字与排行相互对应。

不过,沈家本在光绪九年(1883)癸未科会试硃卷"履历"中,列举儿子时,将其排在第二。② 王式通在《吴兴沈公子惇墓志铭》中,也说他是次子:"次承熙,举人。"③而沈承熙本人在光绪二十八年(1902)壬寅补行庚子辛丑恩正并科浙江乡试硃卷"履历"中,则明确声称:"字敬甫,号净芙,行二。……浙江湖州府学附贡生,归安县民籍。"④

可见,沈承熙在沈家本的四个儿子中排行第二,为沈家本的次子,而并非长子。沈厚铎、沈小兰、蔡小雪等沈家本后人所持"长子说",其言不确。

二、沈承熙的生日

既然沈承熙为沈家本次子,那么,根据沈家本日记中的得子顺

---

① (民国)王式通:《吴兴沈公子惇墓志铭》,载(民国)闵尔昌纂录:《碑传集补·卷六·部院大臣·沈家本》(近代中国史料丛刊第100辑),台湾文海出版社有限公司1973年版,第418页。

② 顾廷龙主编:《清代硃卷集成》第54册《会试·光绪癸未(九年)(一八八三)科》,台湾成文出版社有限公司1992年版,第301页。

③ (民国)王式通:《吴兴沈公子惇墓志铭》,载(民国)闵尔昌纂录:《碑传集补·卷六·部院大臣·沈家本》(近代中国史料丛刊第100辑),台湾文海出版社有限公司1973年版,第418页。

④ 顾廷龙主编:《清代硃卷集成》第300册《乡试(浙江)·光绪壬寅(二十八年)(一九〇二)补行庚子(二十六年)(一九〇〇)辛丑(二十七年)(一九〇一)恩正并科》,台湾成文出版社有限公司1992年版,第391页。

序,他应该出生于光绪二年(丙子,1876)闰五月二十日。①

然而,奇怪的是,沈承熙本人在乡试硃卷"履历"中,所填生日却与此不同,自称"光绪戊寅五月二十日吉时生"②。但是查阅沈家本戊寅五月二十日乃至整个戊寅年的日记③,里面却根本没有得子记录。

"光绪丙子"(1876)与"光绪戊寅"(1878),相差二年之多。父子二人所言,必有一真一伪。沈家本有当年日记为据,应可采信。可疑的,则只能是沈承熙了。

那么,对于自己的生日,本人怎么会记错呢?通常而言,当然不会。既然不会,难道沈承熙是有意为之,故意虚报了吗?答案是肯定的。

其实,在中国古代科举考试中,考生虚报出生年份的行为,并不少见。这种现象,由来已久,称之为"官年"④。南宋洪迈《容斋随笔·容斋四笔·卷三·实年官年》载:"士大夫叙官阀,有所谓实年、官年两说,前此未尝见于官文书。大抵布衣应举,必减岁数,盖少壮者欲藉此为求昏地;不幸潦倒场屋,勉从特恩,则年未六十始许入仕,不得不豫为之图。至公卿任子,欲其早列仕籍,或正在童龀,故率增抬庚甲有至数岁者。然守义之士,犹曰儿曹甫策名委质,而父祖先导之以挟诈欺君,不可也。……于是实年、官年之字,形于制书,播告中外,是君臣上

---

① 徐世虹主编:《沈家本全集》第七卷《日记(丙子)》,中国政法大学出版社 2010 年版,第 614 页。

② 顾廷龙主编:《清代硃卷集成》第 300 册《乡试(浙江)·光绪壬寅(二十八年)(一九〇二)补行庚子(二十六年)(一九〇〇)辛丑(二十七年)(一九〇一)恩正并科》,台湾成文出版社有限公司 1992 年版,第 391 页。

③ 徐世虹主编:《沈家本全集》第七卷《日记(丙子)》,中国政法大学出版社 2010 年版,第 646—664 页。

④ 对于"官年"现象,学界已有很多研究。具体情况,可参见:马镛:《清代乡会试同年齿录研究》,上海科学技术文献出版社 2013 年版,第 32 页,正文及注释。

下公相为欺也。"①

可见,最初的"官年",有的加岁,也有的减岁,但到了清代,则以减岁为主。② 王士禛在《池北偶谈·卷二·官年》中说:"三十年来,士大夫履历,例减年岁,甚或减至十余年;即同人宴会,亦无以真年告人者,可谓薄俗。"③

对于"官年"问题,有清一代,统治者多有认识,曾经多次予以道德申斥,要求更正。

早在清初,顺治帝就意识到这一问题,斥之为"陋风",谕令礼部,要求以后应试者如实填写年岁:"朕惟人臣事君,勿欺为本。近来进呈登科录及乡、会、殿试等卷,率多隐匿年岁,以老为壮,以壮为少,甚至染薙须鬓,饰貌美观。国家开科取士,本求贤良,进身之始,即为虚伪,将来行事可知。……今科进士登科录,及以后各试卷,务要据实供写。其余陋风,悉行改正,毋负朕崇诚信、重廉耻至意。"④

雍正帝也曾专为"官年"问题,谕令内阁,列举了文武官员履历中随意增减年龄的现象:"朕览文武官员履历,开载年岁,多有不实。或年岁本少而增之为多,或年岁本多而减之为少。此种陋习,汉人最甚,近来汉军亦渐有之。惟满洲官员皆系真实年龄,无意为增减之事。至于外省文武,则年岁不实者尤多。此甚无益而可笑也。"苦口婆心地劝导道:"国家用人,惟论其才力之可以办事任职,

---

① (宋)洪迈撰:《容斋随笔·容斋四笔·卷三·实年官年》(下),穆公校点,上海古籍出版社2015年版,第440页。
② 张剑:《清代科举文人官年现象及其规律》,载《华南师范大学学报(社会科学版)》2017年第4期,第160页。
③ (清)王士禛撰:《池北偶谈·卷二·谈故二·官年》(上册),勒斯仁点校,中华书局1982版,第44页。
④ (清)官修:《清实录》第三册《世祖章皇帝实录·卷九一·顺治十二年四月(丙子)》,中华书局2008年影印版,第2208页。

原不以年岁之老少为重轻。如老成望重之人,宜于居官服政,年岁虽多而精神尚健,即属可用之员;若年虽未老而志气委靡,则不可用,是多者不必减之为少也。少年精壮之人,宜于效力宣劳,年虽尚轻而办事勤敏,亦属可用之员;若年齿虽大而才具庸劣,则不可用,是少者不必增之为多也。人之立身,事事皆当诚实,岂可涉于欺诈?彼增减年岁者,无益于功名,而有关于品行,不可习为固然也。"明确要求:"今朕特为训谕,凡各官从前之年岁不实者,俱著即行改正,令以实在年岁开明注册。"但最终仍是无可奈何地说:"嗣后文武官员倘仍行增减,甘蹈欺隐之习,则其人甚为无耻,而不足责矣。"①

然而,由于仅仅诉诸道德训诫而未有严厉的惩罚措施,"官年"现象作为一种俗例,在实践中却一直屡禁不止。乾隆帝曾指出:"生员报考时,豫为将来筮仕计,减少岁数者,十居八九。旧册具在,历历可徵。"②同光年间官员方濬师也说:"今之履历,年岁每增减若干,谓之官年。"③直至清末科举考试,这种痼习仍然沿之未改:"应试时少填岁数是当时通行的俗例,至于少填几岁,则因人而异,并不固定,一般以一至二岁为多。"④"直到清末科举制度被废除为止,这一俗例始终绵延不绝。"⑤

---

① (清)允禄奉敕编,弘昼续编:《世宗宪皇帝上谕内阁·卷六十二·雍正五年十月(初十日)》(《景印文渊阁四库全书》本,第414册),台湾商务印书馆1988年版,第710页。
② (清)官修:《清实录》第十九册《高宗纯皇帝实录(一一)·卷八九四·乾隆三十六年十月(戊辰)》,中华书局2008年影印版,第20066页。
③ (清)方濬师撰:《蕉轩随录 续录·卷八·官年》,盛冬玲点校,中华书局1995年版,第298页。
④ 郗志群:《封建科举、职官中的"官年"——从杨守敬的乡试硃卷谈起》,载《历史研究》2003年第4期,第157页。
⑤ 郗志群:《封建科举、职官中的"官年"——从杨守敬的乡试硃卷谈起》,载《历史研究》2003年第4期,第155页。

可见,沈承熙在乡试硃卷"履历"中虚报岁数,减少了两岁,在当时属于正常现象,毋庸苛责。至于具体出生月日,官年时则一般不改①。但由于光绪戊寅年(1878)并无"闰五月",故而,他将光绪丙子年(1876)的"闰五月",改为了"五月"。

与之形成鲜明对比的是,沈家本在科举考试时,则并未因循"官年"陋习。无论在乡试,还是在会试硃卷"履历"中,均如实填写出生日期:"道光庚子年七月二十二日吉时生。"②这一细节,也从侧面印证了其"老成笃实"③的口碑与"操履笃实"④的考评。

三、沈承熙的乳名

沈承熙字"敬甫",号"净芙",乳名"庚三"。沈厚铎先生认为"庚三"是沈家本三子:"建楼当然短不了备料、雇工等等一切事务,三爷庚三(沈家本三子沈承烈号)总揽其成。"⑤似有望文生义之嫌。

光绪二年(丙子,1876)十一、十二月,沈家本的儿子"庚三"曾

---

① 张剑:《清代科举文人官年现象及其规律》,载《华南师范大学学报(社会科学版)》2017年第4期,第160页。

② 顾廷龙主编:《清代硃卷集成》第251册《乡试(浙江)·同治乙丑(四年)(一八六五)补行咸丰辛酉(十一年)(一八六一)科并同治壬戌(元年)(一八六二)恩科》,台湾成文出版社有限公司1992年版,第195页。顾廷龙主编:《清代硃卷集成》第54册《会试·光绪癸未(九年)(一八八三)科》,台湾成文出版社有限公司1992年版,第299页。

③ 《大公报》大清宣统三年三月初一日,西历1911年3月30号(礼拜四),第3111号,第2张第1版,"闲评二·北京·沈侍郎撤差之愉快":"沈子敦侍郎向以老成笃实著。"

④ 《申报》大清光绪二十四年二月初五日,西历1898年2月25号(礼拜五),第6105号,附张,"光绪二十四年正月十六十七日《京报》全录·直督王奏为遵旨拣员调补首府要缺摺":"查沈家本年五十七岁,浙江归安县人……该员才长心细,操履笃实。"

⑤ 沈厚铎:《乡思凝成"枕碧楼"》,载《法制日报》2016年4月25日,第8版,"法治文化"。

生了一场急病,多日未愈,一度濒危。沈家本忧心如焚,延请名医诊治之余,在日记中,对病情与治疗情况作了详细记载:

十一月:

初九日,晴。午刻刘健卿邀吃饭（万兴）。庚三于昨晨小有不适,今晨尚阳阳如常。午后忽发痉状,似角〔了〕〔弓〕反张,余薄暮归家,始知之。急请凌熙台一看,凌熙台言是惊风,因服广东回春丹二粒。二鼓后复患厥,痰涎上壅,凡四五次,家人终夜不能安眠。①

初十日,晴。晨延姚莲翁来诊,言指绞纯青,病在风木,用镇惊息风之品,并服曲妪处取来之追风滚痰散。日暮始服汤药,神气略清,安睡两时许,醒后又服二道,食乳。乳毕,移时痰厥又来,加以抽掣。〔囟〕门下陷,外肾上搐,状极危险,约两时许,痰势略平复,四鼓后,能食乳。此夜家人亦未安眠。②

十一日,晴。晨延莲翁来,（眼边红,起珠。）用清肝肺热及降痰下气之品,服之痰渐清。是日,〔痰〕厥不复发,势始定。③

十二日,晴。晨延莲翁来,用宣肺清热化痰之品,是日神气渐清。灯下作试帖二。④

十三日,晴。今晨庚三眼光渐活,惟眼边尚红、声嘎不亮,因诣莲翁处,开凉血清热宣肺〔诸〕味,是又为狗嗷所惊。⑤

十四日,晴。晨庚三之风又作,仍延莲翁来治,方剂同前,镇惊

---

① 徐世虹主编：《沈家本全集》第七卷《日记(丙子)》,中国政法大学出版社 2010 年版,第 623 页。"患厥痰诞上壅"一句,"诞"似为"涎"之误,断句应为："患厥,痰涎上壅。"径改。

② 徐世虹主编：《沈家本全集》第七卷《日记(丙子)》,中国政法大学出版社 2010 年版,第 623 页。"聪门"应为"囟门"之误,径改。

③ 徐世虹主编：《沈家本全集》第七卷《日记(丙子)》,中国政法大学出版社 2010 年版,第 623 页。

④ 徐世虹主编：《沈家本全集》第七卷《日记(丙子)》,中国政法大学出版社 2010 年版,第 623 页。

⑤ 徐世虹主编：《沈家本全集》第七卷《日记(丙子)》,中国政法大学出版社 2010 年版,第 623 页。

清热宣肺。午后两手紧握不能张,乃筋脉拘挛之故。又往莲翁处定方,加入平肺下气之品。晚间惊风不作。①

十五日,阴。仍移居东院。庚三午间后为狗惊,午后惊风又作,服曲妪追风滚痰散,夜间不作。是晨飞雪数点。②

十七日,晴,风大。午后复延莲翁来为庚三诊视,服养肝清热安神之品。③

十二月:

十八日,晴。晨出门,午后又出门。是日庚三又病。④

廿三日,雪,午后雪止。庚三连服莲翁方未效,今晚延市医李姓推拿,言是哑惊。⑤

根据传统医学,从症状来看,"庚三"所患之病的确如凌熙台所言,应是小儿惊风,又称"惊厥"。"本病来势凶险,变化迅速,为儿科危急重症之一,以1~5岁的小儿最为多见。"⑥

如此看来,在年龄上,沈家本长子和次子均符合这一条件,三子则并无可能——此时长子3岁,次子半岁,而三子尚未出生。

那么,患病的"庚三"为什么不可能是长子呢?因为长子小名为"如山"⑦。故而,"庚三"只能是沈家本次子沈承熙之乳名,而并

---

① 徐世虹主编:《沈家本全集》第七卷《日记(丙子)》,中国政法大学出版社2010年版,第623页。
② 徐世虹主编:《沈家本全集》第七卷《日记(丙子)》,中国政法大学出版社2010年版,第623页。
③ 徐世虹主编:《沈家本全集》第七卷《日记(丙子)》,中国政法大学出版社2010年版,第624页。
④ 徐世虹主编:《沈家本全集》第七卷《日记(丙子)》,中国政法大学出版社2010年版,第625页。
⑤ 徐世虹主编:《沈家本全集》第七卷《日记(丙子)》,中国政法大学出版社2010年版,第625页。
⑥ 梁繁荣、王华主编:《针灸学(新世纪第四版)》,中国中医药出版社2016年版,第257页。
⑦ 这一点儿,容后文言及沈承熙兄弟之时,再专门详细考论。

非其三子沈承烈之号。

  其实,在光绪二年(丙子,1876)六月二十日,次子出生一个月时,沈家本即在日记中写道:"六月……二十日,晴。庚三弥月。"① 可见,沈家本次子满月,"庚三"也满月,"庚三"应为沈家本次子,与沈承熙为一人无异。

---

① 徐世虹主编:《沈家本全集》第七卷《日记(丙子)》,中国政法大学出版社2010年版,第616页。

第三章　沈承熙的家族谱系

沈承熙生活在一个宦迹不显、人丁尚旺的官宦之家，具有众多的家族成员。父亲沈家本之外，他共有伯叔长辈四人——伯父一人、叔父三人，兄弟姊妹同辈六人——兄弟三人、姊妹三人，子侄晚辈六人——女儿二人、侄子四人。

以沈承熙为线索，梳理这些家族成员的生平履历，可以集中呈现沈家本的亲属关系网络，尤其是后裔情况，构建自沈家本开始的沈氏家族的基本谱系，为沈家本先生的血脉传承，勾画一个相对清晰的图景。

一、沈承熙的父辈

沈承熙的父亲沈家本共有兄弟五人：长兄沈家树，字子佳[①]；

[①] 顾廷龙主编：《清代硃卷集成》第300册《乡试（浙江）·光绪壬寅（二十八年）（一九〇二）补行庚子（二十六年）（一九〇〇）辛丑（二十七年）（一九〇一）恩正并科》，台湾成文出版社有限公司1992年版，第394页，沈承熙称："父，家树（字子佳，貤赠中宪大夫）。"

三弟沈彦模,字子范①;四弟沈家荣,字子祥②,五弟沈家霖,字子文③。沈家本字子惇,排行第二。故而,沈承熙的叔伯共有四人,分别是:大伯沈家树、三叔沈彦模、四叔沈家荣、五叔沈家霖。

(一) 大伯

沈家树,早逝。④ 后因沈家本之故,被貤赠中宪大夫、刑部郎中:"以弟家本封中宪大夫、刑部郎中。"⑤ "貤赠中宪大夫、刑部直隶司郎中加一级。"⑥

沈承熙出生之后,沈家本有了两个儿子。由于胞兄沈家树早逝,为帮其延续香火,沈家本将沈承熙出嗣给其为子。在会试硃卷"履历"中,沈家本写道:"承熙(出嗣本生胞兄后)。"⑦王式通在《吴兴沈公子惇墓志铭》中也说:"次承熙……出嗣公兄子佳公。"⑧

---

① 徐世虹主编:《沈家本全集》第八卷《吴兴长桥沈氏家集·看山楼草(二卷)》,中国政法大学出版社2010年版,第293页:"沈彦模子范著。"295页:"余家老屋在郡城偏吉衖,倚南门。屋有楼,开窗望远,城外诸山如揖如拱,皆在目前。……三弟子范于丁卯戊辰之间读书其上……戊申六月,家本记。"

② (民国)王式通:《吴兴沈公子惇墓志铭》,载(民国)闵尔昌纂录:《碑传集补·卷六·部院大臣·沈家本》(近代中国史料丛刊第100辑),台湾文海出版社有限公司1973年版,第418页:"次承煌……出嗣公弟子祥公。"沈家本共有3个弟弟,三弟字"子范"、五弟字"子文"。那么,"子祥",则只能是其四弟沈家荣了。

③ 徐世虹主编:《沈家本全集》第八卷《吴兴长桥沈氏家集·松桂林草(二卷)》,中国政法大学出版社2010年版,第307页:"沈家霖子文著。"(植字有误,应为"沈家霖"。)第309页:"偏吉旧屋里室前,有罗汉松一株,高耸出云,百余年物也。……子文五弟读书此室中,历十余寒暑不辍。……戊申六月,家本记。"

④ 顾廷龙主编:《清代硃卷集成》第266册《乡试(浙江)·光绪丙子(二年)(一八七六)科》,台湾成文出版社有限公司1992年版,第272页。

⑤ (清)陆心源等修,丁宝书等纂:《(光绪)归安县志·卷三十·恩锡录(封赠 荫袭)》,台湾成文出版社有限公司1970年版(据光绪八年刊本影印),第292页。

⑥ 顾廷龙主编:《清代硃卷集成》第54册《会试·光绪癸未(九年)(一八八三)科》,台湾成文出版社有限公司1992年版,第300页。

⑦ 顾廷龙主编:《清代硃卷集成》第54册《会试·光绪癸未(九年)(一八八三)科》,台湾成文出版社有限公司1992年版,第301页。

⑧ (民国)王式通:《吴兴沈公子惇墓志铭》,载(民国)闵尔昌纂录:《碑传集补·卷六·部院大臣·沈家本》(近代中国史料丛刊第100辑),台湾文海出版社有限公司1973年版,第418页。

故而，沈承熙本人在乡试硃卷"履历"中自称："父，家树（字子佳，貤赠中宪大夫）……本生父，家本。"①

沈厚铎先生认为，沈家树是沈家本的同父异母兄弟："丙莹公前妻周氏夫人生下长子沈家树不久，因病去世。……道光十三年（一八三三年），丙莹公续娶杭州俞氏次女，即我的高祖母。高祖母连育儿女，至道光二十年（一八四〇）年，才生下我的太公沈家本。"②这种说法是值得怀疑的。

首先，沈家本、沈彦模、沈家霖在会试、乡试硃卷"履历"中，均称沈家树为"胞兄"③。所谓"胞兄"，与胞弟应为一奶同胞，同一母亲所生。

其次，沈家本的父亲沈丙莹④只有俞氏一位夫人，未有前妻或续弦。依据惯例，在硃卷"履历"和墓志铭中，均要详细叙述主人的婚娶情况，将所有妻子一一罗列。以沈氏家族而言，沈家本的硃卷

---

① 顾廷龙主编：《清代硃卷集成》第300册《乡试（浙江）·光绪壬寅（二十八年）（一九〇二）补行庚子（二十六年）（一九〇〇）辛丑（二十七年）（一九〇一）恩正并科》，台湾成文出版社有限公司1992年版，第394页。

② 沈厚铎：《小楼藏得书千卷 闲里光阴相对酬——写在〈沈家本全集〉问世之际》，载徐世虹主编：《沈家本全集》第八卷《后记》，中国政法大学出版社2010年版，第986页。

③ 顾廷龙主编：《清代硃卷集成》第251册《乡试（浙江）·同治乙丑（四年）（一八六五）补行咸丰辛酉（十一年）（一八六一）科并同治壬戌（元年）（一八六二）恩科》，台湾成文出版社有限公司1992年版，第196页。顾廷龙主编：《清代硃卷集成》第54册《会试·光绪癸未（九年）（一八八三）科》，台湾成文出版社有限公司1992年版，第300页。顾廷龙主编：《清代硃卷集成》第266册《乡试（浙江）·光绪丙子（二年）（一八七六）科》，台湾成文出版社有限公司1992年版，第272页。顾廷龙主编：《清代硃卷集成》第270册《乡试（浙江）·光绪壬午（八年）（一八八二）科》，台湾成文出版社有限公司1992年版，第358页。

④ 奇怪的是，对于沈丙莹，沈小兰、蔡小雪二位在合著的《沈家本新传》中，称之为"沈炳莹"，并特意注释说："沈炳莹，有文献也作沈丙莹。"（沈小兰、蔡小雪：《沈家本新传》，商务印书馆2022年版，第4页）。实际上，在清代的一手文献（如沈家本乡试硃卷、沈家本会试硃卷、沈彦模乡试硃卷、沈家霖乡试硃卷、沈承熙乡试硃卷，乃至沈丙莹的《春星草堂集》、谭廷献的《贵州安顺府知府沈公行状》、陆心源的《贵州安顺府知府沈公墓志铭》）中，沈家本之父均为"沈丙莹"，并未有"沈炳莹"之说。

"履历"和墓志铭中,均列出其先后聘娶二位妻子:"原聘郑氏,道光辛卯科举人、起居注主事讳训方公女,壬戌在郡殉难,恩准旌表。继娶陈氏,刑部郎中讳奉赠公孙女,山东候补运同印瑞麟公长女,山东知县用尽先补用县丞名汉章胞妹,候选盐大使名懋章、国学生名瑜章胞妹。"①"原聘郑氏,未娶,殉发匪之难,继配陈氏,先公卒。"②沈家本祖父沈镜源先后娶妻三位,沈家本在硃卷"履历"中逐一列出:"祖妣氏李,敕赠孺人,诰赠恭人。氏宗,敕赠孺人,诰赠恭人。氏卜,敕赠孺人,晋封太恭人。"③然而,无论是沈丙莹墓志铭,还是沈家本、沈彦模、沈家霨兄弟的硃卷"履历"中,均只标明沈丙莹之妻为俞氏,而未言尚有别人。陆心源所撰《贵州安顺府知府沈公墓志铭》云:"妻俞氏,封恭人,前衡永郴桂道俞文节公女。孝谨有礼法,先公一月卒。"④沈家本乡试、会试硃卷"履历"云:"本生父丙莹……本生母氏俞。"⑤"本生父丙莹……妣氏俞。"⑥沈彦模、沈家霨乡试硃卷"履历"皆云:"父丙莹……妣氏俞。"⑦之所以如

---

① 顾廷龙主编:《清代硃卷集成》第54册《会试·光绪癸未(九年)(一八八三)科》,台湾成文出版社有限公司1992年版,第301页。
② (民国)王式通:《吴兴沈公子惇墓志铭》,载(民国)闵尔昌纂录:《碑传集补·卷六·部院大臣·沈家本》(近代中国史料丛刊第100辑),台湾文海出版社有限公司1973年版,第418页。
③ 顾廷龙主编:《清代硃卷集成》第54册《会试·光绪癸未(九年)(一八八三)科》,台湾成文出版社有限公司1992年版,第301页。
④ (清)陆心源撰:《贵州安顺府知府沈公墓志铭》,载"法大新闻网""网上展厅"栏目之"碑石遗韵——古代法律碑刻拓片展"(2017年10月23日),网址:http://news.cupl.edu.cn/info/1023/25241.htm,2019年1月3日登录。
⑤ 顾廷龙主编:《清代硃卷集成》第251册《乡试(浙江)·同治乙丑(四年)(一八六五)补行咸丰辛酉(十一年)(一八六一)科并同治壬戌(元年)(一八六二)恩科》,台湾成文出版社有限公司1992年版,第196—197页。
⑥ 顾廷龙主编:《清代硃卷集成》第54册《会试·光绪癸未(九年)(一八八三)科》,台湾成文出版社有限公司1992年版,第301—302页。
⑦ 顾廷龙主编:《清代硃卷集成》第266册《乡试(浙江)·光绪丙子(二年)(一八七六)科》,台湾成文出版社有限公司1992年版,第273页。顾廷龙主编:《清代硃卷集成》第270册《乡试(浙江)·光绪壬午(八年)(一八八二)科》,台湾成文出版社有限公司1992年版,第359页。

此,应是沈丙莹并未有其他妻子之故。

再次,沈家本祖父沈镜源在《自叙行略》中,对沈丙莹的婚娶情况作过详细记载,明确说明沈丙莹中举之前并未聘娶,中举之后才入赘俞家,沈丙莹妻子为俞氏,媒人为端木鹤田、俞铁花,主婚人为蔡云士,于道光甲午年(1834)八月成婚:"癸巳送考后,因二儿尚未聘娶,家事无主,告病回家。接同年端木鹤田中翰、俞铁花孝廉两信,知各雅爱,为媒聘俞云史太史之次女。余信覆允,后于次年八月间涓吉入赘。蔡云士侍御主婚,余深喜儿有福命良缘。"①

最后,俞氏夫人与沈丙莹相濡以沫几十年,在沈丙莹去世前一月才去世:"先公一月卒。"②"九月自娄港归,俞恭人先病,先生继病。十月八日恭人卒,先生病日甚,十一月朔遂捐馆舍。"③故而,从时间上看,沈丙莹也没有再婚的可能。而且沈丙莹"晚谢簪笏,优游家衖,旁无姬侍"④,故而沈家本也不可能有庶出的异母兄弟。

综而言之,沈丙莹只有俞氏一位妻子,沈家树并非沈家本的异母兄弟,他与沈家本兄弟五人,均为俞氏夫人所出,乃同父同母的同胞兄弟。谭廷献应沈家本之请而撰写的、详细叙述沈丙莹生平事迹的《贵州安顺府知府沈公行状》,亦可为确证:"娶俞氏,封恭人,前衡永郴桂道俞文节公女。孝谨有礼法,助先生教诸子成立。子五人:家树早世;家本嗣先生弟麟书后,补行咸丰辛酉同治壬戌

---

① 徐世虹主编:《沈家本全集》第八卷《吴兴长桥沈氏家集·蓼庵手述(一卷)·自叙行略》,中国政法大学出版社 2010 年版,第 29—30 页。
② (清)陆心源撰:《贵州安顺府知府沈公墓志铭》,载"法大新闻网""网上展厅"栏目之"碑石遗韵——古代法律碑刻拓片展"(2017 年 10 月 23 日),网址:http://news.cupl.edu.cn/info/1023/25241.htm,2019 年 1 月 3 日登录。
③ (清)谭廷献撰:《贵州安顺府知府沈公行状》,清同治九年刻本,第 7 页。
④ (清)谭廷献撰:《贵州安顺府知府沈公行状》,清同治九年刻本,第 7 页。

科举人,刑部直隶司郎中;彦模廪贡生,候选主事;家桼早世;家霂县学生。……五旬之间,夫妇继逝。"①

还有一种观点认为,沈家禾是沈家本的异母兄弟:"沈家禾,沈丙莹前妻周氏之子,周氏逝后续俞氏,即沈家本之生母。"②这种观点同样值得商榷。

首先,沈丙莹只有一位妻子,不存在其他妻子,故而,沈家本不可能有异母兄弟。

其次,沈家禾是沈家本兄弟五人的"嫡兄",沈承熙的"嫡伯"。在乡试、会试硃卷"履历"中,沈家本、沈彦模、沈家霂均称其为:"嫡兄家禾。"③沈承熙也称其为:"嫡伯家禾。"④那么,什么是"嫡兄"呢?综览沈家本、沈彦模、沈家霂、沈承熙四人的乡、会试硃卷"履历"可知,当时的旁系血亲称谓由近及远分别是:胞兄弟姐妹(同父母)→嫡兄弟姐妹(同祖父母)→堂兄弟姐妹(同曾祖父母)→从兄弟姐妹(同高祖父母)。故而,当时的"嫡兄",等于今日语境下的"堂兄"⑤、

---

① (清)谭廷献撰:《贵州安顺府知府沈公行状》,清同治九年刻本,第7—8页。感谢复旦大学图书馆宋雅婧老师和贵州省图书馆相关人员,在文献传递中提供的帮助。

② 沈厚铎:《枕碧楼请愿风波》,载《法制日报》2018年7月2日,第8版,"法治文化"。

③ 顾廷龙主编:《清代硃卷集成》第251册《乡试(浙江)·同治乙丑(四年)(一八六五)补行咸丰辛酉(十一年)(一八六一)科并同治壬戌(元年)(一八六二)恩科》,台湾成文出版社有限公司1992年版,第196页。顾廷龙主编:《清代硃卷集成》第54册《会试·光绪癸未(九年)(一八八三)科》,台湾成文出版社有限公司1992年版,第300页。顾廷龙主编:《清代硃卷集成》第266册《乡试(浙江)·光绪丙子(二年)(一八七六)科》,台湾成文出版社有限公司1992年版,第272页。顾廷龙主编:《清代硃卷集成》第270册《乡试(浙江)·光绪壬午(八年)(一八八二)科》,台湾成文出版社有限公司1992年版,第359页。

④ 顾廷龙主编:《清代硃卷集成》第300册《乡试(浙江)·光绪壬寅(二十八年)(一九〇二)补行庚子(二十六年)(一九〇〇)辛丑(二十七年)(一九〇一)恩正并科》,台湾成文出版社有限公司1992年版,第392页。

⑤ 今日的社交礼仪类著作中,在论及亲属称谓时,也多将"堂兄"、"堂弟"与"嫡兄"、"嫡弟"等同,用以称呼"叔伯之子"。如:于明、田晓娟主编:《礼仪全书》,国际文化出版公司1993年版,第145页;黄秋富主编:《礼仪文化手鉴》,岳麓书社1998年版,第151页;周笃佑编著:《民间社交礼仪》,中国华侨出版社2000年版,第7页;王光军编著:《现代礼仪常识》,东北大学出版社2011年版,第96页,等等,兹不赘举。

即同一个祖父的兄弟。"嫡"表示的不是嫡庶身份,而是血缘远近。沈承熙在硃卷"履历"中称沈家霖之子沈承烜为"嫡兄弟",而称沈家禾之子沈承勋为"堂兄弟"①,即为明证。

最后,沈家禾其实是沈家本伯父、沈丙莹胞兄沈丙辉之子,与沈家本同为祖父沈镜源之孙,故而互为"嫡兄弟"。沈镜源在《自叙行略》中说:"未几四十岁,乙丑,继配宗孺人又以产疾,正月辛。……是冬,即续娶卜孺人,次年,长子丙辉生。"②又说:"癸巳夏告病回籍,次年,长子又患痾身夭。至今惟遗孤在,未知能成立否耶?"③可见,沈丙辉生于嘉庆丙寅年(1806),死于道光甲午年(1834),时年28岁,遗有子女,沈镜源曾担心他们能否成人。幸运的是,子女均平安长大。沈家本在硃卷"履历"中分别称之为"嫡兄"、"嫡姊"④。子即沈家禾,曾任江苏试用县丞⑤、江苏候补县丞、敕授修职郎⑥;女许配给晚清名臣潘霨(字伟如,号韡园)。沈丙莹《春星草堂集·增辑伤寒类方序》云:"曩余官京师,稔潘君伟如之孝,以兄子缔姻好。"⑦《归安县志》载:"沈丙辉,以婿潘霨封通奉大

---

① 顾廷龙主编:《清代硃卷集成》第300册《乡试(浙江)·光绪壬寅(二十八年)(一九〇二)补行庚子(二十六年)(一九〇〇)辛丑(二十七年)(一九〇一)恩正并科》,台湾成文出版社有限公司1992年版,第393页。

② 徐世虹主编:《沈家本全集》第八卷《吴兴长桥沈氏家集·蓼庵手述(一卷)·自叙行略》,中国政法大学出版社2010年版,第29页。

③ 徐世虹主编:《沈家本全集》第八卷《吴兴长桥沈氏家集·蓼庵手述(一卷)·自叙行略》,中国政法大学出版社2010年版,第30页。

④ 顾廷龙主编:《清代硃卷集成》第54册《会试·光绪癸未(九年)(一八八三)科》,台湾成文出版社有限公司1992年版,第300页。

⑤ 顾廷龙主编:《清代硃卷集成》第251册《乡试(浙江)·同治乙丑(四年)(一八六五)补行咸丰辛酉(十一年)(一八六一)科并同治壬戌(元年)(一八六二)恩科》,台湾成文出版社有限公司1992年版,第196页。

⑥ 顾廷龙主编:《清代硃卷集成》第54册《会试·光绪癸未(九年)(一八八三)科》,台湾成文出版社有限公司1992年版,第300页。

⑦ 徐世虹主编:《沈家本全集》第八卷《吴兴长桥沈氏家集·春星草堂集(二十二卷)·文二·增辑伤寒类方序》,中国政法大学出版社2010年版,第42页。

夫、福建布政使。"①在乡试硃卷"履历"中,潘霨之子潘志俊(号子静)说:"父霨……母沈氏,诰封一品夫人。嘉庆戊午科浙江举人、庆源县教谕讳镜源公孙女,国学生、貤赠荣禄大夫、福建布政使加二级讳丙辉公女,道光乙巳恩科进士、道衔贵州安顺府知府讳丙莹公胞侄女。"②在乡试硃卷"履历"中,沈家本也说:"嫡姊一,适现任山东登莱青道、钦加盐运使衔潘名霨。"③"嫡姊一,适江苏现任江西巡抚潘名霨。"④故而,潘霨是沈家本的嫡姐⑤,而非亲姐丈。沈厚铎先生在《沈寄簃与姐丈潘霨的挚友深情》中说:"作为长女,潘霨夫人经常从昌平到京师看望母亲。十一年(1861年)正月在娘家住了几天,沈家本先生日记这样记载他们的往来……。""作为长女婿,沈丙莹(菁士)对潘霨也很依仗。""作为父亲,菁士公自然为年已26岁的沈家本的婚事操心,时任山东布政使的女婿潘霨,向岳父推荐了山东候补运同陈瑞林之女陈氏。"⑥这显然是误认为潘霨夫人是沈家本的胞姐,潘霨是沈丙莹的女婿、沈家本的胞姐夫之故。高勇年先生在《法学泰斗沈家本》中说:"潘的妻子是沈丙莹同族兄弟的女儿,沈家本的堂姐。"⑦其实,潘霨的妻子是沈丙莹的同胞兄长——而非

---

① (清)陆心源等修,丁宝书等纂:《(光绪)归安县志·卷三十·恩锡录(封赠 荫袭)》,台湾成文出版社有限公司1970年版(据光绪八年刊本影印),第292页。
② 顾廷龙主编:《清代硃卷集成》第113册《乡试(顺天)·光绪丙子(二年)(一八七六)科》,台湾成文出版社有限公司1992年版,第268—269页。
③ 顾廷龙主编:《清代硃卷集成》第251册《乡试(浙江)·同治乙丑(四年)(一八六五)补行咸丰辛酉(十一年)(一八六一)科并同治壬戌(元年)(一八六二)恩科》,台湾成文出版社有限公司1992年版,第196页。
④ 顾廷龙主编:《清代硃卷集成》第54册《会试·光绪癸未(九年)(一八八三)科》,台湾成文出版社有限公司1992年版,第300页。
⑤ 徐世虹主编:《沈家本全集》第七卷《日记(辛酉)》,中国政法大学出版社2010年版,第365页:"初五日,晴。伟如姊丈进署毕事即来。"
⑥ 沈厚铎:《沈寄簃与姐丈潘霨的挚友深情》,载《法制日报·法治周末》2019年11月5日,"文化·历史"版。
⑦ 高勇年:《法学泰斗沈家本》,浙江人民出版社2006年版,第80页。

仅仅是"同族兄弟"——沈丙辉的女儿,即沈丙莹的胞侄女,是沈家本的"嫡姐"——依今日习惯,称为"堂姐",也不算错。

总之,沈家禾虽然是沈家本的"嫡兄",但这里的"嫡"字不能望文生义,并非说沈家本为庶出、沈家禾为嫡出,而是说二者血缘关系很近,为同祖父母的兄弟。故而,沈家禾并非沈家本的同父异母兄弟。所谓"沈家本……是沈丙莹第二个妻子俞氏所生。沈丙莹的第一个妻子,因病去世,留下一个儿子与一个女儿。"①的说法,实则因误会沈家禾身世所致。

(二)三叔

沈彦模②,生于道光戊申年(1848)六月十二日③。光绪丙子(1876)科举人,曾任四川会理州知州,历署涪州知州④、彭山县知县。⑤同治甲

---

① 沈小兰、蔡小雪:《修律大臣沈家本》,人民法院出版社 2012 年版,第 6 页。

② 沈厚铎:《小楼藏得书千卷 闲里光阴相对酬——写在〈沈家本全集〉问世之际》,载徐世虹主编:《沈家本全集》第八卷《后记》,中国政法大学出版社 2010 年版,第 986—987 页说:"家模幼时多病,据阴阳测算,乃'家模'之名与八字不合,即改'家'为'彦',成'彦模'之名。"

③ 顾廷龙主编:《清代硃卷集成》第 266 册《乡试(浙江)·光绪丙子(二年)(一八七六)科》,台湾成文出版社有限公司 1992 年版,第 271 页。徐世虹主编:《沈家本全集》第七卷《日记(辛酉)》,中国政法大学出版社 2010 年版,第 393 页:"六月……十二日,晴。是日三弟生日,合署吃面。"

④ 《申报》大清光绪十四年十二月二十六日,西历 1889 年 1 月 27 号(礼拜日),第 5669 号,第 10 版,"光绪十四年十二月十一日《京报》全录":"刘秉璋片:再,署理涪州知州王翔麟年满遗缺,查有调办闱差事竣会理州知州沈彦模,安详稳练,堪以调署。该员沈彦模正署各任内并无经征钱粮未完展参,及承缉盗劫已届四案件,据藩臬两司会详前来,除批饬遵照外,理合附片具陈,伏乞圣鉴,谨奏。奉硃批:吏部知道。钦此。"光绪十五年十一月十八日卸任:"正月……廿五日。……是日接三弟腊月廿三日成都来信,知已于十一月十八日卸涪州篆,旋省矣。"(徐世虹主编:《沈家本全集》第七卷《日记(庚寅)》,中国政法大学出版社 2010 年版,第 749 页)。

⑤ 顾廷龙主编:《清代硃卷集成》第 300 册《乡试(浙江)·光绪壬寅(二十八年)(一九〇二)补行庚子(二十六年)(一九〇〇)辛丑(二十七年)(一九〇一)恩正并科》,台湾成文出版社有限公司 1992 年版,第 392 页。

戌年(1874)正月二十五日①,妻子朱氏②去世,三年后续娶清代名医陆懋修之女、苏州状元陆润庠之妹为妻③:"九月……廿二日,晴。晨进城拜客,出城晤陆凤石。知三弟吉铜定十月十八。家中无书来,可怪也。"④陆懋修曾专为之作《阳为阴遏阴虚阳亢两病合论示子范》⑤一文,称之为"女夫沈子子范"⑥。而在文末,沈彦模也写下了读后感,留下了"彦模谨识"⑦的附注。光绪癸巳年(1893)年二月去世,沈家本曾在佛寺为其设奠:"二月……十一日。在广惠寺为三弟设奠,辰正往,戌正归。"⑧有《看山楼草(二卷)》,被沈家本收入《吴兴长桥沈氏家集》中⑨。

(三) 四叔

沈家荣,生于道光己酉年(1849)至咸丰癸丑年(1853)之间,早

---

① 徐世虹主编:《沈家本全集》第七卷《日记(甲戌)》,中国政法大学出版社2010年版,第564页:"二月……初十日,晴。……述及吾家事,知三弟妇于正月二十五下世,家中诸事棼如,故久无书来。"

② 顾廷龙主编:《清代硃卷集成》第266册《乡试(浙江)·光绪丙子(二年)(一八七六)科》,台湾成文出版社有限公司1992年版,第273页:"原室朱氏。"

③ 沈厚鋆:《陆润庠庚子书札笺注》,载《传统文化研究》(第8辑),白山出版社2000年版,第131页:"陆润庠和我的曾祖父沈家本(近代著名法学家,字子敦,号寄簃。著有《沈寄簃先生遗书》等)是姻兄弟,他的妹妹嫁给了我的曾叔祖沈子范(名彦模,著有《看山楼草》),所以他给我曾祖父写的信上称我曾祖父为'姻兄'或'二兄'。"

④ 徐世虹主编:《沈家本全集》第七卷《日记(丁丑)》,中国政法大学出版社2010年版,第640页。

⑤ 王璟主编:《陆懋修医学全书·卷十五·文十五》,中国中医出版社2015年版,第118—119页。

⑥ 王璟主编:《陆懋修医学全书·卷十五·文十五》,中国中医出版社2015年版,第118页。

⑦ 王璟主编:《陆懋修医学全书·卷十五·文十五》,中国中医出版社2015年版,第119页。

⑧ 徐世虹主编:《沈家本全集》第七卷《日记(癸巳)》,中国政法大学出版社2010年版,第802页。

⑨ 徐世虹主编:《沈家本全集》第八卷《吴兴长桥沈氏家集·看山楼草(二卷)》,中国政法大学出版社2010年版,第295页。

逝①,逝于同治丙寅年(1866)正月二十五日:"正月……廿五日。晴。厥初来,以四弟病危也。夜子时,四弟卒,哀哉!雨。"②二月初二日出殡:"二月……初二日,晴。五鼓起,四弟出殡于地藏殿。"③

(四) 五叔

沈家霈,生于咸丰甲寅年(1854)十二月三十日④。光绪壬午(1882)科举人,癸未(1883)科堂备,濬河议叙中书衔。⑤ 为人"性沉默"⑥,与沈家本一样,"好深湛之思"⑦。工于书法,"自幼能作擘窠大字"⑧。少年时在家乡发奋读书,"历十余寒暑不辍"⑨。有独立见解,"每作文不屑寄人篱下"⑩。1876年,沈家本曾为之作《答子文》诗云:"饥来驱我复何止,乞米长安岁月驰。夕照金台残叶

---

① 顾廷龙主编:《清代硃卷集成》第266册《乡试(浙江)·光绪丙子(二年)(一八七六)科》,台湾成文出版社有限公司1992年版,第272页。顾廷龙主编:《清代硃卷集成》第270册《乡试(浙江)·光绪壬午(八年)(一八八二)科》,台湾成文出版社有限公司1992年版,第359页。

② 徐世虹主编:《沈家本全集》第七卷《日记(丙寅)》,中国政法大学出版社2010年版,第491页。

③ 徐世虹主编:《沈家本全集》第七卷《日记(丙寅)》,中国政法大学出版社2010年版,第491页。

④ 顾廷龙主编:《清代硃卷集成》第270册《乡试(浙江)·光绪壬午(八年)(一八八二)科》,台湾成文出版社有限公司1992年版,第357页。

⑤ 顾廷龙主编:《清代硃卷集成》第300册《乡试(浙江)·光绪壬寅(二十八年)(一九〇二)补行庚子(二十六年)(一九〇〇)辛丑(二十七年)(一九〇一)恩正并科》,台湾成文出版社有限公司1992年版,第392页。

⑥ 徐世虹主编:《沈家本全集》第八卷《吴兴长桥沈氏家集·松桂林草(二卷)》,中国政法大学出版社2010年版,第309页。

⑦ 徐世虹主编:《沈家本全集》第八卷《吴兴长桥沈氏家集·松桂林草(二卷)》,中国政法大学出版社2010年版,第309页。

⑧ 徐世虹主编:《沈家本全集》第八卷《吴兴长桥沈氏家集·松桂林草(二卷)》,中国政法大学出版社2010年版,第309页。

⑨ 徐世虹主编:《沈家本全集》第八卷《吴兴长桥沈氏家集·松桂林草(二卷)》,中国政法大学出版社2010年版,第309页。

⑩ 徐世虹主编:《沈家本全集》第八卷《吴兴长桥沈氏家集·松桂林草(二卷)》,中国政法大学出版社2010年版,第309页。

下,秋风碧浪破帆迟。新诗寄却三千里,旧梦重寻十二时。不到千山今六载,青青松柏好扶持。"①遗作《松桂林草(二卷)》,被沈家本收入《吴兴长桥沈氏家集》中②。

需要指出的是,由于"霮"字与"霖"字外形酷似,世人不察,往往将二字混淆,将"沈家霮"与"沈家霖"混为一人③。2010年整理出版的《沈家本全集》,即是如此,书中多处将"沈家霮"误为"沈家霖"。其《松桂林草(二卷)》封题曰:"沈家霖子文著。"④其《后记》也曰:"太公之后又有家模、家榮、家霖三个弟弟。"⑤其《日记》正文中,则更常见:辛酉年正月:"二十五日,晴。课如常,霖弟又抱恙,春日最易得病,前言不谬。"⑥"二十七日,晴。课如常,霖弟尚未愈,要梅翁开方,服后牙疼。"⑦"二十八日,晴。……霖弟服仲奐方,今日疹形大现。"⑧"二十九日,晴。……霖弟温疹大透,头面、浑身并喉亦有,幸发出矣。余邪尚未净。"⑨二月:"初四日,

---

① 徐世虹主编:《沈家本全集》第七卷《枕碧楼偶存稿十二卷·卷九·诗三·答子文》,中国政法大学出版社2010年版,第129页。

② 徐世虹主编:《沈家本全集》第八卷《吴兴长桥沈氏家集·松桂林草(二卷)》,中国政法大学出版社2010年版,第309页。

③ 陈柳裕:《法制冰人——沈家本传》,浙江人民出版社2006年版,第3页,"沈氏世系简表",即有此误。

④ 徐世虹主编:《沈家本全集》第八卷《吴兴长桥沈氏家集·松桂林草(二卷)》,中国政法大学出版社2010年版,第307页。

⑤ 沈厚铎:《小楼藏得书千卷 闲里光阴相对酬——写在〈沈家本全集〉问世之际》,载徐世虹主编:《沈家本全集》第八卷《后记》,中国政法大学出版社2010年版,第986页。

⑥ 徐世虹主编:《沈家本全集》第七卷《日记(辛酉)》,中国政法大学出版社2010年版,第370页。

⑦ 徐世虹主编:《沈家本全集》第七卷《日记(辛酉)》,中国政法大学出版社2010年版,第370页。

⑧ 徐世虹主编:《沈家本全集》第七卷《日记(辛酉)》,中国政法大学出版社2010年版,第370页。

⑨ 徐世虹主编:《沈家本全集》第七卷《日记(辛酉)》,中国政法大学出版社2010年版,第370页。"头面浑身并喉亦有幸发出矣"一句,断句不确,应为:"头面、浑身并喉亦有,幸发出矣。"径改。

晴。……仲奂来,霖弟疹已回,尚未尽。"①"十二日,晴。……霖弟虽愈,伤风未尽。"②十二月:"二十六,阴。……霖弟来,渠由水路于昨晨抵此地。"③壬戌年八月:"十八日,晴。……是日,霖弟□□全篇。"④癸亥年四月:"二十六日,晴。辰初下船,二伯偕霖弟送至小西门河下。"⑤癸亥年七月:"朔,晴。申刻接湘中五月六日霖弟信,均安好。"⑥"初三日,晴。……作霖弟书,由丁松龄号寄,并汇银也。"⑦"初八日,晴。午后作慈禀、霖书由回足寄湘,明早走。"⑧八月:"二十六日,阴。……作霜弟信、金信。"⑨"二十七日,阴。寄湘信,霖一、金凌一、京信一件。"⑩九月"初二日,阴。寄湘信,即其所封未发者,霖一、凌三。"⑪十月"十八日,阴。接霖弟八月十三寄

---

① 徐世虹主编:《沈家本全集》第七卷《日记(辛酉)》,中国政法大学出版社2010年版,第371页。
② 徐世虹主编:《沈家本全集》第七卷《日记(辛酉)》,中国政法大学出版社2010年版,第371页。
③ 徐世虹主编:《沈家本全集》第七卷《日记(辛酉)》,中国政法大学出版社2010年版,第411页。
④ 徐世虹主编:《沈家本全集》第七卷《日记(壬戌)》,中国政法大学出版社2010年版,第431页。
⑤ 徐世虹主编:《沈家本全集》第七卷《日记(癸亥)》,中国政法大学出版社2010年版,第453页。
⑥ 徐世虹主编:《沈家本全集》第七卷《日记(癸亥)》,中国政法大学出版社2010年版,第461页。
⑦ 徐世虹主编:《沈家本全集》第七卷《日记(癸亥)》,中国政法大学出版社2010年版,第461页。
⑧ 徐世虹主编:《沈家本全集》第七卷《日记(癸亥)》,中国政法大学出版社2010年版,第461页。
⑨ 徐世虹主编:《沈家本全集》第七卷《日记(癸亥)》,中国政法大学出版社2010年版,第464页。其中"霜弟"应是"霖弟"之误。
⑩ 徐世虹主编:《沈家本全集》第七卷《日记(癸亥)》,中国政法大学出版社2010年版,第464页。
⑪ 徐世虹主编:《沈家本全集》第七卷《日记(癸亥)》,中国政法大学出版社2010年版,第464页。

严禀一、□□一、母亲亲示一、霖复一、芳一。"①"十九日,阴。作慈禀一、霖弟一,腾试帖七首。"②丙寅年四月:"三十日,阴。午后……小雨,作霖弟书。"③

其实,"沈家霖"确有其人,也的确是沈家本的兄弟。不过,他不是沈家本、沈彦模、沈家霈的同胞兄弟,而是他们的远房兄弟。

沈家本在会试硃卷"履历"中,将其列为"从兄弟":"从兄弟:永奎、锦椿(贵州补用知县,即补府经历)、家霖、家藩、家桢。堂兄:汝楫、汝桐。"④而将"沈家霈"列为"胞兄弟"⑤。

沈彦模在乡试硃卷"履历"中,也是如此:"从兄弟:永奎、锦椿(贵州候补府经历)、家霖。堂兄:汝楫、汝桐。"⑥"胞弟家榮(早世)、家霈(邑庠生,潆河保举,钦加中书衔,同治癸酉科堂备卷,光绪乙亥恩科荐卷)。"⑦

沈家霈本人在乡试硃卷"履历"中,也说:"从兄弟:永奎、锦椿(贵州补用知县,即补府经历)、家霖、家藩、家桢。堂兄:汝楫、汝桐。"⑧

---

① 徐世虹主编:《沈家本全集》第七卷《日记(癸亥)》,中国政法大学出版社2010年版,第467页。

② 徐世虹主编:《沈家本全集》第七卷《日记(癸亥)》,中国政法大学出版社2010年版,第467页。

③ 徐世虹主编:《沈家本全集》第七卷《日记(丙寅)》,中国政法大学出版社2010年版,第497页。

④ 顾廷龙主编:《清代硃卷集成》第54册《会试·光绪癸未(九年)(一八八三)科》,台湾成文出版社有限公司1992年版,第300页。

⑤ 顾廷龙主编:《清代硃卷集成》第54册《会试·光绪癸未(九年)(一八八三)科》,台湾成文出版社有限公司1992年版,第300页。

⑥ 顾廷龙主编:《清代硃卷集成》第266册《乡试(浙江)·光绪丙子(二年)(一八七六)科》,台湾成文出版社有限公司1992年版,第272页。

⑦ 顾廷龙主编:《清代硃卷集成》第266册《乡试(浙江)·光绪丙子(二年)(一八七六)科》,台湾成文出版社有限公司1992年版,第272页。

⑧ 顾廷龙主编:《清代硃卷集成》第270册《乡试(浙江)·光绪壬午(八年)(一八八二)科》,台湾成文出版社有限公司1992年版,第358页。

二、沈承熙的兄弟

沈家本一共四个儿子,所以,沈承熙共有三个兄弟。依据沈家本、沈彦模、沈家霖等人,乃至沈承熙本人的硃卷"履历",辅以王式通的《吴兴沈公子惇墓志铭》,综合印证,这三个兄弟分别是:沈承熊、沈承烈、沈承煌。

(一)长兄

沈家本的长子、沈承熙的长兄名沈承熊。沈承熊,乳名"如山",生于同治十二年(癸酉,1873)十月二十七日凌晨[1]。光绪十六年(庚寅,1890)六月十九日,与沈家本同乡好友、乌程名士施补华(字均甫)之女成婚[2]。曾任会典馆誊录,议叙盐大使[3]。

对于沈承熙长兄、沈家本长子之名,坊间有"沈承熊"、"沈承焕"等不同版本[4]。

其实,沈家本长子名沈承熊,证据确凿。沈家本在会试硃卷"履历"中,列举儿子时,将其排在沈承熙之前:"子承熊、承熙……"[5]沈承熙在乡试硃卷"履历"中,列举胞兄弟时,也称其为:"本生胞兄承熊。"[6]

---

[1] 徐世虹主编:《沈家本全集》第七卷《日记(癸酉)》,中国政法大学出版社2010年版,第557页。

[2] 徐世虹主编:《沈家本全集》第八卷《吴兴长桥沈氏家集·春星草堂集二十二卷·序》,中国政法大学出版社2010年版,第37页:"长君家本子惇方为刑部郎中,其子又为余婿,因出先生诗文若干卷,属为之序……姻愚侄乌程施补华拜撰。"

[3] 顾廷龙主编:《清代硃卷集成》第300册《乡试(浙江)·光绪壬寅(二十八年)(一九○二)补行庚子(二十六年)(一九○○)辛丑(二十七年)(一九○一)恩正并科》,台湾成文出版社有限公司1992年版,第393页。

[4] 沈家本长子为"沈承熙"之说,前文已经证伪,兹不具论。

[5] 顾廷龙主编:《清代硃卷集成》第54册《会试·光绪癸未(九年)(一八八三)科》,台湾成文出版社有限公司1992年版,第301页。

[6] 顾廷龙主编:《清代硃卷集成》第300册《乡试(浙江)·光绪壬寅(二十八年)(一九○二)补行庚子(二十六年)(一九○○)辛丑(二十七年)(一九○一)恩正并科》,台湾成文出版社有限公司1992年版,第393页。

然而,王式通在《吴兴沈公子惇墓志铭》中,却说沈家本长子名"承焕"①。王式通与沈家本份属同僚,有师生之谊,交游密切,对沈府四兄弟应该相当熟悉,依常理度之,当不会记错沈家本长子的名字。那么,为什么会如此呢?或许,沈承熊曾经更名,又名"沈承焕",亦未可知。

沈承熊的字号不详,但知其乳名"如山"。这一点儿,从沈家本日记中,可以找到蛛丝马迹。

在沈家本日记中,记载有子女的入学情况,而"如山"不仅身居其间,而且在时间上最早。

光绪四年(戊寅,1878):"正月……廿六日,晴。看《汉书》十二页,是日申刻,如山、安南入学。"②"腊月……廿七日,晴。下午儿女放学。"③

光绪五年(己卯,1879):"正月……初七日,晴。午刻儿女入学。夜雪,校《蜀志》五页。"④

光绪六年(庚辰,1880):"九月……初四日,晴。延袁子彦先生授两儿读,申刻到馆。"⑤

光绪十七年(辛卯,1891):"正月……十六日。晨至贾家胡同焦子柯,未遇。子柯为韻楼之婿,拟于明日令三四两儿入塾,韻楼

---

① (民国)王式通:《吴兴沈公子惇墓志铭》,载(民国)闵尔昌纂录:《碑传集补·卷六·部院大臣·沈家本》(近代中国史料丛刊第100辑),台湾文海出版社有限公司1973年版,第418页。

② 徐世虹主编:《沈家本全集》第七卷《日记(戊寅)》,中国政法大学出版社2010年版,第647页。

③ 徐世虹主编:《沈家本全集》第七卷《日记(戊寅)》,中国政法大学出版社2010年版,第664页。

④ 徐世虹主编:《沈家本全集》第七卷《日记(己卯)》,中国政法大学出版社2010年版,第665页。

⑤ 徐世虹主编:《沈家本全集》第七卷《日记(庚辰)》,中国政法大学出版社2010年版,第698页。

第三章　沈承熙的家族谱系

未来,请其暂权也。"①

如此看来,"如山"是沈家本的儿子,应无异议。同时,"如山"入学时间不仅早于沈家本的"三四两儿",而且早于其二儿沈承熙②。故而,他应该是沈家本年龄最大的儿子,也就是长子——沈承熊。

光绪十六年(庚寅,1890)九月,沈承熊完婚,沈家本非常高兴,专门请假十天,为其操办婚事,在日记中详细记载了这一过程,也间接透露了"如山"与沈承熊的关系。

三月:

初九日。是日得济南电信,知均甫作古,朗师来商大儿姻事。③

九月:

初六日。施均甫夫人送人到京,在会馆下榻。同来者仲起(彦振)、模庵(文楷)。④

十五日。为(承熊)纳徵。大宾于未初到,吃饭。申初过盘,酉刻回。今日在署乞假十天。⑤

十八日。施宅发妆奁,申刻始至。是日天晴。⑥

---

①　徐世虹主编:《沈家本全集》第七卷《日记(辛卯)》,中国政法大学出版社 2010 年版,第 778 页。

②　光绪六年九月初四日的这则日记,是沈承熙的入学记录。从沈承熙乡试硃卷"履历"中可以看出,袁子彦(字学诒)是沈家本为其延聘的首位"受业师"。由于袁子彦到馆后,同时教授继续就学的"如山",故沈家本说"授两儿读"。其中一儿,就是沈承熙。

③　徐世虹主编:《沈家本全集》第七卷《日记(庚寅)》,中国政法大学出版社 2010 年版,第 757 页。

④　徐世虹主编:《沈家本全集》第七卷《日记(庚寅)》,中国政法大学出版社 2010 年版,第 769 页。

⑤　徐世虹主编:《沈家本全集》第七卷《日记(庚寅)》,中国政法大学出版社 2010 年版,第 769 页。

⑥　徐世虹主编:《沈家本全集》第七卷《日记(庚寅)》,中国政法大学出版社 2010 年版,第 770 页。

十九日。午初刻发花轿,未正花轿来。新夫妇合卺成礼。上灯后客渐散。是日天气晴煖,客来甚多。①

二十一日。施宅接新夫妇回门。②

二十四日。是日接新亲(北俗谓之会亲,吾乡谓望朝),均夫人不至。仲起及模庵请枚升、竺斋、逸轩作陪。均夫人因有服,故不来,非有他意。③

二十五日。进署销假。④

十月:

初一日。施亲家太太来,复招仲起来寓,盘桓半日。⑤

初三日。在寓写东信,料理应寄物件。仲起、模庵来辞行。竟日未得暇,未克进署。日暮始出门至吴兴馆送行。⑥

初四日。施宅于今日回东,令如山夫妇送至双桥。⑦

综览这几则日记,沈家本先说"朗师来商大儿姻事",又说"为承熊纳徵",可知结婚者为长子沈承熊。然而,在沈承熊办完婚事,其岳母一家返回时,沈家本却说"令如山夫妇"送行。那么,谁是"如山夫妇"呢?依照人之常情,显然应该是沈承熊夫妻这对新婚夫妇,"如山"应该是沈承熊。况且,古代长幼有序,结婚通常也依

---

① 徐世虹主编:《沈家本全集》第七卷《日记(庚寅)》,中国政法大学出版社2010年版,第770页。

② 徐世虹主编:《沈家本全集》第七卷《日记(庚寅)》,中国政法大学出版社2010年版,第770页。

③ 徐世虹主编:《沈家本全集》第七卷《日记(庚寅)》,中国政法大学出版社2010年版,第770页。

④ 徐世虹主编:《沈家本全集》第七卷《日记(庚寅)》,中国政法大学出版社2010年版,第770页。

⑤ 徐世虹主编:《沈家本全集》第七卷《日记(庚寅)》,中国政法大学出版社2010年版,第770页。

⑥ 徐世虹主编:《沈家本全集》第七卷《日记(庚寅)》,中国政法大学出版社2010年版,第770页。

⑦ 徐世虹主编:《沈家本全集》第七卷《日记(庚寅)》,中国政法大学出版社2010年版,第771页。

第三章　沈承熙的家族谱系　　　　　　　　　　　　41

次进行,一般而言,其他儿子不可能成婚在长子之前。沈承熊是沈家本的长子,倘若"如山"是沈家本的其他儿子,那么他在长兄沈承熊完婚之时,不大可能已经结婚。再者,自年龄而言,当年沈家本次子沈承熙14岁、三子10岁、四子7岁,均未到成婚之年。故而,当日奉命送客的"如山夫妇",不可能是沈家本其他儿子儿媳,只能是其长子沈承熊夫妇。

倘若这些还不够,1873年10月27日(阴历),沈家本长子出生,1874年10月27日(阴历),长子应满周岁。然而当日,沈家本日记中,却说"如山"满周岁:"十月……廿七日,晴。如山周岁,木君丈来。"①可见,"如山"与沈家本长子同一天生日。而"如山",又是沈家本的儿子。那么,"如山"与沈家本长子同为一人,不待赘言。

有人认为,沈家本的长子沈承熙参加了义和团——既然已经证明沈承熙不是沈家本长子,那么,参加义和团的传言,应该落在沈家本真正的长子沈承熊身上。故而,沈氏后人也有人认为,沈承熊参加了义和团,最终客死他乡:"沈的长子沈承熊是义和拳坛民,运动失败后,颠沛流离,死于河南。"②

究其根源,沈家本之子曾参加义和团之说,似乎最早出自清人刘春堂的《畿南济变纪略》:"沈公初无纵匪情事,因谣传其子习拳,故有此变。其后辛得白,解绶去。"③不过,刘春堂并未明确说参加义和团的是沈家本长子④。而且,无论是沈家本第几子,刘氏当时

---

① 徐世虹主编:《沈家本全集》第七卷《日记(甲戌)》,中国政法大学出版社2010年版,第580页。
② 余谷似、沈厚鋆:《义和团运动史料片段》,载中国人民政治协商会议北京市委员会文史资料研究委员会:《文史资料选编》第18辑,北京出版社1983年版,第197页。
③ (清)刘春堂:《畿南济变纪略·陶太守式鋆》,载庄建平主编:《近代史资料文库》(第六卷),上海书店出版社2009年版,第170—171页。
④ 故而,高勇年在《法学泰斗沈家本》(浙江人民出版社2006年版,第193页)中,谨慎地说:"据说,外国侵略军抓沈家本的理由(或者说罪状)之一,就是认为沈家本有一个儿子参加了义和团。"

均已说明这是"谣传",并说后来沈家本已经洗清这不白之冤——这也是沈家本在 1900 年保定被拘后得以全身而退的重要原因。何况,作为科举出身的传统官僚体制内的一员,对于义和团,沈家本一直是持高度警惕的谨慎态度①的:"拳匪之变,萌于山东,蔓延于畿辅。民初有私习者,公辄侦得其首要,重惩之。"②怎么可能容忍自己的儿子参加这一被视为"拳匪"的不法组织呢?故而,沈承熊曾参加义和团的说法,则更应该只是传闻而已,并无实据,不堪采信。

其实,观其履历,沈承熊似乎并未有参与义和团的迹象。在沈家本诸子中,他最早进入官场,考取会典馆誊录,期满考核优秀,故通过"议叙",获得盐大使一官。这在当时是一个肥缺,沈家本的受业师闵莲庄(字霱曾)就曾任两淮馀西场盐大使③,沈家本的岳父、沈承熊的外公陈瑞麟曾任山东候补运同(同知盐运使司事)④,沈家本的妻弟、沈承熊的舅父陈懋章也曾任候选盐大使⑤——加之沈家本又曾充任会典馆纂修——沈承熊之所以能够获得这一肥缺,不知是否与这些社会关系有关。而有意思的是,王式通在《吴兴沈公子惇墓志铭》中所言的"沈承焕",与沈承熊一样,也任"分省盐大使"⑥。

---

① 沈家本对于义和团的态度,本师李贵连先生有精到分析。可参见:李贵连:《保定教案与沈家本被拘考》,载《比较法研究》2000 年第 1 期,第 101—102 页。
② (民国)王式通:《吴兴沈公子惇墓志铭》,载(民国)闵尔昌纂录:《碑传集补·卷六·部院大臣·沈家本》(近代中国史料丛刊第 100 辑,台湾文海出版社有限公司 1973 年版,第 415 页。
③ 顾廷龙主编:《清代硃卷集成》第 54 册《会试·光绪癸未(九年)(一八八三)科》,台湾成文出版社有限公司 1992 年版,第 303 页。
④ 顾廷龙主编:《清代硃卷集成》第 54 册《会试·光绪癸未(九年)(一八八三)科》,台湾成文出版社有限公司 1992 年版,第 301 页。
⑤ 顾廷龙主编:《清代硃卷集成》第 54 册《会试·光绪癸未(九年)(一八八三)科》,台湾成文出版社有限公司 1992 年版,第 301 页。
⑥ (民国)王式通:《吴兴沈公子惇墓志铭》,载(民国)闵尔昌纂录:《碑传集补·卷六·部院大臣·沈家本》(近代中国史料丛刊第 100 辑,台湾文海出版社有限公司 1973 年版,第 418 页。

第三章　沈承熙的家族谱系

在沈家本的存世日记中,沈承熊最后一次出现是在光绪十九年(1893)。当年正月初四、十二日,沈家本曾派他外出代为拜年①。而十一月十八日,沈家本离京赴任天津知府时,他也曾出门送行②。但至迟在 1906 年,他已经离开了沈家本的生活,或许已经去世。当年,家乡湖州遭遇水灾,沈家本积极募捐筹款,并率先垂范,率全家慷慨解囊。乡人曾开具清单,致函《申报》刊载,以示谢忱:

> 昨接北京同乡沈子惇侍郎来函,劝募京师诸大善士水灾义赈。兹将清单开列于左:沈子惇侍郎暨敬甫、佑甫、哲甫三公子,捐英洋一百四十元。杨诚之星使捐洋二百元,郑延卿捐洋十六元,俞希甫捐洋二十元……朱翰章捐站人洋一元……于晓霞捐吉林洋四元……萧逸叟捐北洋龙洋一元。以上共计英洋七百二十五元三角整,均谨汇解灾区。合亟登报,奉扬大德。③

从这则函文中可以看出,沈家本在捐款时,应是与二、三、四子联名的——即便当时三子已经远在英国游历,沈家本也没有忘记为其署名——然而,却惟独没有长子沈承熊的名字。那么,为何三个儿子均有署名——连不在国内的儿子也不例外——却惟独遗下了这位长子呢?合理的解释,或许应该是他已经不在人世了。否则,依照人之常情,沈家本在与诸子联名时,没有道理偏偏将其排

---

① 徐世虹主编:《沈家本全集》第七卷《日记(癸巳)》,中国政法大学出版社 2010 年版,第 800 页:"正月……初四日,令大儿出门拜年。""十二日,令大儿至西城拜年。"
② 徐世虹主编:《沈家本全集》第七卷《日记(癸巳)》,中国政法大学出版社 2010 年版,第 816—817 页:"十一月……十八日,晨起清理账目……未正三刻登车,慕皋来送上车。伯唐、健卿、冠英及大儿送至广安门外。"
③ 《湖州水灾义赈经收第七批清单》,载《申报》大清光绪三十二年九月二十三日,西历 1906 年 11 月 9 号(礼拜五),第 12055 号,第 2 张第 9 版,"来函"。

除在外。王式通在《吴兴沈公子惇墓志铭》中,说沈家本长子"先卒"①,或可与此互证。

综合审视沈承熊、沈承焕两人的身世与经历可以看出,二人同为沈家本"长子",同任"盐大使",同样"先卒",倘若二者并非一人,实在难以解释这诸般巧合。

(二) 三弟

沈家本的三子、沈承熙的三弟名沈承烈。沈承烈,字佑甫②,生于光绪六年(庚辰,1880)六月廿六日③。光绪二十四年(戊戌,1898)三月二十九日,与候选州同陈绍达之女成婚④:"三月……初六日。刘健卿进京接新亲,择于月之廿九日为三儿完婚。"⑤"廿五日。大女、二女自都来。廿三登车,申刻到。新亲于十九日在京乘火车至津,小住二日。廿二日自津开船,亦于申刻到。新亲陈绍达(肇孙)候选州同,壬戌解元(光暄)之堂孙也。原籍绍兴,入籍。"⑥"廿八日。行纳采礼,午刻过盘,女家即于申刻送妆。是夜雨。"⑦"廿九日。自早晨起客来,络绎不绝,人为之疲。申初发轿,酉刻新妇

---

① (民国)王式通:《吴兴沈公子惇墓志铭》,载(民国)闵尔昌纂录:《碑传集补·卷六·部院大臣·沈家本》(近代中国史料丛刊第100辑),台湾文海出版社有限公司1973年版,第418页。

② 敷文社编:《最近官绅履历汇录(第一集)(民国九年七月)》(近代中国史料丛刊第45辑),台湾文海出版社有限公司1970年版,第148页。

③ 徐世虹主编:《沈家本全集》第七卷《日记(庚辰)》,中国政法大学出版社2010年版,第694页。

④ 徐世虹主编:《沈家本全集》第七卷《日记(戊戌)》,中国政法大学出版社2010年版,第836页。

⑤ 徐世虹主编:《沈家本全集》第七卷《日记(戊戌)》,中国政法大学出版社2010年版,第836页。

⑥ 徐世虹主编:《沈家本全集》第七卷《日记(戊戌)》,中国政法大学出版社2010年版,第836页。

⑦ 徐世虹主编:《沈家本全集》第七卷《日记(戊戌)》,中国政法大学出版社2010年版,第836页。

至,行合卺礼,礼毕,微雨。黄昏客散。"①"三十日。午刻会亲,男客到者,新亲家陈绍达及绍达之母舅袁霁云比部(通彦)。女客到者,绍达夫人及陈瑞伯之二弟妇。"②光绪三十一年(1905),以正二品荫生见用,任户部主事,后赴英国游历,肄业于英国伦敦大学政治经济科,民国后先后在财政部、审计院任职。③

对于沈承烈,沈小兰女士、蔡小雪先生二位在《修律大臣沈家本》中说:"老三承烈,是四个儿子中最聪明的一个,现在英国留学,学的不是法律而是金融。他不希望这个他最器重的儿子,再重复他的人生道路。也许是受女婿汪大燮的影响,他为这个最聪明的儿子选择了留学之路。"④"沈家本还是一贯的轻声慢语,一一道出他的四个儿子都在哪里,都是干什么的,而且他的三儿子现在还在英国留学。"⑤

沈小兰女士、蔡小雪先生二位在《沈家本新传》中,仍然沿袭了这些文字:"老三承烈,是四个儿子中最聪明的一个,现在英国留学,学的不是法律而是金融。他不希望这个他最器重的儿子,再重复他的人生道路。也许是受女婿汪大燮的影响,他为这个最聪明的儿子选择了留学之路。"⑥"沈家本还是一贯的轻声慢语,一一道出他的四个儿子都在哪里,都是干什么的,而且他的三儿子现在还在英国留学。"⑦

---

① 徐世虹主编:《沈家本全集》第七卷《日记(戊戌)》,中国政法大学出版社2010年版,第836页。
② 徐世虹主编:《沈家本全集》第七卷《日记(戊戌)》,中国政法大学出版社2010年版,第836页。
③ 敷文社编:《最近官绅履历汇录(第一集)(民国九年七月)》(近代中国史料丛刊第45辑),台湾文海出版社有限公司1970年版,第148页。
④ 沈小兰、蔡小雪:《修律大臣沈家本》,人民法院出版社2012年版,第179页。
⑤ 沈小兰、蔡小雪:《修律大臣沈家本》,人民法院出版社2012年版,第182页。
⑥ 沈小兰、蔡小雪:《沈家本新传》,商务印书馆2022年版,第208页。
⑦ 沈小兰、蔡小雪:《沈家本新传》,商务印书馆2022年版,第212页。

这些记载,存在不少问题。据二书前文可知,当时沈家本并不知道其子沈承熙人在何处:"动荡之中,他也不知道承熙到哪里去了。"①这里怎么又能"一一道出他的四个儿子都在哪里"②呢？当然,这可能是精于刑狱、问案无数的沈家本的自我保护之策:"睡不着的深夜里,他早就在心里设想过,联军审问会问些什么,一个躲不过去的问题,那便是拿他的长子说事。"③"沈家本在刑部呆了三十年,这三十年的岁月可不是白白混过去的。他审过无数的犯人,当他这个无罪的大清官员站在一干洋人审判者面前,他是知道如何保护自己,又如何对付他们。最重要的则是,本来他就无罪可言。"④这里姑且不论。最大的问题,则是对于沈承烈留学事宜的表述。

据《大公报》载,1906年3月,沈承烈才去英国游历:"户部主事刘应霖、沈承烈二君于二十八日由京乘二次火车来津,换轮前赴英国游历,咨文声明六年回国。"⑤

那么,他怎么可能在1900年沈家本被囚保定期间、甚至之前就已经人在英国了呢？

对于沈承烈的留学时间,余谷似女士在回忆沈家本时说:"早在他任保定知府时,便主张睁开双眼看世界……后来又让我的三叔沈承烈去英国留学,就读于伦敦皇家政治经济学院。"⑥以此为

---

① 沈小兰、蔡小雪:《修律大臣沈家本》,人民法院出版社2012年版,第179页。又见:沈小兰、蔡小雪:《沈家本新传》,商务印书馆2022年版,第208页。
② 沈小兰、蔡小雪:《修律大臣沈家本》,人民法院出版社2012年版,第182页。又见:沈小兰、蔡小雪:《沈家本新传》,商务印书馆2022年版,第212页。
③ 沈小兰、蔡小雪:《修律大臣沈家本》,人民法院出版社2012年版,第182页。又见:沈小兰、蔡小雪:《沈家本新传》,商务印书馆2022年版,第212页。
④ 沈小兰、蔡小雪:《修律大臣沈家本》,人民法院出版社2012年版,第183页。又见:沈小兰、蔡小雪:《沈家本新传》,商务印书馆2022年版,第213页。
⑤ 《主政游历》,载《大公报》大清光绪三十二年二月三十,西历1906年3月24号(礼拜六),第1333号,第5版,"本埠"。
⑥ 沈仁桐(余谷似)口述,沈厚鋆整理:《沈家本先生二三事》,载张国华主编:《博通古今学贯中西的法学家》,陕西人民出版社1992年版,第474页。

据,高勇年先生则说得相对谨慎:"在保定任知府时,沈家本已经有了睁眼看世界的胸襟……正因为沈家本有睁眼看世界的胸襟,后来他的三儿子沈承烈才有去英国留学,就读伦敦皇家政治经济学院的机会。"①一个"后来",增加了时间跨度,避免了《修律大臣沈家本》与《沈家本新传》中的叙事错误。

其实,沈承烈1905年正式踏上仕途,奉旨内用:"六月初四日奉旨:刑部安徽司主事著蒋德椿补授,云南剑川州知州著温焕文补授……荫生铁祥著以侍卫用,立方著以文员用,沈承烈著内用……"②可见,沈承烈并非通过科举正途,而是因为父亲恩荫,取得正二品荫生资格后,直接入仕的。为此,沈家本曾专门入朝谢恩:"六月初五日,礼部、太常寺、正红旗值日,无引见。寿荫因伊子以文员用谢恩,沈家本因伊子以内用谢恩。"③

1906年,沈承烈赴英国游历,很大程度上与姐夫汪大燮有关——1905年,汪大燮被任命为驻英公使④,沈承烈前去英国时,"兼充驻英使署随员、留英调查币制员"⑤,显然是投奔汪大燮而去的。回国后,因户部改为"度支部",故继续在度支部任职,任"财政研究所评议员"⑥。

---

① 高勇年:《法学泰斗沈家本》,浙江人民出版社2006年版,第172页。
② 《谕旨恭录》,载《申报》大清光绪三十一年六月十二日,西历1905年7月14号(礼拜五),第11580号,第1版。
③ 《宫门抄》,载《申报》大清光绪三十一年十月二十四日,西历1905年11月20号(礼拜一),第11709号,第16版。
④ 《简汪参议为驻英钦使(北京)》,载《申报》大清光绪三十一年八月十九日,西历1905年9月17号(礼拜日),第11645号,第3版。
⑤ 敷文社编:《最近官绅履历汇录(第一集)(民国九年七月)》(近代中国史料丛刊第45辑),台湾文海出版社有限公司1970年版,第148页。
⑥ 敷文社编:《最近官绅履历汇录(第一集)(民国九年七月)》(近代中国史料丛刊第45辑),台湾文海出版社有限公司1970年版,第148页。另,"财政研究所"设于1907年,《度支部奏准新改官缺表(北京)》,载《申报》大清光绪三十三年三月二十七日,西历1907年5月9号(礼拜四),第12229号,第3版"紧要新闻一",有所报道,可资对照。

1912年1月21日(阴历),袁世凯就任临时大总统前夕,沈承烈曾受陆宗舆之召,参与四国银行借款事宜。沈家本在日记中写道:"二十一日。九钟晤馨吾,知大总统明日三钟在石大人胡同大楼受职,各首领须前往行礼。四国投资已立合同,每月膊三百余万,以半年为期,大款借定,再行归还。月膊外别有款千二百万,亦分期交。陆润生来唤三儿到署,不知何事。十钟归寓,妇稚亦齐归。下午三儿归,言系偕同库长钟君赴四国银行领款(汇丰、德华、会理、花旗)。初欲开票,该行以先未知照,一时来不及,仍取现银。与之言明,此后每期领款,皆开票,已说定。"①

1912年5月,中华民国政府改组,"度支部"改为"财政部"。财政总长熊希龄下令"先设筹备处,选派员司,筹议办法"②,沈承烈被留用,奉命入筹备处办事:"本部筹备处总办派王璟芳,帮办派章宗元,各股员司派吴乃琛、曲卓新、张茂炯……沈承烈……均著即日到处办事。俟南京部员到京,再行选派加入。此令。"③沈家本在当月日记中说:"度支部暂设筹备处,先派员四十人,承烈在内。"④

两日后,《大公报》摘录了这两则命令:"本部改革之初,拟先设立筹备处,选派员司,筹议办法。其旧部当差各员,除金银库员司及前次派管案卷各员,仍应暂留管理外,其余先行解散。俟本部组织完全,再行分别去留,量才委任。此令。"⑤"本部筹备处总办派王璟芳,帮办派章宗元,各股员司派吴乃琛、曲卓新、张茂炯、刘泽熙、塞

---

① 徐世虹主编:《沈家本全集》第七卷《日记(壬子)》,中国政法大学出版社2010年版,第858页。
② 《财政部熊总长令》,载《政府公报》1912年5月7日,第7号,第7页。
③ 《财政部熊总长令》,载《政府公报》1912年5月7日,第7号,第7页。
④ 徐世虹主编:《沈家本全集》第七卷《日记(壬子)》,中国政法大学出版社2010年版,第861页。
⑤ 《财政部熊总长令》,载《大公报》中华民国元年五月九日,西历1912年5月9号(礼拜四),第3505号,第1张第2版,"部令"。

念益、周宏业、陆世芬、李景铭、刘颂虞、王宗基、钟峻、陈威、甘鹏云、庆琛、钱承鎡、雷多寿、曹葆琳、袁永廉、何卓时、张竞仁、楼思诰、栾守钢、钱锦孙、王朴、熊正琦、高彤墀、司骏、卞颂元、沈承烈、赵世莱、寒先驄、晏才杰、应国樑、杨赓元、润普、李恩藻、张绍、宝宗、张荣骅。均著即日到处办事,俟南京部员到京,再行选派加入。此令。"①

对此,《申报》的记载更加详细:"财政部总长熊君到京后,见旧时度支部人员众多,益以盐政院、币制调查局,合计达一千二百余人之多。而南京财政部原用人员,亦未便概摈不用。此行北来,已选带四十人同至北京。闻熊君决定在旧司员中选留四十人,其余皆以善言遣散,并谓此后添人,必予各旧员以优先权云。已派定之职员如左:筹备处总办派王璟芳,帮办派章宗元,各股员司派吴乃琛、曲卓新、张茂炯……沈承烈……均著即日到处办事,其余选定诸人及南京同来之人,尚须陆续派办职事。"②

在筹备处中,沈承烈担任"币制银行股股员"③:"财政部长组织筹备处,分股办事,留用度支部旧员三十余人,候南中新调诸人到后,再行组织新部。闻所留各员中,有曲卓新、寒念益两人已辞职。兹将分股员司姓名录后:总务股:吴乃琛、刘泽熙、寒念益、周宏业、李景铭、钱承鎡。庶务所:李思藻、张绍、宝宗、张荣骅。会计股:陆世芬、甘鹏云、庆琛、栾守纲、王朴、熊正琦、高彤墀、司骏、赵世莱、应国樑。税务司:曲卓新、刘颂虞、雷多寿、曹葆琳、何焯时、

---

① 《财政部熊总长令》,载《大公报》中华民国元年五月九日,西历1912年5月9号(礼拜四),第3505号,第1张第2版,"部令"。其中"栾守钢"应为"栾守纲"。
② 《财政筹备处开办情形》,载《申报》中华民国元年五月十四日,西历1911年5月14日(礼拜二),第14090号,第3版。
③ 敷文社编:《最近官绅履历汇录(第一集)(民国九年七月)》(近代中国史料丛刊第45辑),台湾文海出版社有限公司1970年版,第148页。另,熊希龄著,周秋光编:《熊希龄集(二)·指派财政筹备处各股主任员令》,湖南人民出版社2008年版,第865页,可资参见。

蹇先聪、晏才杰。盐务股：张茂炯、楼思诰、钱锦孙。公债股：张竞仁、润普。币制银行股：王宗基、陈威、袁永廉、卞颂元、沈承烈、杨赓元。库务股：钟峻。"①

1912年8月，周学熙上任后，裁撤筹备处，设立总务厅分科办事，下设"赋税"、"会计"、"理财"、"征信"、"制用"五股，沈承烈被任命为二等科员："前因本部组织伊始，官制未定，故暂设筹备处，本为一时权宜之计。现在官制正在修正，而各股员权限不明，责任不专，办事诸多窒碍，自应从新组织，以专责成。所有前设之筹备处，著即裁撤。此令。""本部按照官制通则，著即设立总务厅，分科办事，派赵从蕃管理总务厅事务。此令。""本部修正官制未经颁布以前，著先设五股，派曹葆珣为赋税股股长，曲卓新为会计股股长，吴乃琛为理财股股长，陈威为征信股股长，钱英清为制用股股长。各股职掌，按照现订修正官制草案办理。此令。""派谢正台、李仲煐……沈承烈……为二等科员。此令。"②具体归属于"理财股"："财政部现因实行分科办事，详定章程。兹将该部各股司员，详列于左：总务厅：科长：陆定、钱承誌……。科员：郝鹏……。赋税股：科长：杨汝梅……。会计股：科长：胡文藻……。科员：苏世橘……。理财股：科长：陶德琨、姚传驹、袁永廉、王宗基。科员：王君飔、卞颂元……沈承烈……范绍濂……。征信股：科长：卢学浦……。科员：李光启……。制用股：科长：赵德璧……。科员：章若衡……。"③

---

① 《财政部人惟求旧》，载《太平洋报》中华民国元年五月十四日，阴历壬子年三月廿八日（星期二），第44号，第6页，"国内要闻"。其中"何焯时"应为"何卓时"，"蹇先聪"应为"蹇先聪"。

② 《财政部部令》，载《大公报》中华民国元年九月三日，西历1912年9月3号（礼拜二），第3622号，第3张第1版，"部令汇录"。

③ 《财政部之分科办事员》，载《太平洋报》中华民国元年九月十六日，阴历壬子年八月初六日（星期一），第169号，第7页，"中央大事记二"。"赋税股"无"科员"，原文如此。

第三章　沈承熙的家族谱系

1912年12月3日,中华民国财政总长周学熙签署部令,任命沈承烈为财政部主事:"委任赵廷赞、李恩藻……沈承烈……为主事,此令。中华民国元年十二月初三日　财政总长周学熙。"①

1913年7月14日,因财政部公债司佥事李光启暂调中国银行差委,周学熙又签署部令,命沈承烈暂署此职:"公债司佥事李光启现经暂调中国银行差委,所遗佥事一缺,以该司主事沈承烈暂署。此令。中华民国二年七月十四日。"②

1913年10月,财政部又大加整顿,沈承烈仍被留用,在总务厅任职:"财政部于前昨两日(二十七、二十八)大事改革,除所拟两司一局属于官制上之问题,须俟新官制提出通过方能改组外,其各司中分科之归并及部员之去留,详志于左:机关之裁并:财政部原设五司,现暂改为四司。总务厅除统计、庶务两科业经裁撤外,所有事务并为两科办理;赋税司改并为四科;会计司改并为四科;泉币司改并为二科;公债司改并为二科;税法委员会归并,赋税另行组织;借款综核处归并公债司办理;化验所归并泉币司办理……清查官产处归并总务厅办理。留部之人员:……沈承烈派在总务厅办事。"③任"总务厅档案课主任"。④

1914年7月,沈承烈离开财政部,调入审计院任职:"审计员从新组织,留旧人二十余员,调新人三十余员。其所留旧人姓名已见报端,兹志新调人物姓氏于左:张润霖、孙葆理、万云路、王士

---

① 《财政部部令第十三号》,载《政府公报》1912年12月8日,第221号,第4页,"命令"。

② 《财政部部令第一百三十六号》,载《政府公报》1913年7月21日,第434号,第10页。

③ 《财政部之新整顿》,载《申报》中华民国二年十一月二日,西历1913年11月2号(礼拜日),第14634号,第2版,"要闻一"。

④ 敷文社编:《最近官绅履历汇录(第一集)(民国九年七月)》(近代中国史料丛刊第45辑),台湾文海出版社有限公司1970年版,第148页。

杰……沈承烈……徐继高。"①

1914年8月,沈承烈在审计院任职伊始,署协审官,被叙列五等:"又令:审计院呈称拟将署审计官孙荷晋、汪振声、陈宗蕃……均叙列四等,署协审官胡璧城……沈承烈、欧阳葆真……周承裕,均叙列五等等语,应照准。此令。"②

1915年8月,沈承烈在审计院任职一年后,被授予"少大夫"之秩:"又令:国务卿呈,据铨叙局详称,遵核盐务署、审计院、国史馆秘书、佥事、协审官、书记官长、协修各员资格,请分别叙官等语,章恩寿……汤用彬均授为中大夫,章祖僖、沈承烈、欧阳葆真,均授为少大夫,邹羲、张德熙……张宗彦,均授为上士。此令。"③

1915年11月,沈承烈被正式任命为审计院协审官:"又令:审计院呈请任命胡大崇、李景垄、杨家湆、吴学庄为审计官,冯阅模、杨文濂、周承裕、张志澂、沈承烈……杨国栋为协审官,应照准。此令。"④

1918年1月,时任审计院协审官的沈承烈,曾受审计院院长庄蕴宽之派,前往财政部查验国库账目:"审计院庄院长,以本院有检查国库之职权,刻闻该院已派定协审官沈承烈等,分班前赴财政部,检查六年度国库账目,并查验现金,以便核实。"⑤

----

① 《政府用人之最近表示·审计院新调人物》,载《申报》中华民国三年七月二十七日,西历1914年7月27号(礼拜一),第14893号,第3版,"要闻一"。
② 《命令》,载《申报》中华民国三年八月二十六日,西历1914年8月26号(礼拜三),第14923号,第2版。
③ 《命令》,载《申报》中华民国四年八月十三日,西历1915年8月13号(礼拜五),第15267号,第2版。
④ 《命令》,载《申报》中华民国四年十一月十七日,西历1915年11月17号(礼拜三),第15363号,第2版。又见:《国务卿陆徵祥兼代国务卿呈据铨叙局详称审计院审计官胡大崇等曾经觐见拟请免觐文并批令》,载《政府公报》1915年11月29日,第1279号,第9页。
⑤ 《查验账目》,载《益世报(北京)》中华民国七年一月二十六日,阴历丁巳年十二月十四日(礼拜六),第817号,第6版,"京闻"。

第三章 沈承熙的家族谱系

1920年1月,沈承烈因在审计院功绩卓著,年终考核优异,获得六等嘉禾勋章:"谨将审计院年终考绩请奖勋章人员开单仰祈钧鉴,计开:沈承烈、杨国栋、钱震、郭则械、杨晋。以上五员,拟请照准,给奖六等嘉禾章。……中华民国九年一月六日已奉指令。"①

1924年,沈承烈仍任职审计院,为审计院第一厅第二股协审官。当年《审计院职员录》载:"第一厅:……第二股:……协审官:沈承烈,佑甫,四十五,浙江吴兴,宣外老墙根十六号,南局一九四四。"②值得一提的是,后来曾任南京国民政府立法院民法起草委员会顾问的法国人宝道,当时为审计院顾问,与沈承烈为同事:"顾问:宝道,五十六,法国,崇内苏州胡同,东局一〇〇四。"③

1927年10月,沈承烈因功勋突出,获得五等嘉禾勋章:"张定成、赵鸿元……沈承烈……以上五十四员,拟请给五等嘉禾章。"④

对于沈承烈的经历,沈厚铎先生有更加私人化的追忆,可供参考:"沈承烈——笔者的三祖父,是沈家本重点培养的。他被送往英国留学,学的是金融,并在英国教授汉语,教材是《红楼梦》。归国后,沈承烈曾任民国政府审计院协审官。日伪当局曾多次要他出山,为伪政府做事,他均予拒绝。为躲避骚扰,除与少数亲友往来,他隐居于室,闭门谢客,多年不出门围。上世纪50年代,笔者去给三爷爷拜年,那时老人家年事已高,更是很少出门了。"⑤

---

① 《国务总理呈大总统核给审计院年终考绩请奖勋章人员单》,载《政府公报》1920年2月9日,第1434号,第15页。
② 审计院编:《审计院职员录》,1924年11月编刊,第3页。
③ 审计院编:《审计院职员录》,1924年11月编刊,第1页。
④ 《民国十六年十月十三日奉指令奖给各官署暨附属机关国庆请奖四等以下嘉禾勋章人员名单》,载《政府公报》1927年11月5日,第4143号,第12页。
⑤ 沈厚铎:《沈氏老二房与老三房》,载《法制日报》2017年5月8日,第8版,"法治文化"。

（三）四弟

沈家本的四子、沈承熙的四弟名沈承煌。沈承煌，字哲甫，生于光绪九年（癸未，1883）十一月初十日①。光绪十七年（辛卯，1891）正月年入学②。光绪二十四年（戊戌，1898）五月十四日，沈家本为其与知县赵松生之女联姻："是日，为四儿联姻赵氏松生大令（景林）之女，忠郎公之堂侄女也。"③光绪三十年十一月十九日（1904年12月25日），二人完婚："刑部右侍郎沈子敦大秋台家本之公子，于本月十九日完姻，刻下金井胡同本宅已修饰墙垣门首矣。"④——虽然《大公报》这则新闻并未具体说是哪位公子，但由于沈家本前三个儿子均已成婚，即便次子续弦也在1902年前⑤，是故此处的"公子"，只能是已经定亲而尚未迎娶的沈家本四子。且从年龄来看，沈承煌此时21岁，成婚也是正当其时⑥——入仕后曾任晚清邮传部主事、民国大理院书记官⑦、大理院文书科科长⑧、京都市政公所行政处科员⑨。

---

① 徐世虹主编：《沈家本全集》第七卷《日记（癸未）》，中国政法大学出版社2010年版，第746页。

② 徐世虹主编：《沈家本全集》第七卷《日记（辛卯）》，中国政法大学出版社2010年版，第778页。

③ 徐世虹主编：《沈家本全集》第七卷《日记（戊戌）》，中国政法大学出版社2010年版，第837页。

④ 《公子完姻》，载《大公报》大清光绪三十年十一月十八日，西历1904年12月24号（礼拜六），第899号，第4版，"中外近事·北京"。

⑤ 顾廷龙主编：《清代硃卷集成》第300册《乡试（浙江）·光绪壬寅（二十八年）（一九〇二）补行庚子（二十六年）（一九〇〇）辛丑（二十七年）（一九〇一）恩正并科》，台湾成文出版社有限公司1992年版，第394页。

⑥ 对于这位"沈子敦大秋台家本之公子"身份的确定，感谢沈厚铎先生的释疑与解惑。

⑦ 《命令》，载《申报》中华民国六年五月十日，西历1917年5月10号（礼拜四），第11281号，第2版。

⑧ 《大理院令第七十五号》，《政府公报》1920年11月16日，第1707号，第6页，"命令"。

⑨ 京都市政公所庶务科编印：《京都市政公所及附属机关职员录》，1926年12月印行，第1页。

第三章 沈承熙的家族谱系

靖力、毛亚楠在《法律人家族式传承的兴与衰》中说,沈承煌是沈家本的长子:"沈家本作为近代法律史上的枢纽人物,先进的思想和行为,在时人看来就很激进,后来他遭人弹劾,家中境况即每况愈下。长子沈承煌又染上烟瘾,直至家道中落。"[1]应属无稽之谈。

需要特别说明的是,对于沈承熙四弟的名字,现有资料有不同记载。沈家本、沈承熙二人称其为"沈承焯",王式通在《吴兴沈公子惇墓志铭》中却说他名"沈承煌"。沈家本、沈承熙二人所言自然可信,而王式通与沈家本过从甚密,是沈府常客,所言亦当非虚——况且,沈厚铎先生等沈家后人对其所言也予以认同。而作为孙儿,沈厚铎先生对祖父的姓名自然不会记错。那么,合理的解释,或许是他本名"沈承焯",后曾更改,以"沈承煌"之名行于世,而为人所知。附带指出的是,更名这一现象,在沈家并非特例,沈承熙三叔沈彦模、长兄沈承熊,也均是如此。而出嗣之后更名,在宗法社会尤为常见。

由于四弟沈家荣早逝,沈家本将沈承焯出嗣给他为后。沈承熙在乡试硃卷"履历"中说:"承焯(出嗣胞叔)。"[2]但未说明是哪个胞叔。由于当时其三叔沈彦模、五叔沈家霦皆有子嗣,故而,应该是四叔沈家荣。王式通在《吴兴沈公子惇墓志铭》中则明确说:"次承煌……出嗣公弟子祥公。"[3]而"子祥",就是沈家本四弟沈家荣。

---

[1] 靖力、毛亚楠:《法律人家族式传承的兴与衰》,载《检察日报》2015年5月15日,第5版,"绿海副刊"。

[2] 顾廷龙主编:《清代硃卷集成》第300册《乡试(浙江)·光绪壬寅(二十八年)(一九〇二)补行庚子(二十六年)(一九〇〇)辛丑(二十七年)(一九〇一)恩正并科》,台湾成文出版社有限公司1992年版,第393页。

[3] (民国)王式通:《吴兴沈公子惇墓志铭》,载(民国)闵尔昌纂录:《碑传集补·卷六·部院大臣·沈家本》(近代中国史料丛刊第100辑),台湾文海出版社有限公司1973年版,第418页。

沈家本只有一子出嗣给胞弟，而沈承焯、沈承煌均符合这一条件，这也从侧面印证了二者实为一人。

然而，问题来了，至迟在1882年，沈承熙五叔沈家霈之子沈承焯就已经出嗣给了沈家荣："承焯，嗣四胞兄后。"①而1902年，沈承煌却也出嗣给了沈家荣。一个人有两个嗣子，这种现象似乎并不常见。那么，问题出在哪里呢？

其实，沈家霈本来有两个儿子，长子沈承燕、次子沈承焯②，故以次子出嗣给沈家荣为后。可是，不幸的是，1902年之前，长子沈承燕早逝，沈家霈只剩下了已经出继的次子沈承焯。如果依旧让其承嗣沈家荣，那么，沈家霈就无人承嗣了。当然，也可以令其同时承嗣两房，但沈家本子侄众多，没有必要一定要以沈承焯一人兼祧。或许是基于这个原因，依旧让其回归本房承嗣生父沈家霈，而以沈承煌代替其出嗣沈家荣。

光绪十七年（1891），沈承煌8岁那年，沈家本令其与三儿沈承烈一起入家塾学习③。与二哥沈承熙一样，通过报捐，沈承煌获得监生身份④，但与沈承熙不同的是，他似乎未正式走上传统科举之路，并未有举人功名在身。或许是考而未中，亦未可知。

不过，可以肯定的是，光绪三十年（1904）六月，在科举改制、学堂兴起的时代背景下，沈承煌参加了甫经设立的商部实业学堂入学考试，在"二千六七百名"⑤考生中名列第114名，顺利考取，获

---

① 顾廷龙主编：《清代硃卷集成》第270册《乡试（浙江）·光绪壬午（八年）（一八八二）科》，台湾成文出版社有限公司1992年版，第360页。
② 顾廷龙主编：《清代硃卷集成》第270册《乡试（浙江）·光绪壬午（八年）（一八八二）科》，台湾成文出版社有限公司1992年版，第360页。
③ 徐世虹主编：《沈家本全集》第七卷《日记（辛卯）》，中国政法大学出版社2010年版，第778页。
④ 清华大学图书馆、科技史暨古文献研究所编：《清代缙绅录集成93 爵秩全览（宣统三年夏）》，大象出版社2008年版，第59页。
⑤ 《商部考试实业余谭》，载《申报》大清光绪三十年七月十二日，西历1904年8月22号（礼拜一），第11260号，第2版。

得入学资格:"商部实业学堂考取学生于七月初一日揭晓,本馆已将正取前列姓氏摘登于报。兹得京师访事人寄来全案,计正取一百二十名,备取一百二十名。爰备录之,以供众览。正取:王兼善、邱嗣杰……孟继珙……沈承煌……。备取:黄恩诏、诚勤……陆爵勋。"①

商部实业学堂是商部为了"培植人才,研究各种实业起见"②而设,"年十八以上、二十二岁以下,品行端正、身体强健、文理明达者"③,皆可报考。考试共分两场:"第一场试以中国政治史事论一篇、各国政治艺学策一道,第二场试以各种科学问答十余条。"④学制而言,先学预科,再升本科,一共五年:"先授补习科,二年毕业,再授本科,三年毕业。"⑤毕业之后,根据考试成绩,从优给予出身:"毕业后遵照学务大臣奏定章程考试奖励,分为五级,其考列最优等、优等、中等者,均作为举人,以知州、知县、州同分别尽先选用,并充中等实业学堂教员、管理员,奖格至为优渥。"⑥

光绪三十年九月二十一日(1904 年 10 月 29 日)⑦,商部实业学堂预科开学,商部尚书、镇国将军、贝子载振亲临典礼,发表演说,以"忠孝大义"劝勉诸生,"务须于人伦道德之谊切实自省,反躬实践",而后"明体达用,储为国家有用之材。"⑧光绪三十二年十二月(1907 年 1 月),"预科毕业,复经续招学生,一并令入本科,分习

---

① 《实业学生全榜》,载《申报》大清光绪三十年八月初三日,西历 1904 年 9 月 12 号(礼拜一),第 11281 号,第 9 版。
② 《商部实业学堂招考告示》,载《商务报》1904 年第 11 期,第 9 页,"公牍"。
③ 《商部实业学堂招考告示》,载《商务报》1904 年第 11 期,第 9—10 页,"公牍"。
④ 《商部实业学堂招考告示》,载《商务报》1904 年第 11 期,第 10 页,"公牍"。
⑤ 《商部实业学堂招考告示》,载《商务报》1904 年第 11 期,第 10 页,"公牍"。
⑥ 《商部实业学堂招考告示》,载《商务报》1904 年第 11 期,第 9 页,"公牍"。
⑦ 《固山贝子衔镇国将军商部尚书载演说》,载《商务报》1904 年第 30 期,第 3 页,"公牍"。
⑧ 《固山贝子衔镇国将军商部尚书载演说》,载《商务报》1904 年第 30 期,第 3 页,"公牍"。

化学、机器、电器、矿业四科。"①

宣统二年四月(1910年5月),学部依据农工商部咨送而来的实业学堂本科应届毕业"学生姓名、履历、分数、成绩"②,审核之后,"照章举行毕业考试"③,根据考试成绩,结合平时表现,合并计分,"计取列最优等二十三名、优等七十一名、中等三十五名"④,具摺上奏请奖:"最优等、优等、中等作为举人,以知州、知县、州同等官分省尽先补用。该学生等有原系举人者,拟请照所列等级给予官职;其原有官职愿就原官者,拟请作为举人,以原官分省尽先补用;其系分部人员,分别奏留学习,仍以原官尽先补用及奏留后尽先补用。"⑤

奇怪的是,这129人中,沈承煌一起入学的同学很多都在,却偏偏不见他的大名。查阅宣统三年六月补考的"因病及丁忧未得与考各生"⑥名单,一共5人,他仍然不在其列。而从这两次考试请奖的成绩来看,只要60分"考试及格",即可列为"中等","奏请奖励"⑦,予以"举人"出身——他后来入职时却并未获得举人出身,而仍然只是"监生"⑧。如此看来,或许是他考试不及格,因而

---

① 《学部奏考试京师高等实业学堂毕业学生分别请奖摺(并单)》,载《政治官报》宣统二年十一月初八日,第1120号,第6页,"摺奏类"。
② 《学部奏考试京师高等实业学堂毕业学生分别请奖摺(并单)》,载《政治官报》宣统二年十一月初八日,第1120号,第6页,"摺奏类"。
③ 《学部奏考试京师高等实业学堂毕业学生分别请奖摺(并单)》,载《政治官报》宣统二年十一月初八日,第1120号,第6页,"摺奏类"。
④ 《学部奏考试京师高等实业学堂毕业学生分别请奖摺(并单)》,载《政治官报》宣统二年十一月初八日,第1120号,第7页,"摺奏类"。
⑤ 《学部奏考试京师高等实业学堂毕业学生分别请奖摺(并单)》,载《政治官报》宣统二年十一月初八日,第1120号,第7页,"摺奏类"。
⑥ 《学部奏补考京师高等实业学堂毕业学生照章分别请奖摺(并单)》,载《政治官报》宣统三年闰六月初六日,第1347号,第11页,"摺奏类"。
⑦ 《学部奏补考京师高等实业学堂毕业学生照章分别请奖摺(并单)》,载《政治官报》宣统三年闰六月初六日,第1347号,第11页,"摺奏类"。
⑧ 清华大学图书馆、科技史暨古文献研究所编:《清代缙绅录集成93 爵秩全览(宣统三年夏)》,大象出版社2008年版,第59页。

未能列入请奖名单,又或许是他只修读了预科,而未续升本科之故?

宣统三年(1911)夏,沈承煌进入当时炙手可热的邮传部,任邮传部主事:"沈承煌,浙江归安县人,监生。"①同年秋季,仍然在职:"沈承煌,浙江归安县人,监生。"②同年冬季,官职未变:"沈承煌,浙江归安县人,监生。"③在被称为"宣统四年"的1912年春季,依然如此:"沈承煌,浙江归安县人,监生。"④值得注意的是,当时邮传部的左侍郎为汪大燮:"左侍郎,出使日本国大臣汪大燮,浙江钱塘县人,举人。"⑤沈承煌的入职,或许多少有这位姐夫之力。

从时间上看,兄弟四人中,沈承煌入仕最晚。沈厚铎先生说他曾在清末大理院做过推事,民国以后即赋闲在家:"我的祖父排行第四,曾进法律学堂,后在大理院做过推事,民国以后即赋闲。"⑥后来又修正说,他曾在清末和民国大理院做过推事:"沈承煌是沈家本的第四个儿子、笔者的祖父。……祖父也曾进法律学堂,在清末和民国大理院做过推事。"⑦这些说法,似乎值得商榷。

---

① 清华大学图书馆、科技史暨古文献研究所编:《清代缙绅录集成93 爵秩全览(宣统三年夏)》,大象出版社2008年版,第59页。

② 清华大学图书馆、科技史暨古文献研究所编:《清代缙绅录集成93 爵秩全览(宣统三年秋)》,大象出版社2008年版,第304页。

③ 清华大学图书馆、科技史暨古文献研究所编:《清代缙绅录集成94 职官录(宣统三年冬)》,大象出版社2008年版,第114页。又见:内阁印铸局编:《宣统三年冬季职官录·京师·邮传部衙门·主事》(近代中国史料丛刊第29辑),台湾文海出版社有限公司1968年影印版,第458页。

④ 清华大学图书馆、科技史暨古文献研究所编:《清代缙绅录集成95 职官录(宣统四年春)》,大象出版社2008年版,第114页。

⑤ 清华大学图书馆、科技史暨古文献研究所编:《清代缙绅录集成93 爵秩全览(宣统三年夏)》,大象出版社2008年版,第57页。

⑥ 沈厚铎:《小楼藏得书千卷 闲里光阴相对酬——写在〈沈家本全集〉问世之际》,载徐世虹主编:《沈家本全集》第八卷《后记》,中国政法大学出版社2010年版,第988页。

⑦ 沈厚铎:《枕碧楼宅院易主风波(上)》,载"法制网"2017年7月4日,"文化频道"。

沈承煌是否曾进入法律学堂学习,尚难确知,但他既入商部实业学堂学习,恐怕无暇再入法律学堂。何况,法律学堂的设立,本以日本变法之初设立速成司法学校之举为参照,带有明确的政治目的,对于报考人员,具有特殊的身份要求:"日本变法之初,设速成司法学校,令官绅每日入校数时,专习欧美司法行政之学。昔年在校学员,现居显秩者,颇不乏人。宜略仿其意,在京师设一法律学堂,考取各部属员,往堂肄习。毕业后派往各省,为佐理新政、分治地方之用。"①"为出示招考事:照得京师象房桥设立法律学堂,造就裁判人才,以备任使。前经禀请学务大臣奏请,奉旨允准在案,自当先行招考。为此谕知在京各衙门人员及在外候补候选等员,准其一体考试。有愿入学者,备具籍贯、履历,粘连同乡京官印结,取具图片,赴学报名。考试拟定于闰四月十一日起至三十日截止,其举人、五贡,未经拣选者,不准入考。为此特谕。"②尚未入仕的沈承煌,显然不具备这种"各部属员"、"在京各衙门人员及在外候补候选等员"身份,并不符合法律学堂的入学条件。可资佐证的是,他既不在光绪三十二年七月(1906年9月)法律学堂首批入学的120名正取生之列③,也不在宣统二年五月(1910年6月)的《法律学堂甲班毕业生履历等第并所拟奖励清单(72名)》④、宣统二年八月(1910年9月)的《法律学堂甲班补考毕业学员

---

① 《修订法律大臣伍沈会奏请专设法律学堂摺》,载《东方杂志》光绪三十一年八月二十五日,第2卷第8期,"教育",第174页。
② 《法律学堂出示招考》,载《北洋官报》光绪三十二年闰四月初七日,第1020册,"京师近事",第6页。
③ 《法律学堂开学纪闻》,载《大公报》大清光绪三十二年七月廿九日,西历1906年9月17号(礼拜一),第1509号,第4版,"时事(北京)"。
④ 《学部奏京师法律学堂毕业各生酌拟奖励摺(并单)》,载《政治官报》宣统二年五月二十二日,第956号,第6—9页,"摺奏类"。其第7—8页曰:"计开:最优等三名……优等二十二名……中等四十七名……。"

等第分数清单(8名)》①、宣统三年正月(1911年2月)的《法律学堂乙班毕业及甲班补习学员等第分数清单(363名)》②与宣统三年闰六月(1911年8月)的《补考京师法律学堂乙班毕业各员分数等第清单(26名)》③之内——这些清单中共有469名毕业请奖学生——更未曾依章程获得"副贡"出身奖励。

在入仕之后,沈承煌倒的确曾在大理院任职,但并非是在"清末大理院",而是在民国大理院,并未做过"推事",而只是担任过"书记官"。

首先,推事是审判人员,清末大理院设有定额,刑民两科六庭,每庭5名,一共30名。这些推事人选,大多是沈家本筹备大理院之初,以"熟悉律例,才优听断"为标准,从法部等衙门调用而来的④。宣统元年十二月(1910年2月)《法院编制法》及《法官考试任用暂行章程》颁行之后,大理院与各级审判厅推事都需要通过法官考试方可充任:"推事及检察官应照法官考试任用章程,经二次考试合格者,始准任用。"⑤"凡非推事及检察官者,未经照章考试,无论何项实缺人员,不得奏请补署法官各缺。"⑥同时,"补大理院

---

① 《会考大臣唐景崇等奏会考京师法律学堂甲班补考毕业各员事竣摺(并单)》,载《政治官报》宣统二年八月二十三日,第1046号,第5—6页,"摺奏类"。其第5页曰:"计取列最优等一名,优等一名,中等一名,下等一名,最下等四名。"

② 《学部奏考试京师法律学堂乙班毕业及甲班补习学员请先给出身摺(并单)》,载《政治官报》宣统三年二月初四日,第1198号,第7—12页,"摺奏类"。其第8页曰:"共计应考学员三百六十三名……计取列最优等九名,优等九十一名,中等一百六十一名,下等八十一名,最下等二十二名。"

③ 《学部奏补考京师法律学堂乙班毕业各员请奖摺(并单)》,载《政治官报》宣统三年闰六月二十二日,第1363号,第10—11页,"摺奏类"。其第10页曰:"计共应考者二十六名……计取列优等二名,中等十四名,下等六名,最下等四名。"

④ 晚清大理院首批推事的情况,可参见:韩涛:《晚清大理院审判官员调配及履历考论》,载《历史档案》2011年第3期,第79—90页。

⑤ 《宪政编查馆奏核订法院编制法并另拟各项暂行章程摺(并单)》,载《政治官报》宣统元年正月初九日,第826号,第16页,"摺奏类"。

⑥ 《宪政编查馆奏核订法院编制法并另拟各项暂行章程摺(并单)》,载《政治官报》宣统元年正月初九日,第826号,第7页,"摺奏类"。

推事及总检察官者,须有左列资格之一:一、任推事或检察官历十年以上者;二、照前条第二项充京、省法政学堂教习或律师十年以上,而任推事及检察官者。"①故而,要成为大理院推事,尚需十年以上的法律职业资历,绝非易事。查阅清末光宣年间的《大理院职官表》,"推事"中并没有"沈承煌"其人。在"推事"之外,大理院还有"额外推事"、"都典簿"、"典簿"、"主簿"、"录事"等官,但其中也未见"沈承煌"之名②。故而,沈承煌不可能在清末大理院任职。

其次,在民国大理院官员中,的确有"沈承煌"之名,但他并非任"推事",而是位居"书记官"之列。"书记官"在晚清《法院编制法》中是统称,分为"都典簿"、"典簿"、"主簿"、"录事"等职。宣统元年(1910)《法院编制法》第128条规定:"各审判衙门分别置左列各项书记官,掌录供、编案、会计、文牍及其他一切庶务:一、初级审判厅置录事,二、地方及高等审判厅置典簿、主簿、录事,三、大理院置都典簿、典簿、主簿、录事。"③民国初年,大体袭用前清《法院编制法》而略作修改。1915年《重刊法院编制法》第128条,删除了晚清对书记官的不同分类,直接改"书记官长"、"书记官"为单称:"各审判衙门分别置书记官长、书记官,掌录供、编案、会计、文牍及其他一切庶务。"④

显然,无论在晚清,还是在民国,"推事"都是审判官员,"书记官"都只是辅助人员,一如今日法院中之"审判员"与"书记员",二者具有本质差别,不可混同。

---

① 《宪政编查馆奏核订法院编制法并另拟各项暂行章程摺(并单)》,载《政治官报》宣统元年正月初九日,第826号,第17—18页,"摺奏类"。
② 大理院官员的名录,可参见:韩涛:《晚清大理院:中国最早的最高法院》,法律出版社2012年版,第373—415页。
③ 《宪政编查馆奏核订法院编制法并另拟各项暂行章程摺(并单)》,载《政治官报》宣统元年正月初九日,第826号,第18页,"摺奏类"。
④ 《重刊法院编制法》,载《法政杂志》1915年第5卷第9号,第97页,"专件"。

第三章　沈承熙的家族谱系

沈寅飞在《寻找沈家本家族》中说："沈家本的儿子沈承煌虽然继承了父亲的事业,曾做过大理寺推事。"①这种说法,不惟不明"书记官"与"推事"之别,更是将"大理寺"与"大理院"混为一谈。大理寺是清代"三法司"之一,官员分为卿、少卿、丞、评事等职,并无"推事"之设。大理院是晚清1906年官制改革中设立的"专掌审判"的近代最高法院,官员分为正卿、少卿、推丞、推事等职。故而,只有"大理院推事"之称,并无"大理寺推事"之说。

实际上,沈承煌在民国成立后,方才进入大理院,成为委任书记官,后又升任为荐任书记官、文书科科长。

1915年11月,沈承煌任大理院委任书记官多年,被叙为"上士"之秩:"大理院书记官沈承煌……积资在四年以上,并曾为委任职,按照《文官官秩令》,拟请授为上士。"②

1916年4月,沈承煌获得晋升,试署大理院荐任书记官:"政事堂奉策令:司法部呈请任命沈承煌署大理院书记官,应照准。此令。　大总统印　中华民国五年四月九日　国务卿徐世昌。"③

1917年5月,一年试用期满,沈承煌被正式荐任为大理院书记官。《申报》载:"又令:司法总长张耀曾呈请任命沈承煌为大理院书记官,应照准。此令。"④《大公报》也载:"司法总长张耀曾呈请任命沈承煌为大理院书记官,应照准。此令。"⑤

---

①　沈寅飞:《寻找沈家本家族》,载《方圆》2015年第19期,第17页。
②　《兼代国务卿呈据铨叙局详核司法部暨京师各级法院委任职叙官缮单请鉴文并批令(附单)》,载《政府公报》1915年11月9日,第1259号,第13—14页,"呈"。
③　《命令》,载《政府公报》1916年4月10日,第95号,第3页。又见:骆宝善、刘路生主编:《袁世凯全集 第35卷 35—491.准任命沈承煌职务令》,河南大学出版社2013年版,第132页。
④　《命令》,载《申报》中华民国六年五月十日,西历1917年5月10号(礼拜四),第11281号,第2版。
⑤　《大总统令(五月八日)》,载《大公报》中华民国六年五月十日,西历1917年5月10号(星期四),第5266号,第2版,"命令补遗"。

1917年9月刊印的《司法部大理院暨京师各厅监所职员录》中,沈承煌名列大理院"总务厅"书记官之列:"总务厅:……荐任书记官,沈承煌,哲甫,三一,浙江,五年四月九日,金井胡同,南局一九四四。"①

1918年11月,沈承煌曾与董康、姚震等大理院同僚为湖南灾区捐款,受到旅京湖南筹赈会的敬谢。据《政府公报》载:"董康、姚震各捐钞洋十元,无名氏、余戟门、胡文甫,以上三户各捐钞五元,褚荣泰捐钞洋四元,林志章、陆鸿仪……,以上五户各捐钞洋三元,王劲闻……潘恩培、郁华……沈承煌、闵锡来、沈兆奎、桂龄,以上十四户各捐钞洋二元,颜曾佑……秦俊声,以上九户各捐钞洋一元。"②

1918年12月,沈承煌被叙为文官第三等,给第八级俸:"本院荐任书记官前经依照《法院书记官官等条例》呈准,分别改叙官等在案。兹依《法院书记官官俸条例》,书记官长褚荣泰准叙一等,给一等第一级俸……书记官王劲闻、桂龄……均准叙二等……袁励贤、唐恺、沈承煌、邬绳准均准叙三等……袁励贤、沈承煌各给三等第八级俸……此令。 院印 中华民国七年十二月十日 大理院院长姚震。"③

1919年1月,沈承煌又被升叙为文官第三等,给第七级俸:"本院荐任书记官袁励贤、沈承煌自八年一月分起均进给三等第七

---

① 司法部编:《司法部大理院暨京师各厅监所职员录·大理院职员录·总务厅》,1917年9月印行,第42页。其中沈承煌年龄似乎有误,并非"三一",而应是"三四"。

② 《经收大理院经募赈款细数名单》,载《政府公报》1918年11月6日,第998号,第28页,"广告二·旅京湖南筹赈会敬谢各大善士各机关慨助湘省兵灾赈款第三次报告单(续)"。

③ 《大理院令第八十五号》,载《政府公报》1918年12月14日,第1035号,第26页,"命令"。

级俸,此令。　院印　中华民国七年十二月三十一日　大理院院长姚震。"①

1920年9月,沈承煌受大理院院长王宠惠任命,暂代文书科科长:"本院文书科科长职务,派沈承煌暂行代理。此令。　院印　中华民国九年九月二日　大理院院长王宠惠。"②

1920年11月,沈承煌被大理院院长王宠惠正式任命为文书科科长:"派沈承煌充文书科科长。此令。　院印　中华民国九年十一月十二日　大理院院长王宠惠。"③

1920年12月,经大理院咨请、署司法总长董康呈请,沈承煌被进叙为文官第二等:"令:署司法总长董康呈,准大理院咨请进叙推事书记官等由,呈悉。潘恩培、沈承煌、闵锡来均进叙二等。此令。　大总统印　中华民国九年十二月二十八日　国务总理靳云鹏　司法总长董康。"④

1920年12月刊印的《司法部大理院暨京师各厅监所职员录》中,沈承煌名列大理院"总务处"书记官之列:"总务处:荐任书记官、大理院文书科科长,沈承煌,哲甫,三八,浙江吴兴,金井胡同,南局一六六。"⑤

1921年1月初,任职大理院期间,沈承煌还曾经与王宠惠等同僚一起,为河南灾区捐过款,受到河南灾区救济会的敬谢。据

---

① 《大理院令第八十六号》,载《政府公报》1919年1月7日,第1052号,第13页,"命令"。
② 《大理院令第四十号》,载《政府公报》1920年9月5日,第1638号,第14页,"命令"。
③ 《大理院令第七十五号》,载《政府公报》1920年11月16日,第1707号,第6页,"命令"。
④ 《大总统指令第三千四十一号》,载《政府公报》1920年12月29日,第1748号,第7页,"命令"。
⑤ 司法部编:《司法部大理院暨京师各厅监所职员录·大理院职员录·总务处》,1920年12月印行,第55页。

《申报》载:"王宠惠君捐洋二十元,余棨昌君捐洋五元,……沈承煌君捐洋一元,……闵锡来君捐洋一元,桂龄君捐洋一元,增琦君捐洋一元,秦俊声君捐洋一元(自王宠惠君起至秦俊声君止,均经大理院代募)。"①

1921年1月底,由于"成绩懋著",经大理院呈保、国务总理靳云鹏呈请,沈承煌被升为简任官:"令:国务总理靳云鹏呈,核大理院呈保书记官长周起凤等成绩懋著,拟请以简荐任文职分别存记升用由,呈悉。周起凤、沈承煌均准以简任职交院存记升用,王钧善准以荐任职升用。此令。 大总统印 中华民国十年一月二十日 国务总理靳云鹏。"②

1926年8月,沈承煌离开大理院,调入京都市政公所,名列市政公所职员录中,为"行政处"科员:"沈承煌,哲甫,四四,浙江吴兴,十五年八月,金井胡同,南局一六六。"③根据书中体例,这里的"十五年八月"为"到差年月"④。

对于沈承煌的去世时间,沈厚铎先生如是说:"后来染上了痨病……祖父的身体每况愈下,去世时仅五十五岁。"⑤"就在迁离京城金井胡同一号也就是枕碧楼宅院的第二年,祖父离开了人世,享年五十五岁。"⑥由于沈承煌出生于1883年,55岁时应是1938年,

---

① 《河南灾区救济会第一次敬谢》,载《申报》中华民国十年一月三日,西历1921年1月3号(礼拜一),第17197号,第3版。
② 《大总统指令第一百二十四号》,载《政府公报》1921年1月21日,第1766号,第8页,"命令"。
③ 京都市政公所庶务科编印:《京都市政公所及附属机关职员录·行政处》,1926年12月印行,第10页。
④ 京都市政公所庶务科编印:《京都市政公所及附属机关职员录》,1926年12月印行,第1页。
⑤ 沈厚铎:《小楼藏得书千卷 闲里光阴相对酬——写在〈沈家本全集〉问世之际》,载徐世虹主编:《沈家本全集》第八卷《后记》,中国政法大学出版社2010年版,第988页。
⑥ 沈厚铎:《枕碧楼宅院易主风波(上)》,载"法制网"2017年7月4日,"文化频道"。

但考虑到国人计算寿数常用虚岁,故而,他的辞世时间更可能是1937年。

沈家本先生有四个儿子,已为学界公认。然而,有人认为,沈家本还有一个儿子沈承焌,即沈承熙还有一个兄弟。

1904年8月的《申报》,登载一则新闻,说沈家本还有一位儿子沈承焌,他与沈承煌一起考入清末商部实业学堂,引发舆论猜测:

> 京师友人来函云,此次商部奏请创设实业学堂,自正月间即刊刷示文,遍寄各省,故赴试学生多至二千六七百名。比试期在迩,一时都下啧有烦言,佥谓非有大力人情不必入场云云,闻者疑信参半。及榜发,果然疑窦甚多。如兄弟三人同榜者:刘式曾、刘式郢、刘式元,直隶京官之子。兄弟两人同榜者:沈承焌、沈承煌,浙江人,刑部侍郎沈少司寇家本之子。……以外类此者尚多,阅其姓名籍贯,自然了了。①

从字形上看,"沈承焌"与"沈承煌"二人的名字的确非常相似。基于传统中国家谱命名的惯例,一般人看到这两个名字,均难免会怀疑二者之间有密切关系。尤其巧合的是,沈承焌也是浙江人,这也难怪《申报》"阅其姓名籍贯"而自以为"自然了了"②的了。

不惟如此,根据沈家由沈丙莹所定的"家承仁厚"的族谱排序,以及"木火土金水"的命名规则:"丙莹公适值青年时代,雄心勃勃,满怀光宗耀祖的壮志。经与父亲商量,确定沈氏后代自'家树'始,以'家承仁厚'和'木、火、土、金、水'为世代排序。"③"据了解,沈家

---

① 《商部考试实业余谭》,载《申报》大清光绪三十年七月十二日,西历1904年8月22号(礼拜一),第11260号,第2版。
② 《商部考试实业余谭》,载《申报》大清光绪三十年七月十二日,西历1904年8月22号(礼拜一),第11260号,第2版。
③ 沈厚铎:《小楼藏得书千卷 闲里光阴相对酬——写在〈沈家本全集〉问世之际》,载徐世虹主编:《沈家本全集》第八卷《后记》,中国政法大学出版社2010年版,第986页。

本之父沈丙莹于清道光二十五年考中进士,补官刑部,为陕西司主事。沈家本在北京受到了严格的教育,被告知曰:自尔辈始,以'家、承、仁、厚',配以'木、火、土、金、水',往复为序,子孙相传。以'家承仁厚'是乃为人治家之本。"①"沈丙莹是有心机的人,他已经给后代取名立下了规矩,即按'家、承、仁、厚'依次为儿辈、孙辈、曾孙辈等等取名。同时,他要求每一个辈分的名字,按'金、木、水、火、土'五行配字,即'家'字辈要配有'木'的字,'承'字辈要配有'火'的字,'仁'字辈要配有'土'的字,'厚'字辈要配有'金'的字。"②可以看出,"沈承焌"这个名字,"承"字辈,"火"字旁,也的确符合沈家族谱沈承熙一代的排序命名。

然而,遍查沈家本、沈彦模、沈家霨、沈承熙等人的硃卷"履历",其所列亲属中均未有"沈承焌"这个名字。故而,无论如何相似,沈承焌均不是沈家本的儿子,甚至也不是沈家本家族的成员,或许不过是单纯的巧合罢了。

需要特别指出的是,清代不仅有与沈家本诸子名称相似的"沈承焌",还有与沈承熙同名的浙江海宁人"沈承熙"(字蔼香)③,乃至与沈家本同称④、同乡的浙江乌程人"沈子敦"(名垚,字敦三,号

---

① 《直播"中国近代法律第一人"沈家本家族故事 超500万网友齐点赞》,载《法制晚报》2018年2月14日。

② 高勇年:《法学泰斗沈家本》,浙江人民出版社2006年版,第24页。高勇年先生说:"从现有可考资料看,沈丙莹的五个儿子,确实都是'家'字辈,而且也在名字中配有'木'的字。"(高勇年:《法学泰斗沈家本》,浙江人民出版社2006年版,第24页),似有不确,沈家本三子名字后有所更改,为"沈彦模"。

③ (清)潘衍桐编纂:《两浙輶轩续录 第13册 第46—49卷》,夏勇、熊湘整理,浙江古籍出版社、浙江出版联合集团2014年版,第3773页:"沈承熙,字蔼香,海宁诸生。沈鸿模曰:'蔼香,余犹子也。同治壬戌,客语溪,遇贼,不屈死。'"

④ 沈家本字"子惇",又常称"沈子敦"、"沈敦老"。"惇"与"敦"通假,故时常互用。

第三章　沈承熙的家族谱系

子敦,亦作子惇)①,不可不察。

对于沈家本四个儿子的人选,坊间也有不同说法。沈厚铎先生曾言:"沈家本先生育有四男:承熙、承煦、承烈、承煌。"②又言:"笔者之二祖父沈承煦,也就是沈家大院的二爷,在枕碧楼客厅接待,告知老人病体实在不能支持。"③又言:"沈家本先生的二子、笔者的二祖父沈承煦,四十岁就过世了……沈承煦只有两个女儿。长女是笔者的大姑妈沈仁峒,二姑妈名为沈仁垸。"④这些说法多有不确。

首先,沈家本先生的四子分别为沈承熊(沈承焕)、沈承熙、沈承烈、沈承煌(沈承焯)四人,沈承煦并不在其间。

其次,从"沈家本先生的二子"、"沈家大院的二爷"这些身份来看,这里的"沈承煦"显然应为"沈承熙"。

再次,沈承煦也不是沈仁峒的父亲。常寒婴先生在《革命老人

---

① (清)沈垚:《吴兴丛书 落帆楼文集 1·帆集总录·沈子敦著述总录》,文物出版社1987年影印(吴兴刘氏嘉业堂刊本)版,第5页"沈子敦著述总录":"沈垚,字敦三,号子惇,浙江湖州府乌程县人,府学廪生,道光甲午年优贡生……子敦生于嘉庆戊午年九月二十八日,卒于道光庚子年十一月十七日。年四十三岁。"陈寅恪先生在《论再生缘》中引用这段时,则称之为"沈子惇":"同书卷首附汪刚木曰桢《沈子惇著述总录》略云:'沈垚字敦三,号子惇,浙江湖州府乌程县人,府学廪生,道光(十四年)甲午优贡生。子惇生于嘉庆(三年)戊午,卒于道光(二十年)庚子。四十三岁。'"(陈寅恪著《陈寅恪文集之一 寒柳堂集》,上海古籍出版社1980年版,第79页)。巧合的是,沈垚与沈家本这两位"沈子惇",都曾在缪荃孙的日记中出现。缪荃孙著《缪荃孙全集 日记1》,张廷银、朱玉麒主编,凤凰出版社2014年版,第135页:"八月……三日庚子,阴。出拜曹鞠农、徐古香迪新、沈子惇家本、刘幼丹心源、余元梅乾耀。"第526页:"六月……廿二日甲申,午后大雨,旋晴。袁碌秋来。校沈子惇垚《落帆楼文》入《碑传集》。"
② 沈厚铎:《小楼藏得书千卷 闲里光阴相对酬——写在〈沈家本全集〉问世之际》,载徐世虹主编:《沈家本全集》第八卷《后记》,中国政法大学出版社2010年版,第987页。
③ 沈厚铎:《枕碧楼最后公务》,载《法制日报》2016年11月7日,第8版,"法治文化"。
④ 沈厚铎:《沈氏老二房与老三房》,载《法制日报》2017年5月8日,第8版,"法治文化"。

余谷似的一生》中说:"姥姥余谷似原名沈仁桐,是清末法学家沈家本的长孙女。……姥姥的父亲沈承熙是沈家本的二儿子,清末举人。"①沈仁桐本人在《沈家本先生二三事》中则明确说:"祖父……还让我的父亲沈承熙学外文。"②子女应该不会不知父亲的名讳,所以,沈仁桐是沈承熙之女,所谓的"沈承煦",应是"沈承熙"之误无异。

不过,"沈承煦"也确有其人,沈承煦在乡试硃卷"履历"中称之为"嫡兄弟":"嫡兄弟:承燕(早逝)、承煊(邑庠生)、承煦(邑庠生)、承照(幼读)。"③可见,他并非沈家本的儿子,而是沈家本的胞兄弟之子,是沈家本的胞侄。坊间之所以将其与沈承熙混淆,或许是因为"熙"与"煦"二字形似之故。

对于误为"沈承煦"的沈承熙,沈小兰、蔡小雪二位在《修律大臣沈家本》中说:"老二子承父业,现在京师警察厅供职,刚刚开始他的职业生涯,也算是捧上了饭碗,不用他再操心惦记。"④

这种表述明显有误,根据文义,这句当是沈家本在1900年被八国联军拘禁保定时的所思所想。然而,"京师警察厅"这一机构彼时尚未成立,虽然晚清官制改革时期已经有效法日本,设立京师警察厅的构想——"内外城巡警总厅各员会议改章,与民政部画分权限。大略谓巡警为民政之一端,巡警部既改设民政部,应总辖全国民政,不应专管京师警察,则京师警察厅当离部独

---

① 常寒婴:《革命老人余谷似的一生》,载《法制日报》2017年6月5日,第8版,"法治文化"。
② 沈仁桐(余谷似)口述、沈厚鋆整理:《沈家本先生二三事》,载张国华主编:《博通古今学贯中西的法学家》,陕西人民出版社1992年版,第474页。
③ 顾廷龙主编:《清代硃卷集成》第300册《乡试(浙江)·光绪壬寅(二十八年)(一九〇二)补行庚子(二十六年)(一九〇〇)辛丑(二十七年)(一九〇一)恩正并科》,台湾成文出版社有限公司1992年版,第393页。
④ 沈小兰、蔡小雪:《修律大臣沈家本》,人民法院出版社2012年版,第179页。又见:沈小兰、蔡小雪:《沈家本新传》,商务印书馆2022年版,第208页。

第三章 沈承熙的家族谱系

立。拟合内外城两总厅为一,名曰'京师警察厅'。设正监一员,秩从二品;副监一员,秩正三品;总务处签事一员,秩正四品;保安、司法、卫生三处签事各一员,秩从四品。其下分十八科,各设科长一员,秩五品。警官以下,仍用旧制。"①"谨案警察为内政之一端,此次厘定官制,以为立宪之预备,则警察组织,当与宪政相表里。故从宪政而定警察之范围,从范围而立警察之制度,从制度而生警察之职权,此其纲领也。今规定警察范围最要者,莫如厅制。……考东西各国警视厅制,隶于内务大臣及各省大臣之下,而有执行其主管行政之特权。是其范围之广,责任之专,已可概见。今拟略仿其制,合两总厅为一,定名曰'京师警察厅',以为统一地方行政之机关。"②"京师巡警总厅原分内外城两厅,各置一长官,分地而治。此次厅制草案,议仿日本警视厅之制,并两厅为一,名曰'京师警察厅'。"③——但最终因"徐尚书颇虑民政部无事可办,不允部厅分立之设"④未能实现,直到民国初年,方才付诸实践:"1913 年初,袁世凯下令将京师内城巡警总厅和外城巡警总厅合并为京师警察厅。"⑤其《画一现行京师警察官厅组织令》第一条云:"京师依现行巡警官制之例,改设警察厅,仍直隶于内务总长,办理京师城郊地方警察行政事务。"第二条云:"京师警察厅依现行巡警官制之例,分设四处如左:一、总务

---

① 《民政部与巡警厅分立之问题(京师)》,载《申报》大清光绪三十二年十一月初九日,西历 1906 年 12 月 24 号(礼拜一),第 12100 号,第 3 版。
② 《釐定京师警察厅制说帖(代论)》,载《申报》大清光绪三十二年十二月十四日,西历 1907 年 1 月 27 号(礼拜日),第 12134 号,第 2 版。
③ 《民政部两厅官制说帖》,载《申报》大清光绪三十三年正月初六日,西历 1907 年 2 月 18 号(礼拜一),第 12149 号,第 3 版。
④ 《民政部与巡警厅分立之问题(京师)》,载《申报》大清光绪三十二年十一月初九日,西历 1906 年 12 月 24 号(礼拜一),第 12100 号,第 3 版。
⑤ 马玉生:《中国近代中央警察机构建立、发展与演变》,中国政法大学出版社 2015 年版,第 121 页。

处,二、行政处,三、司法处,四、卫生处。"①所以,在 1900 年,沈承熙怎么可能已经进入"京师警察厅"供职了呢?

坊间另有一种说法,认为沈羹梅也是沈家本的儿子。许宝蘅丙辰年(1916)《巢云簃日记》载:"四月初二,羹梅以沈子惇先生所录《说文引经同义》九册见示,大三寸许,每叶[页]两面廿四行,每行三十字,每册三万余字,精细绝伦,首尾如一,足见老辈用功之勤。"②《北京文史资料》编者在摘抄这则日记后,特意注释道:"沈子惇,沈家本,羹梅为其第七子。"③

这一说法,不知所宗,但明显错误。沈家本只有四个儿子,何来"第七子"之说? 其实,沈羹梅即沈兆奎,"羹梅"为其号。沈兆奎,字无梦,号羹梅,江苏吴江人,行七,又称沈七。④ 沈兆奎"译学馆毕业,学部考列优等,奖给举人,学部七品小京官,大理院书记官"⑤,为沈承煌在大理院总务处的同事:"总务处:文牍科主任、荐任书记官,沈兆奎,羹梅,三三,江苏,元年八月二十四日,宣武门外兵马司中街,南局三〇五。荐任书记官,沈承煌,哲甫,三一,浙江,五年四月九日,金井胡同,南局一九四四。"⑥后又曾任司法部参事等职:"任命沈兆奎署司法部参事。此令。"⑦他虽然与沈家本颇有

---

① 《画一现行京师警察官厅组织令》,载《政府公报》1913 年 1 月 9 日,第 243 号,第 16 页,"命令·临时大总统令"。
② 许宝蘅:《巢云簃日记》(摘抄),载《北京文史资料 第 56 辑》,北京出版社 1997 年版,第 107 页。
③ 许宝蘅:《巢云簃日记》(摘抄),载《北京文史资料 第 56 辑》,北京出版社 1997 年版,第 112 页,"注释"59。
④ 参见:康冬梅:《缪禄保致王文进手札十五通释读》,载《图书情报研究》2018 年第 2 期,第 94 页。
⑤ 敷文社编:《最近官绅履历汇录(第一集)(民国九年七月)》(近代中国史料丛刊第 45 辑),台湾文海出版社有限公司 1970 年版,第 147 页。
⑥ 司法部编:《司法部大理院暨京师各厅监所职员录·大理院职员录·总务厅》,1917 年 9 月印行,第 42 页。其中沈承煌年龄似乎有误,并非"三一",而应是"三五"。
⑦ 《大总统令(三月五日)》,载《大公报》中华民国十年三月六日,西历 1921 年 3 月 6 号(星期日),第 6587 号,第 2 版,"命令"。

第三章 沈承熙的家族谱系

渊源,但并非沈家本的儿子。

也有人认为,沈羹梅是沈家本的侄子:"沈兆奎(1885—1955),字无梦,号羹梅,江苏吴江人。……辛亥革命后,由其叔父沈家本推荐至大理院任书记官。"①这仍然是不确的。实际上,沈兆奎为晚清重臣沈桂芬的孙子②,而沈桂芬"娶俞氏,浙江钱塘县嘉庆庚辰科进士、翰林院编修、京畿道监察御史、现任湖南衡永郴桂道名焜公女"③,为沈家本的姨夫——沈家本在会试硃卷"履历"中自称:"姨丈沈文定夫子讳桂芬,道光丁未进士,兵部尚书,协办大学士。"④"妣氏俞,诰封恭人,晋封淑人,嘉庆庚辰科进士,署湖南按察使、衡永郴桂道,恤赠光禄寺卿、世袭云骑尉、勅建专祠予谥文节讳焜公次女。"⑤——故沈家本应为沈兆奎的表叔父或表伯父,而非其本家叔父。沈家本去世后,沈兆奎在挽联"精微博大不主故常,古今法家者流,如公有几? 山璞川珠愧邀元鉴,平生引遇之感,私痛无涯"⑥中,自称"表侄"⑦,即为明证。

---

① 康冬梅、程仁桃:《沈兆奎致文禄堂、德友堂信札辑注》,载程焕文、沈津、张琦等主编:《2016 年中文古籍整理与版本目录学国际学术研讨会论文集(下)》,广西师范大学出版社 2018 年版,第 892 页。

② 参见:康冬梅:《缪禄保致王文进手札十五通释读》,载《图书情报研究》2018 年第 2 期,第 94 页。张元卿:《陈诵洛年谱》,天津古籍出版社 2015 年版,第 364 页。

③ 顾廷龙主编:《清代硃卷集成》第 15 册《会试·道光丁未(二十七年)(一八四七)科》,台湾成文出版社有限公司 1992 年版,第 57 页。

④ 顾廷龙主编:《清代硃卷集成》第 54 册《会试·光绪癸未(九年)(一八八三)科》,台湾成文出版社有限公司 1992 年版,第 304 页。

⑤ 顾廷龙主编:《清代硃卷集成》第 54 册《会试·光绪癸未(九年)(一八八三)科》,台湾成文出版社有限公司 1992 年版,第 302 页。

⑥ 《吴兴沈子惇先生哀挽录》,载刘家平、苏晓君主编,国家图书馆分馆编:《中华历史人物别传集》第 62 册,线装书局 2003 年版,第 760 页(影印《沈家本志哀》,廊房三条丽华石印,第 30 页)。我的师兄、中国社会科学院法学研究所的孙家红研究员为我提供了这份哀挽录的电子版,特此致谢。

⑦ 《吴兴沈子惇先生哀挽录》,载刘家平、苏晓君主编,国家图书馆分馆编:《中华历史人物别传集》第 62 册,线装书局 2003 年版,第 760 页(影印《沈家本志哀》,廊房三条丽华石印,第 30 页)。

三、沈承熙的姊妹

王式通在《吴兴沈公子惇墓志铭》中说:"公女二,长适教育部总长汪大燮,次适前度支部员外郎徐士钟。"①据此,沈家本先生共有两个女儿,沈承熙有两个姊妹。

巧合的是,沈家本现存日记中,也正好有两条女儿出生记录。一条在1877年6月12日(阴历),一条在1879年3月4日(阴历)。录之如下:

光绪三年(丁丑,1877):"六月……十二日,晴。巳刻归寓,内子于辰初七下钟举一女,已呱呱而泣矣。午后看《史记》十九页。"②

光绪五年(己卯,1879):"三月……初四日,晴。六下钟三刻,内子举一女。日风起,校《吴志》七页。"③

那么,这两条记录是否沈家本长女和次女的出生记录——易言之,是否说明沈家本长女生于1877年,而次女生于1879年呢?

一般而言,既然王式通说沈家本仅有两个女儿,而沈家本现存日记中又恰好有两条女儿出生记录,那么,将这两条记录视为沈家本长女和次女的出生记录,似乎理所当然。

然而,事实果真如此吗?倘若我们依据这两条记录,断言沈家本长女生于1877年,次女生于1879年,将会有多个问题难以自圆

---

① (民国)王式通:《吴兴沈公子惇墓志铭》,载(民国)闵尔昌纂录:《碑传集补·卷六·部院大臣·沈家本》(近代中国史料丛刊第100辑),台湾文海出版社有限公司1973年版,第418页。

② 徐世虹主编:《沈家本全集》第七卷《日记(丁丑)》,中国政法大学出版社2010年版,第635页。

③ 徐世虹主编:《沈家本全集》第七卷《日记(己卯)》,中国政法大学出版社2010年版,第668页。

其说。

首先，沈家本1866年成婚，长子生于1873年，如果长女晚于长子，生于1877年的话，沈家本成婚7年后才有子嗣。这在当时"早生贵子"的社会文化传统中，无论如何，都显得过于反常。

其次，沈家本长女如果生于1877年，那么，她1892年议婚①时年方16岁，1914年去世时则为37岁。而据汪大燮的书信和王式通的记载，在相应的年份，她分别为23岁②、46岁③，这两组年龄，彼此矛盾，无法解释。

再次，早在1878年，沈家本日记中，已经有"如山、安南入学"、"儿女放学"的记载："正月……廿六日，晴。看《汉书》十二页，是日申刻，如山、安南入学。"④"腊月……廿七日，晴。下午儿女放学。"⑤既然业已证实"如山"是沈家本的长子沈承熊，那么，"安南"则应是沈家本的女儿。然而，清代儿童入学一般在6岁左右，以年龄而论，这个昵称"安南"的女儿，不可能生于1877年。因为，如果她出生1877年的话，当时才不满1岁，怎么能够入学呢？

由此可见，沈家本现存日记中有出生记录的这两个女儿，并非依次对应沈家本的长女和次女。早在1877年之前，他应该已经有了一个女儿——而且这个女儿在1878年，已经到了可以入学的年龄。

---

① 参见：李贵连：《沈家本传（修订本）》，广西师范大学出版社2017年版，第86页。

② 上海图书馆编：《汪康年师友书札 1 汪大燮 十九》，上海书店出版社2017年版，第580页。

③ （民国）王式通：《故国务总理汪公墓志铭》，载（民国）闵尔昌纂录：《碑传集补·卷末·集外文·汪大燮》（近代中国史料丛刊第100辑），台湾文海出版社有限公司1973年版，第3399页。

④ 徐世虹主编：《沈家本全集》第七卷《日记（戊寅）》，中国政法大学出版社2010年版，第647页。

⑤ 徐世虹主编：《沈家本全集》第七卷《日记（戊寅）》，中国政法大学出版社2010年版，第664页。

如此一来,沈家本可能并非只有两个女儿,而是至少有三个女儿。王式通所说的"公女二"①、沈承熙所称的一"胞姊"一"胞妹"②、甚至沈家本本人所言的"女二"③,都未必可靠。

那么,沈家本现存日记中这两个有出生记录的女儿,到底依次对应何人呢?

推演之下,她们其实是沈家本的次女和三女。何以见得呢?既然沈家本次女嫁给了徐士钟,那么,徐士钟妻子的出生日期一定是沈家本次女的出生日期。而据《海盐丰山徐氏重修家乘》载,徐士钟妻子生于1877年6月12日(阴历):"继法部尚书归安沈公家本女,光绪丁丑六月十二日生。"④故而,沈家本次女应生于1877年6月12日(阴历)。而这,与沈家本现存日记中第一条生女纪录,在时间上完全吻合。不言而喻,这条生女记录即为沈家本次女的出生记录,1877年出生的这位,正是沈家本的次女。又由于沈家本1878年日记中并未有生女记录,即1878年沈家本未再增添女儿,故而,沈家本现存日记中第二条生女记录,当为沈家本三女的出生记录,1879年出生的这位,应是沈家本的三女无疑。

那么,沈家本的长女究竟生于何时呢?据王式通《故国务总理汪公墓志铭》载,沈家本长女于1914年去世,时年46岁:"继配归

---

① (民国)王式通:《吴兴沈公子惇墓志铭》,载(民国)闵尔昌纂录:《碑传集补·卷六·部院大臣·沈家本》(近代中国史料丛刊第100辑),台湾文海出版社有限公司1973年版,第418页。

② 顾廷龙主编:《清代硃卷集成》第300册《乡试(浙江)·光绪壬寅(二十八年)(一九〇二)补行庚子(二十六年)(一九〇〇)辛丑(二十七年)(一九〇一)恩正并科》,台湾成文出版社有限公司1992年版,第393页。

③ 顾廷龙主编:《清代硃卷集成》第54册《会试·光绪癸未(九年)(一八八三)科》,台湾成文出版社有限公司1992年版,第301页。

④ 徐丙奎等纂修:《海盐丰山徐氏重修家乘 第13册》,卷十二下"近臣公世系",1915年刻本(民国阴历癸丑五月开雕,乙卯六月讫功,板藏丰山徐氏义庄),第91—92页。

安沈夫人,前司法大臣子惇公家本长女。相夫教子,咸中礼法。卒于甲寅十一月,年四十六,并封一品夫人。"①似乎她应生于1868年。而据汪大燮信件,1892年时,沈家本长女23岁:"其次则沈子登(湖州人)比部之女,年廿三,在京生长。"②似乎她应生于1869年。这一年之差,到底是如何造成的呢?

事实上,沈家本长女生于1869年8月5日(阴历),卒于1914年12月29日。《平阳汪氏迁杭支谱》载:汪大燮"继配归安沈氏名家本字子敦公女,名承蕙字婉卿,清封一品夫人,生于同治八年己巳八月初五日午时,卒于民国三年十二月二十九日即甲寅十一月十三日寅时。"③然而,谱中在计算寿数时,却称她"年四十六岁"④,与王式通所载无异。可见,这里的46岁,采用的是中国传统的计龄方式——"虚岁"。这一计龄方式,在西历传入中国之前,为国人普遍采用,由于多于实足年龄,有彰显长寿之妙,故而在墓志铭中,尤为常见。沈家本1840年出生,1913去世,墓志铭中说他当年74岁:"以民国二年六月九日薨于京师,距生于道光庚子年七月二十二日,年七十有四。"⑤可为旁证。至于1892年汪大燮信中所言的

---

① (民国)王式通:《故国务总理汪公墓志铭》,载(民国)闵尔昌纂录:《碑传集补·卷末·集外文·汪大燮》(近代中国史料丛刊第100辑),台湾文海出版社有限公司1973年版,第3399—3400页。

② 上海图书馆编:《汪康年师友书札1 汪大燮 十九》,上海书店出版社2017年版,第580页。其中"登"应为"惇"之误。

③ 汪怡、汪玉年、汪大燮等纂修:《平阳汪氏迁杭支谱·卷四·九十三世小传·大燮》,1932年铅印本(民国二十一年三月印行),第4页(国家图书馆地方志家谱文献中心编:《清代民国名人家谱选刊18 平阳汪氏迁杭支谱》,北京燕山出版社2010年版,第331—332页)。

④ 汪怡、汪玉年、汪大燮等纂修:《平阳汪氏迁杭支谱·卷四·九十三世小传·大燮》,1932年铅印本(民国二十一年三月印行),第4页(国家图书馆地方志家谱文献中心编:《清代民国名人家谱选刊18 平阳汪氏迁杭支谱》,北京燕山出版社2010年版,第332页)。

⑤ (民国)王式通:《吴兴沈公子惇墓志铭》,载(民国)闵尔昌纂录:《碑传集补·卷六·部院大臣·沈家本》(近代中国史料丛刊第100辑),台湾文海出版社有限公司1973年版,第418页。

23岁,当是媒人有意选用足岁,以示女方年轻之故。不过,这算不得作伪,因为,这种足岁计龄方式,在当时也为人接受。至于媒人故意少报女方年龄的现象,当时也并不少见,汪大燮本人对此也心知肚明。在信中,对于媒人所言的、与沈家本长女同为候选对象的、陈宝渠之女的年龄,就不无质疑:"兄回京后,来说媒者纷纷,陈杏孙堂妹、宝渠太守女(年廿六)言之最力"①,"陈氏女生长上洋,说言廿六,恐尚过之。"②

总之,沈家本一共三个女儿,并非两个女儿,长女生于1869年8月5日(阴历),次女生于1877年6月12日(阴历),三女生于1879年3月4日(阴历)。

可是,为什么王式通、沈承熙和沈家本本人都只提到他有两个女儿呢?这或许是因为生于1879年的三女,不幸夭折之故。

为何如此推测呢?这是因为,幼儿夭折,在当时的医疗条件下,事属寻常,即便在沈家这种官宦人家,也不少见,沈彦模长子、沈承熙长女均是如此:"子承焘,殇。"③"女二,长殇。"④1883年沈家本在会试硃卷"履历"中列举子女时,即言"女二"⑤,而不出意外的话,彼时他应该有长女、次女和三女三个女儿,依次为14、6、4岁。故而,可能当时他已经有一个女儿不在人世了。而长女和次女,后来分别嫁给汪大燮和徐士钟,生辰年龄均可对应,显然仍然在世。那么,少

---

① 上海图书馆编:《汪康年师友书札 1 汪大燮 十九》,上海书店出版社2017年版,第580页。
② 上海图书馆编:《汪康年师友书札 1 汪大燮 二十一》,上海书店出版社2017年版,第584页。
③ 顾廷龙主编:《清代硃卷集成》第266册《乡试(浙江)·光绪丙子(二年)(一八七六)科》,台湾成文出版社有限公司1992年版,第273页。
④ 顾廷龙主编:《清代硃卷集成》第300册《乡试(浙江)·光绪壬寅(二十八年)(一九〇二)补行庚子(二十六年)(一九〇〇)辛丑(二十七年)(一九〇一)恩正并科》,台湾成文出版社有限公司1992年版,第394页。
⑤ 顾廷龙主编:《清代硃卷集成》第54册《会试·光绪癸未(九年)(一八八三)科》,台湾成文出版社有限公司1992年版,第301页。

列的这一个,只能是三女了。倘若三女也在世,沈家本不会无缘无故不予罗列。最大的可能是,三女当时已经夭折,沈家本内心悲痛,不愿在硃卷"履历"中提及之故。实际上,从沈家本日记中可知,1881年正月,他的确有个女儿不幸夭折:"正月……初九日,晴。丑刻,信女化。"①这个女儿,应该即为沈家本的三女。

职是之故,沈承熙1902年在乡试硃卷"履历"中"胞姊妹"一栏,也仅列了两位——由于她们一个生于1869年,一个生于1877年,所以,生于1876年的沈承熙分别称之为"胞姊"、"胞妹"。王式通撰写墓志铭时,尊重沈家人意见,故而,也写为"公女二"。于是,这个出生于1879年的三女,便遮蔽在这些笔墨之中,鲜为后人所知了。

四、沈承熙的姐夫

沈承熙姐夫是曾官居钦差游历日本学生总监督的汪大燮,沈承熙在乡试硃卷"履历"中声称:"本生胞姊(适己丑科举人,四品衔候补五品京堂,钦差游历日本学生总监督汪印大燮)。"②

汪大燮为民国名人,"字伯唐,行一,清钱塘县学附生,光绪己丑恩科举人,由内阁中书官至邮传部左侍郎。民国成立,官国务总理、平政院长。生于咸丰九年己未十月二十七日辰时,辛于民国十八年一月五日即戊辰十一月二十五日亥时,年七十岁。"③生平事

---

① 徐世虹主编:《沈家本全集》第七卷《日记(辛巳)》,中国政法大学出版社2010年版,第704页。
② 顾廷龙主编:《清代硃卷集成》第300册《乡试(浙江)·光绪壬寅(二十八年)(一九〇二)补行庚子(二十六年)(一九〇〇)辛丑(二十七年)(一九〇一)恩正并科》,台湾成文出版社有限公司1992年版,第393页。
③ 汪怡、汪玉年、汪大燮等纂修:《平阳汪氏迁杭支谱·卷四·九十三世小传·大燮》,1932年铅印本(民国二十一年三月印行),第4页(国家图书馆地方志家谱文献中心编:《清代民国名人家谱选刊18 平阳汪氏迁杭支谱》,北京燕山出版社2010年版,第331页)。

迹广为人知,毋庸详考。在此主要关注他与沈家本长女、沈承熙胞姊的婚姻问题。

汪大燮原配为浙江仁和县王溶的女儿王炘,生于1863年1月25日(阴历),卒于1892年8月13日(阴历):"配仁和王氏名溶字芝田公女,名炘字欣木,清赠一品夫人,生于同治二年癸亥正月二十五日酉时,卒于光绪十八年壬辰八月十三日午时,年三十岁。"①"配同县王夫人,芝田公惠溥女,以懿淑闻于戚党,卒于壬辰八月,年三十。"②

1892年,时为内阁中书的汪大燮丧妻之后,登门说媒者络绎不绝,为其介绍了多名大家闺秀——叶柏皋、朱祖谋介绍的沈家本之女也在其中。面临诸多选择,汪大燮权衡再三,犹豫不决,在书信中,曾多次向族弟汪康年倾诉心声,与之商讨此事。

其一云:

兄回京后,来说媒者纷纷,陈杏孙堂妹、宝渠太守女(年廿六)言之最力,子修、紫泉两丈之言最力,其次则沈子登(湖州人)比部之女,年廿三,在京生长,言者亦重且力。沈实缺郎中,秋审处京察一等,道府在即,言在京则赘,出则接济云。兄意颇难决,吾弟能有以教我否?千万千万。在京开宅子甚不容易,而其势已必然,非大有依倚不可,现已姑以开年再说复之。③

其二云:

兄回京后说媒者多而有力,说者甚至合多人向柏皋大作其揖,

---

① 汪怡、汪玉年、汪大燮等纂修:《平阳汪氏迁杭支谱·卷四·九十三世小传·大燮》,1932年铅印本(民国二十一年三月印行),第4页(国家图书馆地方志家谱文献中心编:《清代民国名人家谱选刊 18 平阳汪氏迁杭支谱》,北京燕山出版社2010年版,第331页)。

② (民国)王式通:《故国务总理汪公墓志铭》,载(民国)闵尔昌纂录:《碑传集补·卷末·集外文·汪大燮》(近代中国史料丛刊第100辑),台湾文海出版社有限公司1973年版,第3399页。

③ 上海图书馆编:《汪康年师友书札 1 汪大燮 十九》,上海书店出版社2017年版,第580页。

以期必成，柏皋颇为受挤，前函已略述之。兄行事总太老实，不及吾弟、柏皋远矣。陈氏女生长上洋，说言廿六，恐尚过之，一切皆难妥帖，兄以函商二叔为词。柏皋所说湖州沈氏较为相宜，兄另有函询之韻见，乞为转寄，从速至祷。吾弟如有意见，亦乞示及。沈为湖州世家，子敦比部京察优等将外任，大致前函已略言之。据萧哥云，夏秋间陈仲英太守来京，曾与述及，言此女尚能持家，陈、沈亦内亲也。①

其三云：

兄之姻事，都中虽颇有说者，大抵皆旧时王谢，未必得宜，且往往毁誉交加，无从得其真确，故兄亦不打听。惟陈杏孙太史及沈子敦刑部两处言者，皆圈内之人，或者尚在可行。沈处已合过八字，尚无冲尅。陈处据说大局均好，惟兄以少棠家事及宝渠太守之子循孙前时行为颇不能无疑，且兄之光景吾弟最为深知，今年亏空如此之多，明年若续娶，则所费亦必不赀，一回头之事当必不难，而将来如何支持。故兄处局面以在京有甥馆可居，无庸自立门户者在上。其次则每年有一定接济，方能做长治久安之计，否则有家反不如无家之活动也。沈处当时局面断不如陈，而便益处较多。若吾弟别有可以为兄伐者，固当择善而从，不然祗得如此将就将就。盖搁久则又恐愈趋愈下，并如此者而无之也。兄向来不肯作此等打算，而目下其势使然，可为知者道，难与外人言也。大约明年正月尚不能定，因一则粤信未转，一则陈处取兄八字去，尚未回覆，故特奉商。吾弟如有别的高见，乞速示及。盖此事可以商量之人甚少也。沈处家世亦好，人才八字中下而已。兄惟相貌在所不究，其余则前言尽之矣。②

---

① 上海图书馆编：《汪康年师友书札 1 汪大燮 二十一》，上海书店出版社2017年版，第584页。

② 上海图书馆编：《汪康年师友书札 1 汪大燮 二十三》，上海书店出版社2017年版，第586—587页。

其四云:

若兄今年在京续娶,则弟明年携眷可同居也。惟姻事尚无头绪,陈处因八字不合已复绝,余未定。①

其五云:

兄之姻事,陈杏孙处早经覆断,宝渠先生之故,兄意不知也。韵松有信来言,沈为吴兴旧家,族望甚优,家风亦好,兄拟回京后即聘之,吾弟所论皆合鄙意,故于沈有取尔也。②

其六云:

兄姻事早说定,因前妇未周年,八月廿二缠红,原定十一月十八日娶,乃沈翁放天津,云出京在即,再三催迫,遂定九月廿四,于廿九移寓仁钱馆,为婚事也。嗣以姊丧请改期,沈允十月,日者以与女命己亥相冲阻之。继又欲改迟数日,以终十七天之假,而月内廿七忌辰,余无可择,只得从权,何原议心乱如麻。廿四赘姻之后,即住大安南营,将来来信即寄彼处可也。其宅为潘伟如中丞居,与沈至戚,可免租云。③

在媒人的大力撮合下,汪大燮多方听取亲友意见,反复权衡,最终选择与沈家本长女缔结婚姻,入赘沈家为婿。经过往复磋商,双方于1893年9月24日(阴历)举行了婚礼。

对于这桩婚事,外放天津、出京在即的沈家本非常欣慰——赴任之前,及时办妥了长女的终身大事,了却了自己的一桩心事——在1893年日记中,他连续记载了这一过程:

---

① 上海图书馆编:《汪康年师友书札 1 汪大燮 二十四》,上海书店出版社2017年版,第589页。
② 上海图书馆编:《汪康年师友书札 1 汪大燮 二十五》,上海书店出版社2017年版,第590页。
③ 上海图书馆编:《汪康年师友书札 1 汪大燮 三十》,上海书店出版社2017年版,第601页。

第三章　沈承熙的家族谱系

八月……二十二日。大女许字钱塘汪伯唐舍人(大燮)，孝廉也。媒人为叶柏皋庶常、朱霍生同年，今日文定。①

八月……二十四日。访柏皋，催伯唐于九月内完姻，伯唐新有姊之丧，意欲稍迟，未能决定。伯唐姊丈朱韵松也。②

九月初一日。讬刘楷堂同年在吏部请假一个月(用同乡官小结一张)。③

九月……二十三日。汪宅纳徵(与伯唐商定明日赘姻)。④

九月……二十四日。大女合卺，午刻成礼。⑤

九月……二十六日。请新亲，箫九夫妇偕来。⑥

九月……二十九日。汪宅请女新亲，箫九夫妇偕来，代作主人。⑦

十月初一日。在吏部销假。⑧

从日记中可以看出，婚事说定之后，作为女方家长的沈家本九

---

① 徐世虹主编：《沈家本全集》第七卷《日记(癸巳)》，中国政法大学出版社 2010 年版，第 814 页。"朱霍生"应为"朱霍生"，即沈家本同年、名列"清末四大家"的朱祖谋。
② 徐世虹主编：《沈家本全集》第七卷《日记(癸巳)》，中国政法大学出版社 2010 年版，第 814 页。
③ 徐世虹主编：《沈家本全集》第七卷《日记(癸巳)》，中国政法大学出版社 2010 年版，第 814 页。
④ 徐世虹主编：《沈家本全集》第七卷《日记(癸巳)》，中国政法大学出版社 2010 年版，第 815 页。
⑤ 徐世虹主编：《沈家本全集》第七卷《日记(癸巳)》，中国政法大学出版社 2010 年版，第 815 页。
⑥ 徐世虹主编：《沈家本全集》第七卷《日记(癸巳)》，中国政法大学出版社 2010 年版，第 815 页。
⑦ 徐世虹主编：《沈家本全集》第七卷《日记(癸巳)》，中国政法大学出版社 2010 年版，第 816 页。
⑧ 徐世虹主编：《沈家本全集》第七卷《日记(癸巳)》，中国政法大学出版社 2010 年版，第 816 页。

月份专门托人向吏部请假一个月,在家操持,可见其重视程度。那么,代作男方主人的"箫九"又是何人呢?

对于"箫九",高勇年先生在《法学泰斗沈家本》中存疑道:"箫九何许人也? 笔者认为,沈家本日记中所称的'箫九',与汪大燮信中所称的'箫哥',应是同一人。箫九(或箫哥)是谁,他会不会就是王以成(1877—1912,字箫九,海阳市盘石店人,是辛亥革命烈士、丁肇中外祖父)?"[①]这一推测,并不完全正确。

"箫九"的确与汪大燮信中所称的"箫哥"同为一人,但他并非辛亥革命烈士王以成,而是汪大燮的族兄汪韶年。据《平阳汪氏迁杭支谱》载:"韶年,守正长子,字箫九,行二。清户部四川兼山东司额外郎中,生于咸丰四年甲寅六月十二日子时,辛于光绪三十年甲辰五月二十七日寅时,年五十一岁。"[②]即便从年龄来看,王以成生于1877年,比汪大燮小了十七、八岁,汪大燮怎么可能称之为"箫哥"?

由于汪韶年字"箫九",且年长于汪大燮,故汪大燮在信中称之为"箫哥"、"箫兄"、"箫二爷",或直呼之为"箫九":

"据箫哥云,夏秋间陈仲英太守来京,曾与述及,言此女尚能持家。"[③]"年下回(廿五回)箫哥处度岁,开年拟即搬回师宅。"[④]"吾弟致箫哥两缄皆收到,规劝一节,渠颇自明,且深悔之。"[⑤]"箫哥附笔如上,随后再作函。"[⑥]"昨由京递到十二月望、二月初八两次,系伯皋转

---

① 高勇年:《法学泰斗沈家本》,浙江人民出版社2006年版,第149页。
② 汪怡、汪玉年、汪大燮等纂修:《平阳汪氏迁杭支谱·卷四·九十三世小传·韶年》,1932年铅印本(民国二十一年三月印行),第7页(国家图书馆地方志家谱文献中心编:《清代民国名人家谱选刊18 平阳汪氏迁杭支谱》,北京燕山出版社2010年版,第338页)。
③ 上海图书馆编:《汪康年师友书札1 汪大燮 二十一》,上海书店出版社2017年版,第584页。
④ 上海图书馆编:《汪康年师友书札1 汪大燮 二十三》,上海书店出版社2017年版,第586页。
⑤ 上海图书馆编:《汪康年师友书札1 汪大燮 二十三》,上海书店出版社2017年版,第587页。
⑥ 上海图书馆编:《汪康年师友书札1 汪大燮 二十三》,上海书店出版社2017年版,第588页。

第三章 沈承熙的家族谱系

交萧兄寄,读悉一切,快慰之至。"①"萧二爷今年亦极不得了,然渠稍有私蓄,得月息……渠虽自花费,然近来漏卮亦有限矣,可怕之至。"②"萧哥已得庆典处帮办,可以出山。"③"兄明日仍回京,为萧九处理料,缓则殡城外,急则缤西山。……兄将萧九事理料毕后,或仍回津,或他适,皆不可知。"④"吕二姊于萧九事,尽心筹画。"⑤"萧九仍午刻起床,日暮午饭,四鼓晚饭。"⑥"十七萧九烟毕,写信至三点钟。"⑦"十八晚复议……,及至临议,萧九默无一言。"⑧"及至二十……,萧九言回南之后,其妻独留守。"⑨"萧兄处事,棘手万状。去年萧兄事事不理,兄与大吵而后稍醒。"⑩"其故由萧兄诸事不担承重。"⑪"兄及二姊极力设法开导萧九,极力哄骗,始允不去。"⑫"萧九

---

① 上海图书馆编:《汪康年师友书札 1 汪大燮 二十五》,上海书店出版社 2017 年版,第 590 页。
② 上海图书馆编:《汪康年师友书札 1 汪大燮 三十三》,上海书店出版社 2017 年版,第 607 页。
③ 上海图书馆编:《汪康年师友书札 1 汪大燮 三十八》,上海书店出版社 2017 年版,第 613 页。
④ 上海图书馆编:《汪康年师友书札 1 汪大燮 三十九》,上海书店出版社 2017 年版,第 613—614 页。
⑤ 上海图书馆编:《汪康年师友书札 1 汪大燮 四十》,上海书店出版社 2017 年版,第 614 页。
⑥ 上海图书馆编:《汪康年师友书札 1 汪大燮 四十一》,上海书店出版社 2017 年版,第 615 页。
⑦ 上海图书馆编:《汪康年师友书札 1 汪大燮 四十一》,上海书店出版社 2017 年版,第 616 页。
⑧ 上海图书馆编:《汪康年师友书札 1 汪大燮 四十一》,上海书店出版社 2017 年版,第 616 页。
⑨ 上海图书馆编:《汪康年师友书札 1 汪大燮 四十一》,上海书店出版社 2017 年版,第 616 页。
⑩ 上海图书馆编:《汪康年师友书札 1 汪大燮 四十四》,上海书店出版社 2017 年版,第 620 页。
⑪ 上海图书馆编:《汪康年师友书札 1 汪大燮 四十四》,上海书店出版社 2017 年版,第 620 页。
⑫ 上海图书馆编:《汪康年师友书札 1 汪大燮 四十四》,上海书店出版社 2017 年版,第 620 页。

不取遗物,遗物作四股分……其一则为萧九名下。"①"而萧九或可因余荫谋事。"②"萧兄若与姨太太说话,渠便出恶言。"③"萧兄今年颇知上紧。"④"恐不敷用,需萧九贴渠二百金。"⑤"萧九人尚明白,知顾大局而人实在疲软。"⑥"萧九兄处事颇纠葛。"⑦"又萧九巽懦异常,畏琴一如虎狼。专门欺萧九,萧九若堕其术,则鸿千不待言矣。……萧九手头祇千金为川费及葬务之用,琴一多方设法而顷倒而出之,萧九苦恼之至,惟知哭而已矣。……为萧九保全千金,即为宣老人保全葬事。"⑧"萧九、姨太太两家未尝无过,然皆小节,萧九居然推解……萧九办葬回北,尚可图事。"⑨"萧九诸人已行,在津分两起回南。"⑩"萧兄在津勾留月余,闻至今尚未动身。"⑪"萧九已回杭,安葬定有日期。"⑫"萧九何日北来?此时北洋新定,局

---

① 上海图书馆编:《汪康年师友书札 1 汪大燮 四十四》,上海书店出版社 2017 年版,第 620 页。
② 上海图书馆编:《汪康年师友书札 1 汪大燮 四十四》,上海书店出版社 2017 年版,第 621 页。
③ 上海图书馆编:《汪康年师友书札 1 汪大燮 四十四》,上海书店出版社 2017 年版,第 621 页。
④ 上海图书馆编:《汪康年师友书札 1 汪大燮 四十五》,上海书店出版社 2017 年版,第 622 页。
⑤ 上海图书馆编:《汪康年师友书札 1 汪大燮 四十五》,上海书店出版社 2017 年版,第 622 页。
⑥ 上海图书馆编:《汪康年师友书札 1 汪大燮 四十五》,上海书店出版社 2017 年版,第 623 页。
⑦ 上海图书馆编:《汪康年师友书札 1 汪大燮 四十六》,上海书店出版社 2017 年版,第 624 页。
⑧ 上海图书馆编:《汪康年师友书札 1 汪大燮 四十六》,上海书店出版社 2017 年版,第 624 页。
⑨ 上海图书馆编:《汪康年师友书札 1 汪大燮 四十六》,上海书店出版社 2017 年版,第 625 页。
⑩ 上海图书馆编:《汪康年师友书札 1 汪大燮 四十七》,上海书店出版社 2017 年版,第 625 页。
⑪ 上海图书馆编:《汪康年师友书札 1 汪大燮 四十九》,上海书店出版社 2017 年版,第 631 页。
⑫ 上海图书馆编:《汪康年师友书札 1 汪大燮 五十》,上海书店出版社 2017 年版,第 632 页。

面正有更动,图事此为得时,不可错也。"①"祇可听箫九自为计耳。……银钱似宜交箫九,箫九不收,令箫九自交之,告之既不受劝,不肯南居,则一切祇可听箫九主持。故我们经手之物件,皆祇得箫九,汝与箫九如何交接,我们不能管也。……箫九终日在床,外间之事,往往无所闻见,此尤可虑。……交箫九时两面声明之,尊意以为如何?"②"顷有寄鸿千足纹银九十二两,乞颂弟并信同交箫九兄。"③"箫九何以至今不出?……箫九自己把握不定……则以后我们虽不问可也。"④"琴一初六已到京,而箫九尚未到京。"⑤"鸿千喜事命告江宅取尺寸单,而不知媒人为谁,故告知箫九,嘱其转达。箫九亦已为言之……后箫兄为之求夔帅……箫兄近日始告我……亦仍嘱箫兄详达也。"⑥

或许是因为1893年时汪大燮生父汪清冕与嗣父汪清澜皆已去世,家人远在杭州、广州,而汪韶年为汪大燮族兄,当时在户部任官,人在北京,故而,代作男方家长,帮助照应婚事,应酬汪大燮的妻亲。

由于前途渺茫,经济困顿,本应新婚燕尔的汪大燮却情绪低沉:"前月廿四赘姻,人以为大喜,而兄之心绪棼如,用四百余金东拉西扯而为之,分子得百余金,现即寓大安南营沈宅,即将来亦遂

---

① 上海图书馆编:《汪康年师友书札1 汪大燮 五十三》,上海书店出版社2017年版,第636页。
② 上海图书馆编:《汪康年师友书札1 汪大燮 五十四》,上海书店出版社2017年版,第638页。
③ 上海图书馆编:《汪康年师友书札1 汪大燮 五十四》,上海书店出版社2017年版,第639页。
④ 上海图书馆编:《汪康年师友书札1 汪大燮 五十五》,上海书店出版社2017年版,第641页。
⑤ 上海图书馆编:《汪康年师友书札1 汪大燮 八十三》,上海书店出版社2017年版,第691页。
⑥ 上海图书馆编:《汪康年师友书札1 汪大燮 八十五》,上海书店出版社2017年版,第693页。

寓此。……此间需俟岳翁动身,甫有书房,一切不甚方便,事冗乱已极。"①"今年精神财力均甚累,以后局面亦殊不了。吴兴到任之后,当有接济,但兄本妙手空空,一无进项,如何支持,殊难逆料。欲谋乾馆,书院皆渺不可得。"②

其实,与沈家本长女结婚后,得沈家之助,汪大燮的生活状况已经大为改观,漂泊京华、居无定所的他,在居大不易的京城终于有了立身之地,暂时安定下来。这种生活条件的变化,从他给族弟的信中,可见一斑:

> 兄历落如恒,总坐不定,现在寄住岳家。岳母十一月十八动身,内子同去,年下回来。尚有编院后进屋,汪申叔来住,一切均须布置,故竟少暇日。……吾弟明年尽来此下榻,岳翁留下一车,现拟与汪申叔合养,每月花四金光景,比雇车上算,吾弟来亦可用之,如忙则并可退汪申叔也。韻松已约其来住,大约必住,尚不寂寞。此间去琉璃厂不过半里之遥,既有车,即往绳匠胡同等处亦不难,比在仁钱馆近,千万不可住伏魔寺也。③
>
> 岳翁大约本月十九起程赴保府,到任后再接全眷。兄诸事却承格外照拂,屋尚宽敞,吾棣明年来都可即寓此。④
>
> 当初兄既不在京,回京后又碌碌如磨上蚁,殊难讨好也。现在稍可坐定,有家则有常处,稍可归一,否则衣箱一处,书箱

---

① 上海图书馆编:《汪康年师友书札 1 汪大燮 三十二》,上海书店出版社 2017 年版,第 604—605 页。
② 上海图书馆编:《汪康年师友书札 1 汪大燮 三十三》,上海书店出版社 2017 年版,第 606 页。
③ 上海图书馆编:《汪康年师友书札 1 汪大燮 三十一》,上海书店出版社 2017 年版,第 603 页。
④ 上海图书馆编:《汪康年师友书札 1 汪大燮 三十二》,上海书店出版社 2017 年版,第 604 页。

第三章　沈承熙的家族谱系

一处,人又一处,忽东忽西,颇不定耳。①

吾弟明年到京,何妨先到大安南营下车,倘伏魔寺实已租定,万不能推,再行迁往,亦尚不迟。兄住处即在琉璃厂前面,朝夕可以游览,若欲往西头诸君子处谈天,亦比仁钱馆稍近,且岳翁有车辆留京为兄之用,亦可为弟之用矣。②

不过,对于新婚妻子、沈家本的长女,汪大燮最初却似乎不甚喜欢,认为相貌性情皆不如其亡妻——相貌不如亡妻苗条、性情更不如亡妻精干——曾在给族弟的信中流露出这种不满:"新人甚胖,长于做活,短于持家,颇有孩子气。前嫂吾弟所习见,其以兄意为何如哉?"③"其在家时衹知做活而不知持家,陶镕不易,尚需自己理料耳。"④

然而,随着相处时日的增加,沈家本长女身上的优点日益突出,汪大燮对妻子的看法逐渐改观:"新妇家风朴素"⑤、"好在内子无奢侈之习,故尚可行吾志耳"⑥,夫妻感情日笃。

婚后不久,沈家本长女怀孕,汪大燮在书信中向亲人透露了这种将为人父的喜悦:"兄原欲南行,因内子怀孕,不得不俟六月产后再行。兄前妻未育,故不深悉此事,但医者云是,而人亦无他病,已

---

①　上海图书馆编:《汪康年师友书札 1 汪大燮 三十三》,上海书店出版社2017年版,第606页。
②　上海图书馆编:《汪康年师友书札 1 汪大燮 三十四》,上海书店出版社2017年版,第607页。
③　上海图书馆编:《汪康年师友书札 1 汪大燮 三十二》,上海书店出版社2017年版,第604—605页。
④　上海图书馆编:《汪康年师友书札 1 汪大燮 三十三》,上海书店出版社2017年版,第606页。
⑤　上海图书馆编:《汪康年师友书札 1 汪大燮 三十三》,上海书店出版社2017年版,第606页。
⑥　上海图书馆编:《汪康年师友书札 1 汪大燮 四十七》,上海书店出版社2017年版,第626页。

六阅月当非诳也。"①"且兄此时尚不能出京,缘内子怀孕,六七月间将分娩,则成行总在秋节矣。"②

果如医生所料,1895年6月11日(阴历)③,沈家本长女在天津产下一子。由于产后体虚,沈家本长女时有不适,汪大燮推迟返京日程,在家悉心陪伴照料,直到痊愈,方才动身:"兄到津后,寓紫竹林,一切不便,又极冗碌,内人产后时有不适,近差愈,然恐不能回京,祇可仍回府署。兄拟八月初间回京,寓仁钱馆,南行之计,随后再定。"④"再,内子近已就痊。兄初六一准回京,尚有零星杂事也。"⑤"在津历碌,竟不能办成一事。内子渐愈,即复回京。"⑥

儿子出生之后,汪大燮一如既往,一心读书谋官做事,沈家本长女则在天津相夫教子,为他提供了足够空间。无牵无挂久了,以致于妻子偶尔回京,他似乎还有些不习惯:"泰水及内子将于小春来京。将来俗冗甚多,声明在先,幸免见责也。此事于鄙人颇不利,内子到京势将长住,家用既繁,而出京远行,尤不便也。不堪细想,不堪细想。"⑦"内子自津来,益形忙碌。……家眷既来,日用不赀,亦只

---

① 上海图书馆编:《汪康年师友书札 1 汪大燮 四十七》,上海书店出版社2017年版,第626页。
② 上海图书馆编:《汪康年师友书札 1 汪大燮 四十八》,上海书店出版社2017年版,第628页。
③ 汪怡、汪玉年、汪大燮等纂修:《平阳汪氏迁杭支谱·卷四·九十四世小传·庚》,1932年铅印本(民国二十一年三月印行),第16页(国家图书馆地方志家谱文献中心编:《清代民国名人家谱选刊 18 平阳汪氏迁杭支谱》,北京燕山出版社2010年版,第355页)。
④ 上海图书馆编:《汪康年师友书札 1 汪大燮 五十三》,上海书店出版社2017年版,第637页。
⑤ 上海图书馆编:《汪康年师友书札 1 汪大燮 五十四》,上海书店出版社2017年版,第639页。
⑥ 上海图书馆编:《汪康年师友书札 1 汪大燮 五十五》,上海书店出版社2017年版,第640页。
⑦ 上海图书馆编:《汪康年师友书札 1 汪大燮 七十四》,上海书店出版社2017年版,第676页。

得得过且过,发财既不可得,即不必这山望见那山高矣。"①

虽然苦心攻读,但自中举之后,汪大燮却时运不佳,屡试不第。科场失利之下,他多方谋求仕进,萌生了出洋之念,于是"苦学西语"②,最终以优异成绩考入时称"译署"的总理各国事务衙门:"译署不久当考,然意亦殊不在此,志在能出洋一行,不知天能从人愿否?"③"又兄将来实欲出洋一行,未知有无可想之法,能否与念劬一商之。"④"兄考取译署第八,此亦姑备一格。弟前函甚不以出洋为然,不甚可解,此专为吃饭计或有便处,即不然,亦广闻见,何忽有此论耶?"⑤

1902年,汪大燮如愿以偿,东渡日本,任留日学生监督。动身之初,沈家本长女患病,未能随行,汪大燮非常挂念:"初四期船到,家中无书,颇念。未知内子所患何若?能无恙否?有无移居?"⑥不久,沈家本长女痊愈,也动身前往,汪大燮曾托汪康年照顾上船等一切事宜:"昨接秦纲兄信,知内子所患已见痊可,想十九船期当可东渡,上船一切谅承照拂周妥,无待赘托。感荷感荷。"⑦大约十二月下旬,沈家本长女到达日本横滨,汪大燮派人前往迎接:"眷属

---

① 上海图书馆编:《汪康年师友书札 1 汪大燮 七十七》,上海书店出版社2017年版,第680页。
② 上海图书馆编:《汪康年师友书札 1 汪大燮 四十七》,上海书店出版社2017年版,第626页。
③ 上海图书馆编:《汪康年师友书札 1 汪大燮 六十六》,上海书店出版社2017年版,第658页。
④ 上海图书馆编:《汪康年师友书札 1 汪大燮 六十九》,上海书店出版社2017年版,第662页。
⑤ 上海图书馆编:《汪康年师友书札 1 汪大燮 七十四》,上海书店出版社2017年版,第675页。
⑥ 上海图书馆编:《汪康年师友书札 1 汪大燮 一百二十九》,上海书店出版社2017年版,第741页。
⑦ 上海图书馆编:《汪康年师友书札 1 汪大燮 一百三十》,上海书店出版社2017年版,第741页。

到长崎、神户均无电来,明日度可到横滨,当遣人往迓。燮因宏文书院请观课,第一次不能推,故无暇自己去接也。"①

1905 年,汪大燮又受命出使英国。但其这次动身之时,并未携带家眷同行。而到任之后,由于使馆经费支绌,更是只得阻止家眷前往:

> 又有一事奉商,英馆经费之绌为各国之冠,……虽暹罗、波斯使馆其情形不至如此。……并请吾弟告知敝寓,不必来英。兄在此一人做笑话给外国人看,已属难堪,何必全家遗外人笑柄哉。……敝眷想已收拾一切,亦不无花小费。然此小费甚有限,请告内子不必抱怨,如来,其不了正千倍百倍也。②
>
> 弟所能省者,惟家眷不来一事,故家眷决不必来。……内子不来最妙,如来而不出门,拒人不见,亦是笑话。若一见客,则年中酬应至少非六七千金不办,今无此款,惟不来最为干净。兄最畏人讥笑,且使者被讥,非一身之事也。此事自己能做得主,故决计弗令其来,连侄更无法可来。③
>
> 兹闻外部颇有加经费之说,然不知所加几何。……倘能加四万则兄尚拟携眷,倘加二万则仍不能携眷,倘加不及二万,则兄决计乞骸骨而归矣。④

如此一来,重洋万里,鞭长莫及,家中教养儿子的重任,自然仍然落在妻子肩上。

---

① 上海图书馆编:《汪康年师友书札 1 汪大燮 一百三十一》,上海书店出版社 2017 年版,第 742—743 页。
② 上海图书馆编:《汪康年师友书札 1 汪大燮 一百三十六》,上海书店出版社 2017 年版,第 746—747 页。
③ 上海图书馆编:《汪康年师友书札 1 汪大燮 一百三十七》,上海书店出版社 2017 年版,第 749—750 页。
④ 上海图书馆编:《汪康年师友书札 1 汪大燮 一百三十八》,上海书店出版社 2017 年版,第 755—756 页。

第三章　沈承熙的家族谱系

当然,汪大燮也是位合格的父亲,对于儿子的教育问题,也非常重视。儿子刚刚牙牙学语、蹒跚学步,他便未雨绸缪,向族弟汪康年请教教子善法:"梁儿已学语学步,春间天花,面微麻,甚淘气,似非蠢者,转瞬将上学。吾辈读书实是不误之误,亦不知何以教之,弟有善法否?"①

出使在外期间,他曾经多次写信,嘱托族弟汪康年对于儿子的读书问题,多加留意、费神照料:

> 前接佩聪函,言弟拟迁至总布胡同与兄眷同居,甚善甚感。梁儿读书事,千万照拂,此时不求其他,但能于汉文稍稍加意明白字义便好。能令入学堂有体操者尤妙。华人疲软不能任事,是大可虑事,千万留意,至感至感。②
>
> 梁儿读书一事,千万费神照料,最好浙学堂开后,令其入学堂读书至妙,或他处学堂能附学亦妙。学堂程度虽不高,然总有阶级可以循序渐进,比之家自为学,毫无次序者,总胜一筹也。柏皋令郎读书甚好,能否尚令同学,乞酌示为幸。③

在此期间,汪大燮还一度想让儿子前去英国读书,但最终由于费用过于昂贵而无奈作罢:

> 前以小儿读书冀其有益,兹悉此间学费甚贵,而得亦甚鲜,不如在中国自求之。盖此间门第之见极重,专论身分,其身分至高之人,不能办次高等之事。其幼稚学堂有岁需三百五十镑至五百镑者,凡大臣之子弟当在此等学堂读书,使者盖

---

① 上海图书馆编:《汪康年师友书札 1 汪大燮 七十七》,上海书店出版社 2017 年版,第 680 页。
② 上海图书馆编:《汪康年师友书札 1 汪大燮 一百三十八》,上海书店出版社 2017 年版,第 756 页。
③ 上海图书馆编:《汪康年师友书札 1 汪大燮 一百三十九》,上海书店出版社 2017 年版,第 759 页。

与大臣同等,难于随便。此项学堂学费既贵,而穿著及小朋友之酬应亦不菲,此小儿不必来之一端。①

由于挂念家眷和儿子教育问题等诸多原因,汪大燮曾有辞职回国之想:"论兄本意,十分愿回国,在此无趣,一也。……家眷在京,小儿读书,亦是要紧,三也。"②不过,最终未能付诸行动。

1910年,汪大燮被任命为驻日公使,再次赴日就任,这对于曾任留日学生监督的他而言,可谓故地重游。或许是由于情况熟悉,距离相对较近,费用也可承受,故而这次他选择携眷一同前往,沈家本长女遂得以随行,但她似乎途中受惊,一度身体欠安:"朔日出京,初六抵沪,初九东行,十三安抵东京。……内子病甫小愈,胜弱不能步履,故一时未能遽归,大致脑疾为甚,半由恐怖所致云。……五月十八日辛亥。"③其间,汪康年妻子曾给她寄送左金丸疗疾,沈家本长女特意在汪大燮信中附笔致谢:"内子附笔问尊夫人好,来函收到,承赐左金丸,谢谢。"④

在汪大燮的生命历程中,沈家本长女与之相濡以沫,风雨同舟二十余载,情深义重。由于沈家本思想开明,曾让女儿与儿子一起进入私塾读书:"腊月……廿七日,晴。下午儿女放学。"⑤故而她知书达礼,婚后秉持素朴家风,安心相夫教子,解除了汪大燮的后顾之忧。正是由于她的支持与辅助,汪大燮才能心无旁骛投入仕

---

① 上海图书馆编:《汪康年师友书札 1 汪大燮 一百三十七》,上海书店出版社2017年版,第749—750页。
② 上海图书馆编:《汪康年师友书札 1 汪大燮 一百六十一》,上海书店出版社2017年版,第818页。
③ 上海图书馆编:《汪康年师友书札 1 汪大燮 一百九十九》,上海书店出版社2017年版,第909页。
④ 上海图书馆编:《汪康年师友书札 1 汪大燮 一百九十九》,上海书店出版社2017年版,第909页。
⑤ 徐世虹主编:《沈家本全集》第七卷《日记(戊寅)》,中国政法大学出版社2010年版,第664页。

第三章　沈承熙的家族谱系　　　　　　　　　　　　　　　95

途,平步青云。值得一提的是,他们的儿子最终成为栋梁之才——"子庚,英国剑桥大学毕业硕士,前内务部技士,沈夫人出"①,"庚,大燮子,字彦儒,以字行,行一,清正二品荫生,英国剑桥大学理化科硕士,充北京大学教习,内务部技士"②——也离不开她的教育之功。故而,墓志铭称其"相夫教子,咸中礼法"③,可谓的评。在她去世之后,身居高位的汪大燮并未再娶。

汪大使夫人像伯棠　　伍廷芳夫人何妙龄像

在汪大燮任驻日公使期间,《妇女时报》上刊登了一组公使夫人的照片④。其中一张是他的夫人、沈家本长女的小影,合刊的另一张则是曾与沈家本一起担任修订法律大臣、两任驻美公使的伍廷芳的夫人的小影。照片中的沈家本长女神情端庄安详,气质雍容恬静,颇具大家闺秀风范,即便在伍廷芳夫人何妙龄旁边,也毫不逊色。录之于此,以便领略其风采之一斑。

———————

① (民国)王式通:《故国务总理汪公墓志铭》,载(民国)闵尔昌纂录:《碑传集补·卷末·集外文·汪大燮》(近代中国史料丛刊第100辑),台湾文海出版社有限公司1973年版,第3400页。

② 汪怡、汪玉年、汪大燮等纂修:《平阳汪氏迁杭支谱·卷四·九十四世小传·庚》,1932年铅印本(民国二十一年三月印行),第16页(国家图书馆地方志家谱文献中心编:《清代民国名人家谱选刊18 平阳汪氏迁杭支谱》,北京燕山出版社2010年版,第355页)。

③ (民国)王式通:《故国务总理汪公墓志铭》,载(民国)闵尔昌纂录:《碑传集补·卷末·集外文·汪大燮》(近代中国史料丛刊第100辑),台湾文海出版社有限公司1973年版,第3399页。

④ 《汪伯棠公使夫人小影》,载《妇女时报》1911年第2期,第3页。另,闵杰编著:《晚清七百名人图鉴》(上海书店出版社2007年版,第521页)中,也收录了这张照片,注明为"汪大燮夫人"。

作为女婿,对于沈家本这位岳父,汪大燮也是敬重有加。虽然汪大燮思想新潮,但沈家本似乎不以为忤,与其翁婿相得,对其格外照顾:"岳翁大约本月十九起程赴保府……兄诸事却承格外照拂。"①二人时常探讨朝局政事,沈家本对其多有指导:"吴兴出京后,遇事无可商,次君又将行,益无可告语,而偏遇如此难题,可恨可恨!"②"近接沈敦老函,言见瞿师谓唐有经手未完事,大约以俄约为最要。"③汪大燮也常帮沈家本处理事务,沈家本入京,也在汪大燮家里下榻:"兄前以外舅沈子敦先生赴觐,假寓敝斋,兼为理琐事,碌碌殊甚,久未作书。……又沈托寄汉口物一包,亦祈妥交。至祷至祷。"④即便日后汪大燮身居高位,对沈家本的敬意也丝毫不减。目睹者沈家本堂姐夫潘霨的外孙屈伯刚所言,可见一斑:"余曩寓旧京,住沈子敦先生家。先生时官法部右侍郎,汪先生伯唐者,侍郎婿也,方官外交部左侍郎。元旦日朝贺,汪班在前,沈随后。比退,汪疾速趋沈第,行子婿礼。老成典型,今已不可见矣。"⑤沈家本去世之时,人在日本的汪大燮在挽联"是千秋史乘有数完人,何图天不慭遗,凄绝霾音来海国;忆念载恩私真同周极,此后吾将安仰,悲吟楚些泣端阳"⑥中,倾诉了对岳父的由衷敬重与

---

① 上海图书馆编:《汪康年师友书札 1 汪大燮 三十二》,上海书店出版社 2017 年版,第 604 页。

② 上海图书馆编:《汪康年师友书札 1 汪大燮 九十一》,上海书店出版社 2017 年版,第 700 页。

③ 上海图书馆编:《汪康年师友书札 1 汪大燮 一百六十三》,上海书店出版社 2017 年版,第 824 页。

④ 上海图书馆编:《汪康年师友书札 1 汪大燮 一百十五》,上海书店出版社 2017 年版,第 731 页。

⑤ 屈彊:《雉尾集·卷下·旧礼》,世界书局 1947 年版,第 33 页。其中"外交部"应为"外务部"之误。

⑥ 《吴兴沈子惇先生哀挽录》,载刘家平、苏晓君主编,国家图书馆分馆编:《中华历史人物别传集》第 62 册,线装书局 2003 年版,第 769 页(影印《沈家本志哀》,廊房三条丽华石印,第 47 页)。

无限爱戴,道尽了翁婿之间的深沉情谊。后来,汪大燮又主持募款刊刻了沈家本的身后遗作《沈寄簃先生遗书》①,使之传之后人,立言不朽,这对一生酷爱读书、到老不失书生本色的沈家本而言,或许是最好的纪念。

作为姐夫,汪大燮与内弟沈承熙兄弟相处愉快,在沈承熙兄弟心目中很有威望。沈家本、沈承熙相继去世后,身居高位的汪大燮对沈承烈、沈承煌等沈氏后人多有关照。1917 年 6 月,汪大燮受托,与沈金鑑一起,为沈氏兄弟分割了沈家本的遗产:"旧法学家沈家本氏身故后,其长子某君亦相随下世,其余幼子甚多,尚不能成立。日昨已将遗产分析,并请汪大燮、沈金鑑两君为之处分一切矣。"②而汪大燮去世之时,沈承烈、沈承煌兄弟与沈仁垓、沈厚淦父子,也在挽联中盛赞了他的德行与功业,表达了对他的依恋、感谢与哀悼之情。"沈承烈偕弟承煌"挽之曰:"德业较独孤郁为优,垂老权璩,愧我未能依骥尾;勋名等富彦国而上,受知元献,哀公转自泣椿阴。"③"沈仁垓率子厚淦"挽之曰:"内应端揆,外睦邦交,憔悴不堪论,长自闭门过岁晚;画合禅机,书传心学,孤寒同一哭,可怜无地达恩思。"④

五 、沈承熙的妹夫

沈承熙的妹夫是兵部尚书徐用仪之子、曾官居户部员外郎的徐士钟。沈承熙在乡试硃卷"履历"中声称:"胞妹(适花翎户部员

---

① 参见:李贵连:《沈家本传(修订本)》,广西师范大学出版社 2017 年版,第 87 页。
② 《沈家本身后萧条》,载《甲寅日刊》中华民国六年六月二十九日,阴历丁巳五月十一日,西历 1917 年 6 月 29 号(星期五),第 159 号,第 2 版,"紧要新闻"。其中"长子"误,应为"次子"。
③ 汪庚编:《钱塘汪公哀挽录·挽联》,1929 年印行,第 24 页。
④ 汪庚编:《钱塘汪公哀挽录·挽联》,1929 年印行,第 24—25 页。

外郎徐印士钟)。"①

然而,沈厚铎先生在《枕碧楼最后公务》中引用沈家本壬子日记时,却注释说,"斗华"是沈家本的二女婿,亦即沈承熙的二妹夫:"六月初一日:黄昏,斗华(沈家本之二婿)由馨吾处归,复以不入耳之言,来相劝勉。"②

其实,沈家本的二女婿是徐士钟,史料确凿,应该毋庸置疑。徐士钟生于1869年1月23日(阴历)③,"字毓臣,监生,由捐纳主事签分户部广西司行走,赏戴花翎。光绪辛丑奉特旨赏给员外郎,补授度支部通阜司员外郎,充纸币科科员。"④原配为"兵部郎中钱塘吴公宗麟女"⑤,生于1868年2月7日(阴历)⑥。1896年3月22日吴氏去世⑦后,徐士钟有意续弦,经人说合,沈家本于1896年11月初(阴历),将二女儿嫁给了他。沈家本去世时,徐士钟在挽联"慨先君痛并许裴,公亦几遭不白,顿使远眺甥馆长赋别离,国破好归田,犹为新邦资顾问;溯前代名齐薛赵,帝因独予垂青,特令久

---

① 顾廷龙主编:《清代硃卷集成》第300册《乡试(浙江)·光绪壬寅(二十八年)(一九〇二)补行庚子(二十六年)(一九〇〇)辛丑(二十七年)(一九〇一)恩正并科》,台湾成文出版社有限公司1992年版,第393页。

② 沈厚铎:《枕碧楼最后公务》,载《法制日报》2016年11月7日,第8版,"法治文化"。据徐世虹主编:《沈家本全集》第七卷《日记(壬子)》,中国政法大学出版社2010年版,第864页,"由馨吾处归"应为"自馨吾处归"。

③ 徐丙奎等纂修:《海盐丰山徐氏重修家乘 第13册》,卷十二下"近臣公世系",1915年刻本(民国阴历癸丑五月开雕,乙卯六月讫功,板藏丰山徐氏义庄),第92页。

④ 徐丙奎等纂修:《海盐丰山徐氏重修家乘 第13册》,卷十二下"近臣公世系",1915年刻本(民国阴历癸丑五月开雕,乙卯六月讫功,板藏丰山徐氏义庄),第91—92页。

⑤ 徐丙奎等纂修:《海盐丰山徐氏重修家乘 第13册》,卷十二下"近臣公世系",1915年刻本(民国阴历癸丑五月开雕,乙卯六月讫功,板藏丰山徐氏义庄),第92页。

⑥ 徐丙奎等纂修:《海盐丰山徐氏重修家乘 第13册》,卷十二下"近臣公世系",1915年刻本(民国阴历癸丑五月开雕,乙卯六月讫功,板藏丰山徐氏义庄),第92页。

⑦ 徐丙奎等纂修:《海盐丰山徐氏重修家乘 第13册》,卷十二下"近臣公世系",1915年刻本(民国阴历癸丑五月开雕,乙卯六月讫功,板藏丰山徐氏义庄),第92页。

掌法曹相与终始,时艰怀避世,那堪佳节散耆英"署名时,自称"子婿徐士钟"①。

由于当年日记散失,对于这位二女儿的婚事,已无法从沈家本那里找到记录。幸运的是,沈家本的大女婿汪大燮,为这桩婚事提供了不少线索。

1896年9月2日(阴历),汪大燮在信中说:"八月间甚为忙碌,因沈家与徐筱云家结亲,小有俗事……徐、沈将在冬月初间办喜事。"②11月15日,又说:"近日以沈舍亲家喜事甚忙,不及多述。"③23日,又说:"适为沈舍亲帮忙,碌碌未复。……近沈家喜事已毕,仍复回馆。"④12月10日,又说:"兄因沈舍亲处喜事重叠,益以馆课冗碌异常,近少见公度。"⑤

徐士钟名为"士钟",而非"斗华",而其字为"毓臣"⑥,亦非"斗华"。"斗华"既非徐士钟之名,又非徐士钟之字,与徐士钟显非一人。

---

① 《吴兴沈子惇先生哀挽录》,载刘家平、苏晓君主编,国家图书馆分馆编:《中华历史人物别传集》第62册,线装书局2003年版,第765页(影印《沈家本志哀》,廊房三条丽华石印,第39页)。

② 上海图书馆编:《汪康年师友书札 1 汪大燮 七十四》,上海书店出版社2017年版,第675—676页。需要说明的是,这封信只是注明为"九月二日",并未注明年份。不过,据汪大燮同年二月十九日信中所言宦官寇连才冒死直谏一事:"本月十六日,有宦官寇连才上封事……膺逆鳞之怒,交刑部处决。"可以推知,当年为1896年。

③ 上海图书馆编:《汪康年师友书札 1 汪大燮 七十六》,上海书店出版社2017年版,第678页。

④ 上海图书馆编:《汪康年师友书札 1 汪大燮 七十七》,上海书店出版社2017年版,第679、680页。

⑤ 上海图书馆编:《汪康年师友书札 1 汪大燮 七十八》,上海书店出版社2017年版,第681页。

⑥ 徐丙奎等纂修:《海盐丰山徐氏重修家乘 第13册》,卷十二下"近臣公世系",1915年刻本(民国阴历癸丑五月开雕,乙卯六月讫功,板藏丰山徐氏义庄),第91页:"士钟,字毓臣。"《申报》中华民国二十一年九月十二日,西历1932年9月12号(星期一),第21349号,第4张第15版,"本埠新闻二·两侄控叔侵占款产":"北京路通钱庄股东徐毓臣,为庚子政变被清慈禧太后下旨弃市三君子之一、徐用仪宫保之次子。徐有三子,长士铭,次士钟(即毓臣),幼士恒。"龚肇智撰:《嘉兴明清望族疏证(上卷)》,方志出版社2011年版,第244页云:"徐士钟,字毓医。徐用仪次子。"其中"毓医"应为"毓臣"之误。

那么，谁是"斗华"呢？"斗华"即王斗华，他与王楚卿在沈家本日记中，多次出现，与沈家可谓关系匪浅："三月……十九日，云抱自南来，同来者王斗华及其弟楚卿，亦下榻于此。"①"三月……二十八日，晚请亲友便酌（梅峰、浏清、襄臣、巩伯、斗华、楚卿、伯勤、伯刚）。夜九钟，小雨。"②"五月……初五日，晚叔詹、伯刚、宝薌在此吃饭。同坐斗华、楚卿、礼耕。"③"六月初一日，晴。黄昏斗华自馨吾处归，复以不入耳之言，来相劝勉，无如余病体之不能支持乎。"④"八月初一日。斗华请作致云抱书，催令从速北来。"⑤"九月……二十七日，今日晚斗华发起暖房，宴请票友演剧。"⑥"十月……二十六日……是日方将会馆账目算结，款亦备齐，应俟王楚卿有暇送往丁处。"⑦"十一月……二十六日。午后一钟，在寓请客。到者，胡馨吾、章榖生、伯初、仲和、张晏南、斗华、楚卿、叔詹。"⑧

实际上，王斗华名王树樾，字斗华，也是浙江归安人，是沈家本的老乡，他来自小湖王氏——当地的名门望族。王斗华的祖父是王思沂、父亲是王济廷。王济廷一共育有六子，分别是：王树蕃、王

---

① 徐世虹主编：《沈家本全集》第七卷《日记（壬子）》，中国政法大学出版社2010年版，第860页。

② 徐世虹主编：《沈家本全集》第七卷《日记（壬子）》，中国政法大学出版社2010年版，第861页。

③ 徐世虹主编：《沈家本全集》第七卷《日记（壬子）》，中国政法大学出版社2010年版，第863页。

④ 徐世虹主编：《沈家本全集》第七卷《日记（壬子）》，中国政法大学出版社2010年版，第864页。

⑤ 徐世虹主编：《沈家本全集》第七卷《日记（壬子）》，中国政法大学出版社2010年版，第867页。

⑥ 徐世虹主编：《沈家本全集》第七卷《日记（壬子）》，中国政法大学出版社2010年版，第870页。

⑦ 徐世虹主编：《沈家本全集》第七卷《日记（壬子）》，中国政法大学出版社2010年版，第872页。

⑧ 徐世虹主编：《沈家本全集》第七卷《日记（壬子）》，中国政法大学出版社2010年版，第873页。

树槐、王树荣、王树橏、王树枏、王树桐。① 王斗华为其四子,在家族中则排行第五,生于1872年,卒于1914年:"树橏,济廷四子,字斗华,行五,邑庠生,广东候补知府。生于同治壬寅七月初六日巳时,卒于民国甲寅二月十七日子时。"②26岁时,王斗华获得太常寺博士一缺,其在上呈履历时自称:"臣王树橏,浙江归安县附贡生,年二十五岁,遵新海防例捐太常寺博士分缺先选用,今掣太常寺博士缺,敬缮履历恭呈御览。谨奏。光绪二十四年五月二十八日。"③

那么,除了为湖州同乡之外,王斗华到底与沈家本有什么关系呢?高勇年先生在《法学泰斗沈家本》中说:"王斗华、王楚卿兄弟与沈家本之间是什么亲友关系不详。有资料记载,王楚卿是昔日评弹界的弹词名家。"④

事实上,王斗华是沈家本五弟、沈承熙五叔沈家霖的女婿——沈家霖将次女许配给了他。1882年,在乡试硃卷"履历"中,沈家霖说:"女:长(未字),次(字咸丰癸丑科进士、陕西布政使王印思沂第五孙,安徽候补知府印济廷第四子),三(未字)。"⑤1883年,在会试硃卷"履历"中,沈家本则说:"本生胞侄女四:三(字咸丰癸丑进士、前陕西布政使王印思沂第五孙,安徽候补知府印济廷第四子。余未字)。"⑥显然,这里的"咸丰癸丑科进士、陕西布政使王印思沂

---

① 王树荣等纂修:《小湖王氏宗谱 第1册 卷1—4》,卷二"世系八之续",1936年重修,第19—20页。
② 王树荣等纂修:《小湖王氏宗谱 第2册 卷5—8》,卷八"世表",1936年重修,第11页。
③ 秦国经主编,唐益年、叶秀云副主编:《中国第一历史档案馆藏 清代官员履历档案全编》第28册《光绪朝》,华东师范大学出版社1997年版,第333页。
④ 高勇年:《法学泰斗沈家本》,浙江人民出版社2006年版,第370页。
⑤ 顾廷龙主编:《清代硃卷集成》第270册《乡试(浙江)·光绪壬午(八年)(一八八二)科》,台湾成文出版社有限公司1992年版,第360页。
⑥ 顾廷龙主编:《清代硃卷集成》第54册《会试·光绪癸未(九年)(一八八三)科》,台湾成文出版社有限公司1992年版,第301页。

第五孙,安徽候补知府印济廷第四子"即为王树楣,"斗华"是其字。

不惟如此,值得注意的是,沈家霦在次女去世之后,又将三女许配给了王斗华。

据沈家本、沈家霦硃卷"履历"可知,沈家霦的次女,是沈家本的三侄女,也就是说,她在沈家本的胞侄女中排行第三。这是因为,1883年时,沈家本共有胞侄女4人,3个是五弟沈家霦之女,还有1个是三弟沈彦模之女——1876年,在乡试硃卷"履历"中,沈彦模说:"女一。"①由于沈彦模之女,年龄比沈家霦的次女大,故而沈家霦的次女被排在了第三,三女被排在了第四。到了1902年,沈家本至少有6个胞侄女,但这一依照年龄顺序的排行并未改变。

对于沈承熙而言,这6位都是他的嫡姊妹。而1902年,在乡试硃卷"履历"中,沈承熙则说:"嫡姊妹:长(适分部员外郎吴讳家棠),次(适江苏候补知县冯印步衢),次(适太常寺博士、截取广东候补同知王印树楣),次(续适树楣),次(字丁丑科进士、江西新淦县知县周印宗洛三子名□②),次(幼,待字)。"③由此可知,沈承熙的三、四嫡姊妹,都嫁给了王树楣,而这三、四两位,依照排行而言,均是沈家霦的女儿。《小湖王氏宗谱》对于王树楣的记载,可为印证:"娶同郡沈氏,生于同治癸酉四月廿一日酉时,卒于光绪壬辰二月十一日未时。继娶沈氏,生于同治甲戌十月十六日丑时,卒于光绪丁未六月廿九日未时。"④

---

① 顾廷龙主编:《清代硃卷集成》第266册《乡试(浙江)·光绪丙子(二年)(一八七六)科》,台湾成文出版社有限公司1992年版,第273页。

② 硃卷中此处未有文字,为空白,故以"□"代之。

③ 顾廷龙主编:《清代硃卷集成》第300册《乡试(浙江)·光绪壬寅(二十八年)(一九〇二)补行庚子(二十六年)(一九〇〇)辛丑(二十七年)(一九〇一)恩正并科》,台湾成文出版社有限公司1992年版,第393页。

④ 王树荣等纂修:《小湖王氏宗谱 第2册 卷5—8》,卷八"世表",1936年重修,第11页。

第三章　沈承熙的家族谱系

故而,王斗华不仅是沈家霖货真价实的女婿,而且,两度成为沈家霖的女婿,与沈氏可谓渊源深厚。就沈家本而言,王斗华应该是其侄女婿。沈家本去世后,王斗华在挽联"七十年鸿著等身,硕学迈萧何,胸罗欧槩亚铅,伟业常留新法律;三千里鸥程阻迹,懿亲憖敬叔,肠断泰颓梁坏,典型痛失老成人"后,也自称"侄婿王树楷"①。作为沈家本的侄女婿,他经常出入沈府,也就不足为奇了。

至于王楚卿,乃王斗华的六弟王树桐,"楚卿"是其字。《小湖王氏宗谱》载:"树桐,济廷六子,字楚卿,行七,广东盐大使,署博茂、乌石等场知事。生于同治甲戌四月二十六日亥时,娶同郡陈其瑄六女,生于光绪乙亥年十一月初二日辰时,卒于民国辛酉年四月初五日戌时。"②

可见,王楚卿,名树桐,生于1874年,出身于官宦人家,并非弹词演员。高勇年先生所谓的"弹词名家"王楚卿,为上海枫泾人,生于1929年,应是另外一人:"王楚卿(1929～),弹词演员,上海枫泾人,师承沈鸣卿,擅说《珍珠塔》,曾自编自演《羊城暗哨》。"③

由于王斗华的这层关系,沈家与王家可谓姻亲。故而,1907年沈家本在为王思沂的族兄王思纯(字云卿)④所作的墓志铭《皇清诰授奉政大夫王君云卿碑铭》中,自称"二品顶戴修律大臣、法部右侍郎、姻愚侄沈家本拜撰"⑤。

---

① 《吴兴沈子惇先生哀挽录》,载刘家平、苏晓君主编,国家图书馆分馆编:《中华历史人物别传集》第62册,线装书局2003年版,第764页(影印《沈家本志哀》,廊房三条丽华石印,第38页)。
② 王树荣等纂修:《小湖王氏宗谱 第2册 卷5—8》,卷八"世表",1936年重修,第13页。
③ 邵振良编著:《江阴民间文艺·民间戏曲·评弹艺术扎根深》,上海古籍出版社2011年版,第52页。
④ 王树荣等纂修:《小湖王氏宗谱 第2册 卷5—8》,卷六"世表",1936年重修,第23页。
⑤ 王树荣等纂修:《小湖王氏宗谱 第4册 卷12—14》,卷十三"墓碑",1936年重修,第24页。

小湖王氏与沈家的姻亲关系,似乎还不止于此。据传,沈家本的孙女也嫁入了王家,是王斗华三哥王树荣的弟媳:"王树荣从小在家受到良好的文化教育。他从京师法律学堂毕业后,在清末和民国时期一直从事法律、检察工作。他与沈家本既是师生关系,又有亲戚关系。沈家本既是他的老师,又是王树荣弟媳沈仁美的祖父。"①"王树荣……字仁山,号戟髯。……崔适、沈家本学生。沈家本孙女沈仁美又系其弟媳。"②不过,这种说法值得怀疑。

　　首先,沈家本共有两位孙女,均是沈承熙之女。长名"沈仁峒",次名"沈仁垸":"大祖父有沈仁堪、沈仁垓二子。"③"我的二祖父……他只有两个女儿,长女就是我前面提到的大姑妈沈仁峒。二祖父把大姑妈许给大她二十岁的察哈尔财政厅长余毅怡作续弦……二祖父的次女,就是我的二姑妈沈仁垸……嫁给了上海富商苏州人钱家骅。"④"三祖父只有一个儿子,就是我的三伯父沈仁培。"⑤"我的祖父排行第四……我的父亲沈仁坚是独生子,连个姊妹都没有。"⑥

---

① 王务荆口述,王听兰整理:《近代著名法律工作者王树荣家史与贡献》(2007年7月5日发表),载"中华王氏网""王氏文化"栏目之"王氏名人",网址:http://www.chinawang.org/s/article/42,2019年10月16日登录。
② 沈文泉编著:《湖州名人志》,杭州出版社2009年版,第391页。
③ 沈厚铎:《小楼藏得书千卷 闲里光阴相对酬——写在〈沈家本全集〉问世之际》,载徐世虹主编:《沈家本全集》第八卷《后记》,中国政法大学出版社2010年版,第987页。
④ 沈厚铎:《小楼藏得书千卷 闲里光阴相对酬——写在〈沈家本全集〉问世之际》,载徐世虹主编:《沈家本全集》第八卷《后记》,中国政法大学出版社2010年版,第987—988页。
⑤ 沈厚铎:《小楼藏得书千卷 闲里光阴相对酬——写在〈沈家本全集〉问世之际》,载徐世虹主编:《沈家本全集》第八卷《后记》,中国政法大学出版社2010年版,第988页。
⑥ 沈厚铎:《小楼藏得书千卷 闲里光阴相对酬——写在〈沈家本全集〉问世之际》,载徐世虹主编:《沈家本全集》第八卷《后记》,中国政法大学出版社2010年版,第988—989页。

第三章 沈承熙的家族谱系

其次,"沈仁美"这一名字,虽然符合沈家"家承仁厚"的辈分排行,属于沈家本的孙辈,但是,并不符合沈家"'仁'字辈要配有'土'的字"①的命名规则,与沈家本的孙女"沈仁垌"、"沈仁垸"等名字不类。

再次,王树荣的弟弟共有三位:王树橃、王树枏、王树桐。② 王树橃即王斗华,其妻为沈家本五弟沈家霁之女。王树枏"娶南浔闵氏……继娶上海谭氏"③,王树桐则"娶同郡陈其瑄六女"④,均非出自沈家。故而,王树荣的弟媳出自沈家者只有两位,即王斗华的两个妻子、沈家本的两个侄女、沈承熙的两个嫡姊,为"承"字辈,而非"仁"字辈。

因此,王树荣的弟媳,不太可能是沈家本的孙女,如果没有更名,似乎也不太可能名为"沈仁美"。

不过,王树荣除了胞弟之外,还有诸多堂弟,王树棠就是其中之一:"字仲清……生于光绪丁酉正月十九日午时。"⑤而王树棠的妻子,也来自沈家:"娶同邑沈氏,生于光绪丁酉九月十一日寅时。"⑥

不惟如此,王树荣的三儿媳即王树荣三子王德林的妻子,也来自沈家:"德林,树荣三子,字厦材,行三,北京大学文科毕业,生于光绪丁酉十月初七日丑时。娶同郡沈氏,生于光绪己亥五月二十九日辰时,生子三,曰务盨、务同、务杜。女四。"⑦

这两位"沈氏"——王树荣的堂弟媳、儿媳——分别生于

---

① 高勇年:《法学泰斗沈家本》,浙江人民出版社2006年版,第24页。
② 王树荣等纂修:《小湖王氏宗谱 第1册 卷1—4》,卷二"世系八之续",1936年重修,第20页。
③ 王树荣等纂修:《小湖王氏宗谱 第2册 卷5—8》,卷八"世表",1936年重修,第12页。
④ 王树荣等纂修:《小湖王氏宗谱 第2册 卷5—8》,卷八"世表",1936年重修,第13页。
⑤ 王树荣等纂修:《小湖王氏宗谱 第2册 卷5—8》,卷八"世表",1936年重修,第13页。
⑥ 王树荣等纂修:《小湖王氏宗谱 第2册 卷5—8》,卷八"世表",1936年重修,第13页。
⑦ 王树荣等纂修:《小湖王氏宗谱 第2册 卷5—8》,卷八"世表",1936年重修,第10页。

1897、1899年,从年龄而言,倒是有可能是沈家本的孙女辈。不过,由于沈家本只有两位孙女,分别嫁入了余家、钱家①。故而,王树荣的堂弟媳、儿媳都不太可能是沈家本的孙女,但或许是沈家本的侄孙女亦未可知。因为沈家本除了两个孙女外,还至少有两个侄孙女,那就是沈承熙的两个嫡侄女②。

王树荣1906年考入京师法律学堂——在120名正取生中名列第十:"法律学堂考试学员已于十一日揭晓,计正取一百二十员,副取八十员,备取一百八十七员。开学时正取各先行入堂,其副备各员听候传补。兹将正取前十名照录于左:秦曾源、乌金布、林怡、陈鸿谟、徐际洽、杨乃赓、何宝权、徐巽、汪毓炟、王树荣。"③——与沈家本有师生之谊,沈家本曾专门撰"答王树荣笃疾废疾问"④一文,为之释疑解惑。同时,王树荣1910年能够成为金绍城、李方的随员,参加万国刑律监狱改良会并考察各国司法制度,或许多少也有沈家本推荐之力。王树荣毕业后投身法律领域,长期在高等审判检察厅任职,与沈家本可谓同道中人。他在民国期间自称:"习法律廿

---

① 沈厚铎:《小楼藏得书千卷 闲里光阴相对酬——写在〈沈家本全集〉问世之际》,载徐世虹主编:《沈家本全集》第八卷《后记》,中国政法大学出版社2010年版,第988页。
② 顾廷龙主编:《清代硃卷集成》第300册《乡试(浙江)·光绪壬寅(二十八年)(一九〇二)补行庚子(二十六年)(一九〇〇)辛丑(二十七年)(一九〇一)恩正并科》,台湾成文出版社有限公司1992年版,第394页,沈承熙称:"嫡侄女二(均幼)。"
③ 《法律学堂揭晓》,载《大公报》大清光绪三十二年七月十七日,西历1906年9月5号(礼拜三),第1497号,第4版,"时事(北京)"。
④ 《修订法律大臣沈家本答王树荣笃疾废疾问》,载《申报》大清光绪三十四年五月十三日,西历1908年6月11号(礼拜四),第12702号,第4张第2版,"杂著";《修订法律大臣沈家本答王树荣笃疾废疾问(续)》,载《申报》大清光绪三十四年五月十五日,西历1908年6月13号(礼拜六),第12704号,第4张第2版,"杂著";《修订法律大臣沈家本答王树荣笃疾废疾问(再续)》,载《申报》大清光绪三十四年五月十六日,西历1908年6月14号(礼拜日),第12705号,第4张第2版,"杂著"。该文后以"答王仁山问笃疾废疾"为名,被收入《寄簃文存》中(沈家本撰:《历代刑法考(附寄簃文存)》第四册《寄簃文存卷五·答问·答王仁山问笃疾废疾》,邓经元、骈宇骞点校,中华书局1985年版,第2198—2204页)。

二年,游环球十八国,服法官十六载"①,当是其经历的真实写照。

或许,正是由于这重重关系,1913年沈家本去世后,王树荣在沈家帮忙张罗,参与发起并协助筹办沈家本追悼会事宜:"所有挽章,均请先期送交金井胡同沈宅王树荣君收存为盼。"②而王树荣自己在挽联"细书学绍织帘客,大寿年逾绛县人"署名时,也自称"受业姻妿侄王树荣"③。

沈厚铎先生在《〈沈家本全集〉后记》中又说,沈家本的二女婿、沈承熙的二妹夫是江南富贾张大来:"太公的次女沈承烨,在太公的子女中是最小的,我们称她老姑婆,嫁给江南富贾张大来。"④这一说法显然是不妥的。因为业已证明,沈家本的二女婿、沈承熙的二妹夫是徐士钟。

那么,谁是"张大来"呢?高勇年先生在《法学泰斗沈家本》中说:"张大来是何许人呢,尚无法考证。"⑤

其实,沈厚铎先生后来在《沈家本的家国情怀与法律救国志向的形成》中,修改了"老姑婆"的身份:"夭夭是我的老姑婆,沈家本先生的小侄女沈承烨。"⑥这一说法,应当可信,因为,沈家本在日

---

① 《律师王树荣启事》,载《申报》中华民国五月十四日,西历1927年5月14号(星期六),第19458号,第2版。
② 《追悼沈子惇先生大会》,载《政府公报》1913年7月1日,第414号,第30页,"广告"。
③ 《吴兴沈子惇先生哀挽录》,载刘家平、苏晓君主编,国家图书馆分馆编:《中华历史人物别传集》第62册,线装书局2003年版,第762页(影印《沈家本志哀》,廊房三条丽华石印,第33页)。
④ 沈厚铎:《小楼藏得书千卷 闲里光阴相对酬——写在〈沈家本全集〉问世之际》,载徐世虹主编《沈家本全集》第八卷《后记》,中国政法大学出版社2010年版,第987页。
⑤ 高勇年:《法学泰斗沈家本》,浙江人民出版社2006年版,第390页。
⑥ 沈厚铎:《沈家本的家国情怀与法律救国志向的形成》,载"民主与法制网"2018年7月13日,网址:http://www.mzyfz.com/index.php/cms/item-view-id-1348597,2019年10月20日登录。

记中曾明确称"夭夭"为"侄女"①。如此看来,作为"老姑婆"丈夫的张大来,应是沈家本的侄女婿,而非二女婿。

"张大来"和"夭夭",在沈家本日记中均有出现。1912年9月18日(阴历),夭夭由沈云抱从浙江湖州老家带到北京。随之,金井胡同沈府就举办了一场婚礼,招赘了一个女婿。其后,张大来在沈府出现。而后,沈云抱独自南归,夭夭则并未跟随,应是留在了沈府。那么,这场婚礼很大程度上可能就是为夭夭所办。

沈家本在日记中,虽然没有明言新郎新娘的姓名,但详细记载了这桩婚事的相关情况,透露了不少与婚事相关的信息:

> 八月初一日。斗华请作致云抱书,催令从速北来。快信,初二发。②
>
> 九月……十三日。晨接云抱自沪来电,言今日坐连陞轮船北来。③
>
> 九月……十八日。晴。云抱偕夭夭侄女于十一钟到京。④
>
> 九月……二十五日,夜请帮忙亲友三桌,并宴新人。⑤
>
> 九月……二十六日,晴,风息。午刻宴大宾,十二钟大宾往迓新郎,二钟新郎来,二钟合卺礼成,三钟祭祖,四钟见礼,

---

① 徐世虹主编:《沈家本全集》第七卷《日记(壬子)》,中国政法大学出版社2010年版,第869页。

② 徐世虹主编:《沈家本全集》第七卷《日记(壬子)》,中国政法大学出版社2010年版,第867页。

③ 徐世虹主编:《沈家本全集》第七卷《日记(壬子)》,中国政法大学出版社2010年版,第869页。

④ 徐世虹主编:《沈家本全集》第七卷《日记(壬子)》,中国政法大学出版社2010年版,第869页。

⑤ 徐世虹主编:《沈家本全集》第七卷《日记(壬子)》,中国政法大学出版社2010年版,第870页。

五钟分次开宴。夜八钟三,送新郎入洞房坐床前宴。九钟礼皆毕。①

九月……二十七日,今日晚斗华发起暖房,宴请票友演剧。晚五钟先坐席,夜七钟开戏,二钟二止。是日客到者约四十人。②

十月……初九日。今日湖州会馆开会……归来已六钟许矣。是晚张大来备饮,内外三席。③

十月……初十日。……是日大来生日,余备饮饷之。早吃面,晚外一席、内便饭一席。晚饮散时,已九钟一。④

十月……十一日,云抱南归中车行。⑤

十月……二十七日,伯勤来换方。云抱二十抵家,二十二发书,今日⑥。天津逍遥四日,而上海不肯暂住一日,亦可怪也。⑦

从日记中可以看出,婚礼是由沈府操办的,在结婚时是将新郎迎入沈府的。在夭夭婚后,张大来出现,他住在沈府之中,在沈府

---

① 徐世虹主编:《沈家本全集》第七卷《日记(壬子)》,中国政法大学出版社 2010 年版,第 870 页。
② 徐世虹主编:《沈家本全集》第七卷《日记(壬子)》,中国政法大学出版社 2010 年版,第 870 页。断句疑有误,"今日晚斗华发起暖房,宴请票友演剧",似应为"今日晚斗华发起暖房宴,请票友演剧。"
③ 徐世虹主编:《沈家本全集》第七卷《日记(壬子)》,中国政法大学出版社 2010 年版,第 871 页。
④ 徐世虹主编:《沈家本全集》第七卷《日记(壬子)》,中国政法大学出版社 2010 年版,第 871 页。
⑤ 徐世虹主编:《沈家本全集》第七卷《日记(壬子)》,中国政法大学出版社 2010 年版,第 871 页。断句疑有误,"今日云抱南归中车行",似应为"今日云抱南归。中,车行。"
⑥ 文字疑有脱漏,后似应为"至"或"到",文义方为完整。
⑦ 徐世虹主编:《沈家本全集》第七卷《日记(壬子)》,中国政法大学出版社 2010 年版,第 872 页。

身份特殊,既曾做主人备席宴请沈家本全家内外,又曾受到客人般的礼遇——沈家本备宴,阖府为其庆生。而且,无论是他"备饮",还是沈家本宴请他,都是兼请"内外",可见他在沈家似乎不避女眷,与沈家关系非常亲密。

综合种种迹象,有理由相信,或许,这场婚礼,就是夭夭与张大来的婚礼,张大来入赘沈家,成为沈家的上门女婿。而当日"大宾"所"往迓"的"新郎",就是张大来。

值得注意的是,在这桩婚事中,王斗华扮演了重要角色。八月初一日,是他请沈家本写信催促"云抱"带上夭夭速来北京的。九月二十七日,婚礼举行次日,又是他主持发起暖房宴,宴请宾客四十余人的。

"云抱"在沈家本日记中多次出现,1899年,沈家本还曾专门作诗十首寄示于他①。从诗的题目"病中乡思颇切率成七言十绝句寄示云抱"②——尤其是中"乡思"、"示"字来看,可以断定,他是沈家本在故乡的晚辈。斯时,年近花甲的沈家本抱病在身,思乡心切,然而家中"诸弟皆亡"③,倾诉无门,百感交集中,将一腔饱经宦海沉浮的游子情怀,凝聚成对故乡山水风物的深切思念、对故居草木楼宇的深沉眷恋、对先人遗迹故事的深情追忆,向云抱这位至亲晚辈娓娓道来。诗云:

---

① 日期由徐世虹主编:《沈家本全集》第七卷《枕碧楼偶存稿十二卷·卷十·诗四·丁香花四绝句(己亥)》(中国政法大学出版社 2010 年版,第 145 页),可以推知。另,李贵连编著:《沈家本年谱长编》,山东人民出版社 2010 年版,第 74—75 页,亦将该诗归入"光绪二十五年己亥(公元一八九九年)"之作。
② 徐世虹主编:《沈家本全集》第七卷《枕碧楼偶存稿十二卷·卷十·诗四·病中乡思颇切率成七言十绝句寄示云抱》,中国政法大学出版社 2010 年版,第 146 页。
③ 徐世虹主编:《沈家本全集》第七卷《枕碧楼偶存稿十二卷·卷十·诗四·病中乡思颇切率成七言十绝句寄示云抱》,中国政法大学出版社 2010 年版,第 146 页。

病肺尝吟工部句,养身未熟长桑书。官斋拥被难成梦,却忆青山有敝庐。

夕阳影上驿西桥,如许风光拍手招。春水鳞鳞山鬐鬐,还从惨绿数芳韶。

楼上看山寒扑面,双苕溪上是吾家。芒鞋重踏溪山路,第一先尝紫笋茶。

关心妙喜山中竹,莫笑清贫太守谖。可是无田归亦得,为他苦笋脱朝衫。

老桂先公亲手植,欣欣生意早秋天。木犀香至曾闻否,好与同参五味禅。

静里听松见道心,小轩还是读书林。旧围解带谁量得,历尽冬春雨雪侵。

笼鹅巧仿龙皮扇,搏蟹轻摇鸭嘴船。携得芷畦残帙在,好将土物续遗编。

牢落人生五百年,摩挲铜狄意凄然。灯前苦忆东坡句,风雨匡床久独眠。

手泽书存盥露披,礼堂审定复何时。阿咸念汝多辛苦,黄卷青灯夜课迟。

午枕暂抛书帙乱,丁帘不卷药炉香。欲知乡思今多少,梦绕龙山闸水旁。

对于"云抱"的身份,沈厚铎先生在《枕碧楼请愿风波》中说:"云抱,是沈家本嫡长兄沈家禾之子沈承勋之号。"[①]高勇年先生在《法学泰斗沈家本》中则说:"云抱即沈云抱(约 1876—1946),其名承

---

① 沈厚铎:《枕碧楼请愿风波》,载《法制日报》2018 年 7 月 2 日,第 8 版,"法治文化"。

烜,字云抱,是沈家本五弟沈家霂的大儿子。沈家本在外为官,其在湖州的家产,是委托侄子云抱看管的。沈家本与云抱既是伯侄关系,又是按'亲上加亲'风俗习惯的过继关系,即云抱是过继给沈家本当儿子的,所以会出现'沈云抱系沈家本的儿子'的说法。"①

这两种说法,虽然彼此不同,一说"云抱"是沈家本嫡侄,一说"云抱"是沈家本胞侄,但有一点是相通的,即"云抱"姓"沈",是沈家本的子侄晚辈。相比之下,高勇年先生似是经过实地走访调查,且有"沈家本的侄子沈云抱晚年时的照片"②为证,所言应该比较可信。而且,沈家霂有二子,其中的确有一个是沈承烜。故从高勇年先生之说,且为之补证如下:

首先,就诗题而言,"示"字,一般常用于长辈对亲密晚辈的嘱咐与诉说。杜甫的《示从孙济》、韩愈的《左迁至蓝关示侄孙湘》、陆游的《示儿》等,均为其例,沈云抱为沈家本的晚辈,显而易见。但由于"沈云抱"之名并不符合沈家以"家承仁厚"排行与"木火土金水"相配的命名规律,故而,"云抱"应该并非谱名,而是字号。依据传统礼仪,长辈对晚辈可以直呼其名。称呼字号,显示出沈家本对于晚辈的亲昵与尊重。

其次,就诗句而言,第九首中"阿咸念汝多辛苦"一句,借用典故,实际上已经表明"云抱"是沈家本的侄子。"阿咸"一词,因阮籍用来称呼侄子阮咸而得名,后世一般用来称呼胞侄即亲侄子,作为对侄子的昵称和美称。苏轼就曾用其指代弟弟苏辙的儿子们:"白发苍颜五十三,家人强遣试春衫。朝回两袖天香满,头上银幡笑阿咸。"③作为苏轼的仰慕者,沈家本运用此典,应亦是称呼其胞侄,

---

① 高勇年:《法学泰斗沈家本》,浙江人民出版社2006年版,第180页。
② 高勇年:《法学泰斗沈家本》,浙江人民出版社2006年版,第180页。
③ (清)王文诰辑注《苏轼诗集》(第五册)《卷三十·和子由除夜元日省宿致斋三首(其二)》,孔凡礼点校,中华书局1982年版,第1563—1564页。其1564页注云:"【王注师曰】阮籍呼兄子咸为阿咸。【查注】用阿咸,当指子由诸郎。"

第三章　沈承熙的家族谱系

而不太可能是称呼其嫡侄沈承勋。同时，在清代的一般语境下，"阿咸"也是胞侄的代称。薛雪《一瓢诗话》云："阿戎例呼从弟，阿咸例以呼侄。"①和邦额《夜谭随录》中也有例证："老身去家时，十二弟才十三岁，犹未议婚。音问梗塞，近四十年矣。不谓阿咸如此成立！老身为汝父胞妹，汝之姑也。"②

再次，就诗意而言，诗中很多字句叙述的都是私人记忆，涉及老家中的树木老屋、先人遗存、读书生活等诸多意象与情景，这种记忆，是曾经与沈家本在一起生活、有共同生活经历的同胞兄弟所共有的。所以，能够真切分享这种共同记忆而感同身受的，应该是沈丙莹一房的子孙们，而非沈丙辉一房的儿子沈家禾、孙子沈承勋。"老桂先公亲手植"一句，"先公"是沈家本与沈家霖兄弟的父亲沈丙莹；"小轩还是读书林"一句，"小轩"则是"松桂林"，是沈家本五弟沈家霖当年读书之处："徧吉旧屋书室前，有罗汉松一株，高耸出云，百余年物也。先大夫手植桂一株于其左，每到花时，浓芬满户。昌黎诗云'读书松桂林'，余尝欲取以颜此室，谓最宜也。子文五弟读书此室中，历十余寒暑不辍。"③沈家霖的遗集之所以名为《松桂林草》，也源于此："弟性沉默，好深湛之思……，壬午登贤书，郡人多以远到期之。不意中道殂谢，玉树长埋，良可悲也。今衷集遗文，编为二卷，颜曰'松桂林草'。"④这也更证明了，收信人"云抱"是沈家霖的儿子，所以沈家本才会特别叙及与其父沈家霖相关之事。

---

① （清）薛雪：《一瓢诗话》，清道光昭代丛书本，中国基本古籍库电子版，第14页。
② （清）和邦额著：《夜谭随录·卷十·秀姑》，王一工、方正耀点校，上海古籍出版社1988年版，第272页。
③ 徐世虹主编：《沈家本全集》第八卷《吴兴长桥沈氏家集·松桂林草（二卷）》，中国政法大学出版社2010年版，第309页。
④ 徐世虹主编：《沈家本全集》第八卷《吴兴长桥沈氏家集·松桂林草（二卷）》，中国政法大学出版社2010年版，第309页："今衷集遗文，编为二卷，颜曰'松桂林草'与'看山楼草'，并刊附家集中。"一句，断句有误。《看山楼草》为沈彦模遗作，非沈家霖所著。应为："今衷集遗文，编为二卷，颜曰'松桂林草'，与'看山楼草'并刊附家集中。"

复次,就情理而言,沈家本与同胞兄弟手足情深,关系亲厚,兄弟们不在了,他爱屋及乌,思乡怀人之时,寄诗的对象应该是同胞兄弟的儿子——胞侄,才符合情理。如果尚有胞侄而且感情深厚并无间隙,却非要寄给嫡兄弟的儿子——嫡侄即堂侄,来言说自己胞兄弟之间的那些生活往事,那就似乎有些奇怪了。

最后,就时间而言,"云抱"其人必须1899年已经成年,1912年仍然住在湖州老家。在沈家本的胞侄中,符合这一条件的,只有沈家本五弟沈家霂之子沈承烜。这组诗是1899年沈家本寄给"云抱"的,既然被沈家本视为倾诉对象,当时"云抱"应该已经成年。而且,由于沈家本是因为思乡才寄诗给"云抱"的,所以"云抱"斯时应该在湖州老家生活。又由于1912年他曾自湖州老家带夭夭前往北京,故而,他当时应该仍然在老家生活。据沈承熙乡试硃卷"履历"可知,其嫡兄弟共有4位,也就是说沈家本的胞侄共有4位,分别是"沈承燕"、"沈承烜"、"沈承煦"、"沈承照"[1]。由于沈家本长兄沈家树、四弟沈家荣皆早逝[2]无子——均由侄子继嗣[3],故而,这四位胞侄应为其三弟沈彦模、五弟沈家霂之子。其中,"沈承燕"、"沈承烜"为沈家霂之子[4],而沈彦模共有二子[5],故"沈承煦"、

---

[1] 顾廷龙主编:《清代硃卷集成》第300册《乡试(浙江)·光绪壬寅(二十八年)(一九〇二)补行庚子(二十六年)(一九〇〇)辛丑(二十七年)(一九〇一)恩正并科》,台湾成文出版社有限公司1992年版,第393页。

[2] 顾廷龙主编:《清代硃卷集成》第251册《乡试(浙江)·同治乙丑(四年)(一八六五)补行咸丰辛酉(十一年)(一八六一)科并同治壬戌(元年)(一八六二)恩科》,台湾成文出版社有限公司1992年版,第196页;顾廷龙主编:《清代硃卷集成》第266册《乡试(浙江)·光绪丙子(二年)(一八七六)科》,台湾成文出版社有限公司1992年版,第272页。

[3] 顾廷龙主编:《清代硃卷集成》第54册《会试·光绪癸未(九年)(一八八三)科》,台湾成文出版社有限公司1992年版,第301页;顾廷龙主编:《清代硃卷集成》第270册《乡试(浙江)·光绪壬午(八年)(一八八二)科》,台湾成文出版社有限公司1992年版,第360页。

[4] 顾廷龙主编:《清代硃卷集成》第270册《乡试(浙江)·光绪壬午(八年)(一八八二)科》,台湾成文出版社有限公司1992年版,第360页。

[5] 徐世虹主编:《沈家本全集》第七卷《日记(癸巳)》,中国政法大学出版社2010年版,第819页。

"沈承照"应为沈彦模之子。据沈彦模乡试硃卷"履历"可知,沈承燕在1876年之前已经出生①,1899年时,虚岁至少已经24岁,早已成年。又据沈家霖乡试硃卷"履历"可知,沈承烜在1882年之前已经出生②,1899年时,虚岁至少18岁,已过16岁婚龄,可以视为成年。再据沈家本会试硃卷"履历"可知,沈承煦应出生在1883年后③。复据沈承熙乡试硃卷"履历"可知,沈承照1902年时年龄尚幼④。可见,1899年时,沈承燕、沈承烜已经成年,沈承煦也接近成年。不过,由于沈承燕早逝⑤,最迟1902年已经故去,而据沈家本追忆,沈承煦、沈承照也最迟1908年已经去世:"余家老屋在郡城偏吉街,倚南门。屋有楼,开窗望远,城外诸山如揖如拱,皆在目前。……三弟子范于丁卯戊辰之间读书其上……,距今忽忽四十余年。弟墓木已拱,遗孤二人并秀苗而不永年,是可哀已。……戊申六月,家本记。"⑥故而1912年时,沈家本的胞侄中只有沈承烜在世,在湖州编箕巷老家照看沈家产业,应是"沈云抱"的不二人选。而据说沈云抱家也在编箕巷,也是深宅大院,此亦可见沈承烜、沈云抱二人身份重合之一斑:"近代湖州不少人从事工商事

---

① 顾廷龙主编:《清代硃卷集成》第266册《乡试(浙江)·光绪丙子(二年)(一八七六)科》,台湾成文出版社有限公司1992年版,第273页。

② 顾廷龙主编:《清代硃卷集成》第270册《乡试(浙江)·光绪壬午(八年)(一八八二)科》,台湾成文出版社有限公司1992年版,第360页。

③ 顾廷龙主编:《清代硃卷集成》第54册《会试·光绪癸未(九年)(一八八三)科》,台湾成文出版社有限公司1992年版,第301页。

④ 顾廷龙主编:《清代硃卷集成》第300册《乡试(浙江)·光绪壬寅(二十八年)(一九〇二)补行庚子(二十六年)(一九〇〇)辛丑(二十七年)(一九〇一)恩正并科》,台湾成文出版社有限公司1992年版,第393页。

⑤ 顾廷龙主编:《清代硃卷集成》第300册《乡试(浙江)·光绪壬寅(二十八年)(一九〇二)补行庚子(二十六年)(一九〇〇)辛丑(二十七年)(一九〇一)恩正并科》,台湾成文出版社有限公司1992年版,第393页。

⑥ 徐世虹主编:《沈家本全集》第八卷《吴兴长桥沈氏家集·看山楼草(二卷)》,中国政法大学出版社2010年版,第295页。

业……当时湖州城内有名的高楼大厦人家,据我现在能够记忆的有如:朝阳巷的温蔗青家,所前街的温选臣家,月河街的陆心源家,编箕巷的沈云抱家。"①同时,沈承烜一直在湖州生活,1916年初,还曾被委任为吴兴县自治办公处学务兼警务委员。据《浙江公报》载:"详为吴兴县知事详报饬委沈承烜等充任该县自治办公处委员情形,连同各员履历据情详请察核事:案据吴兴县知事张嘉树详称,窃吴兴县自治办公处委员办理各项事宜,历将各员履历遵章详送核转在案。兹查学务兼警务委员汪尔骧调充县公署第三科助理员,所遗职务,应请改委沈承烜接办。……批:准予分别照委,仰该道尹转饬遵照。此缴。履历并存。一月二十日。"②

总之,综合种种证据,有理由相信,云抱即沈云抱,是沈家本五弟沈家霂之子沈承烜,为沈家本胞侄。

不过,高勇年先生对于沈承烜身世的言说,并不完全准确,仍然有两点值得商榷。

其一,沈承烜并非"沈家本五弟沈家霂的大儿子",而是沈家霂的二儿子。沈家霂的大儿子是沈承燕。在乡试硃卷"履历"中,沈家霂本人曾说:"子承燕、承烜。"③或许是由于沈承燕早逝,故而沈承烜被误认为是沈家霂的大儿子。

其二,沈承烜与沈家本似乎并非过继关系,所谓"沈家本与云抱既是伯侄关系,又是按'亲上加亲'风俗习惯的过继关系,即云抱是过继给沈家本当儿子的"之说,令人怀疑。沈家本有四个儿子,于情于理,都没有再过继五弟的儿子为嗣的必要。不过,沈承烜的

---

① 凌以安:《湖州建筑的奇葩》,载《湖州文史》第18辑,湖州市社科联印刷厂1998年印行,第51—52页。
② 《钱塘道道尹丁传绅详报吴兴县详报饬委沈承烜等充任自治委员情形连同履历转请察核文并批》,载《浙江公报》1916年2月5日第30号,第13—14页。
③ 顾廷龙主编:《清代硃卷集成》第270册《乡试(浙江)·光绪壬午(八年)(一八八二)科》,台湾成文出版社有限公司1992年版,第360页。

确曾经出继别人,但他被过继给了沈家本的四弟沈家荣——沈家荣早逝,没有子嗣,故而沈家霢将次子过继给他。在乡试硃卷"履历"中,沈家霢明确指出:"承烜,嗣四胞兄后。"①既然如此,沈承烜怎么可能又过继给沈家本呢?

那么,对于夭夭的婚事,王斗华为什么会如此上心呢?这或许是因为,王斗华是沈家本五弟沈家霢的女婿,而夭夭是沈家本五弟沈家霢的幼女,王斗华是夭夭的胞姐夫之故。

为什么说夭夭是沈家本五弟沈家霢的女儿呢?就既有证据看,夭夭是沈家本的侄女,确凿无疑。可是,她的父亲究竟是谁呢?尚须仔细辩证。

在《沈家本的家国情怀与法律救国志向的形成》中,沈厚铎先生认为,夭夭是沈家本嫡兄沈家树的小女儿——亦即夭夭的父亲是沈家树:"他对家人的关怀更是无微不至。直到晚年,还关切着远在湖州的嫡兄沈家树小女儿的婚事,亲自为其择婿,并接到京城,为她举办了婚礼。"②这一说法值得怀疑。

首先,从关系上看,沈家树与沈家本一奶同胞,同父同母,是沈家本的"胞兄",而非"嫡兄"③。

其次,从年龄上看,夭夭不可能沈家树的女儿。据1902年乡试硃卷"履历"可知,沈承熙的嫡姊妹至少有6人,其中5人已经出嫁——分别嫁给吴家棠、冯步衢、王树楣、王树楩、周□④,其中只有排行最末的、年龄最小的嫡妹尚未婚配:"嫡姊妹:长……,

---

① 顾廷龙主编:《清代硃卷集成》第270册《乡试(浙江)・光绪壬午(八年)(一八八二)科》,台湾成文出版社有限公司1992年版,第360页。
② 沈厚铎:《沈家本的家国情怀与法律救国志向的形成》,载"民主与法制网"2018年7月13日,网址:http://www.mzyfz.com/index.php/cms/item-view-id-1348597,2019年10月20日登录。
③ 前文已考,兹不赘述。
④ 硃卷中此处未有文字,为空白,故以"□"代之。

次……，次……，次……，次……，次（幼，待字）。"①由于"京浙人习惯管最小的子女称'老×'，如称长辈'老叔''老舅'是祖辈最小的子女，'老疙瘩''老闺女'即晚辈最小的子女"②，故而，沈承熙的这位嫡妹，应该就是被沈家后辈称为"老姑婆"的夭夭。而且，由于"老幺"、"幺幺"也是中国很多地方长辈对于年龄最小的晚辈的昵称，沈家本以与"幺幺"同音的"夭夭"，来称呼这位年龄最小的侄女，或许并非巧合。尤其需要指出的是，1902 年，夭夭尚"幼"，1912 年则至少到了法定婚龄。那么，在清代，什么是"幼"呢？倘若依照《大清律例》，法律意义上的"幼"，一般在 15 岁以下。其《名例律》中"老小废疾收赎"条曰："凡年七十以上，十五以下，及废疾，……犯流罪以下，收赎。……八十以上，十岁以下，及笃疾，……犯杀人……者，议拟奏闻，……取自上裁。……九十以上，七岁以下，虽有死罪不加刑。"③"犯罪时未老疾"条亦曰："犯罪时幼小，事发时长大，依幼小论。谓如七岁犯死罪，八岁事发，勿论。十岁杀人，十一岁事发，仍得上请。十五岁时作贼，十六岁事发，仍以赎论。"④然而，这种官方法律标准与民间传统惯例并非完全一致，对于古代中国女性而言，15 岁已经及笄，似乎不太会以"幼"称之。而依照传统惯例，民间对于"幼"的界定，则一般指 10 岁以下。《礼记·曲礼上》曰："人生十年曰幼，学。"⑤至于法定婚龄，清代女

---

① 顾廷龙主编：《清代硃卷集成》第 300 册《乡试（浙江）·光绪壬寅（二十八年）（一九〇二）补行庚子（二十六年）（一九〇〇）辛丑（二十七年）（一九〇一）恩正并科》，台湾成文出版社有限公司 1992 年版，第 393 页。

② 沈厚铎：《沈家本的家国情怀与法律救国志向的形成》，载"民主与法制网" 2018 年 7 月 13 日，网址：http://www.mzyfz.com/index.php/cms/item-view-id-1348597,2019 年 10 月 20 日登录。

③ 田涛、郑秦点校：《大清律例·卷五·名例律下》，法律出版社 1999 年版，第 106 页。

④ 田涛、郑秦点校：《大清律例·卷五·名例律下》，法律出版社 1999 年版，第 108 页。

⑤ 杨天宇撰：《礼记译注》（上册），上海古籍出版社 2004 年版，第 4 页。

性为 14 岁。《钦定大清通礼》载:"官员七品以上自婚及为子孙主婚,豫访门第清白女年齿相当者,使媒氏往通言,俟许男年十六以上、女年十四以上,身及主婚者无期以上服,皆可行。下士庶人同。"①但实际生活中,一般女性出嫁多在 16 岁左右:"元明清以降,结婚年龄一般略同前代,男女嫁娶,大抵在十六至二十之间。"②如此看来,夭夭可能出生在 1892—1896 年之间。而沈家树则至迟在 1865 年已经去世——沈家本在 1865 年乡试硃卷"履历"中说:"胞兄家树(早世)。"③——故而不可能是夭夭的父亲。

那么,夭夭可能是沈家榮、沈彦模的女儿吗?沈家榮 1865 年已经去世④,夭夭也不可能是他的女儿。沈彦模 1893 年 2 月去世⑤,从时间上看,夭夭有可能是他的女儿。

然而,如果夭夭是沈彦模女儿的话,则只能出生在 1892 年至 1893 年 2 月间,这就导致,至少有两处疑点,难以解释。

其一,龚照瑗的言语,似乎不合人之常情。沈彦模 1893 年 2 月在四川任内去世,身后事曾受到时任四川布政使的龚照瑗的照拂,但龚照瑗当年与沈家本相遇时,只提及沈彦模的两个儿子,而并未言及沈彦模的女儿:"十二月……十七日,龚仰翁起程,前往送。仰翁言及三弟之事,甚为太息,并言两侄皆好。此番承伊格外

---

① (清)来保撰:《大清通礼·卷二十四·嘉礼》,清文渊阁四库全书本,中国基本古籍库电子版,第 170 页。
② 陈鹏:《中国婚姻史稿》,中华书局 1990 年版,第 390 页。
③ 顾廷龙主编:《清代硃卷集成》第 251 册《乡试(浙江)·同治乙丑(四年)(一八六五)补行咸丰辛酉(十一年)(一八六一)科并同治壬戌(元年)(一八六二)恩科》,台湾成文出版社有限公司 1992 年版,第 196 页。
④ 徐世虹主编:《沈家本全集》第七卷《日记(丙寅)》,中国政法大学出版社 2010 年版,第 491 页。
⑤ 徐世虹主编:《沈家本全集》第七卷《日记(癸巳)》,中国政法大学出版社 2010 年版,第 802 页。

招呼,可感也。"①这似乎从侧面表明,当时沈彦模并未有在室女儿。因为如果沈彦模尚有出生不久的幼女夭夭的话,此时最多1岁,依照人之常情,似乎一般会特别提及、为之惋惜。

其二,王斗华的行为,似乎有些过于热心。作为嫡姐夫,他既请沈家本写信催促沈云抱前来商量夭夭婚事,又以家人身份,代替夭夭胞伯父沈家本,为之筹办暖房宴,似乎有些越俎代庖。难道身为嫡姐夫的他,与夭夭的关系,比胞伯父沈家本与夭夭的关系,还要更亲近吗?

如果夭夭是沈家霖的女儿,这些问题就迎刃而解了。沈家霖中举后,科场不顺,一直未能考中进士,故而,在湖州老家生活,虽然"潴河议叙,中书衔"②,但似乎并未外出做官,夭夭也生在湖州老家。王斗华是夭夭的胞姐夫,沈云抱是夭夭的胞兄。由于沈家霖至迟在1899年已经去世——当年沈家本在《病中乡思颇切率成七言十绝句寄示云抱》第八首后注释说:"余诸弟皆亡矣。"③——故而,胞兄沈云抱长兄为父,成为一家之主,王斗华请沈家本致信给他,商议夭夭的婚事,也是顺理成章。又因为沈家本是沈云抱的伯父,沈氏硕果仅存的长辈,对沈云抱兄妹一向非常喜爱,与在老家的他们频繁通信,还写诗寄示,他代替五弟沈家霖主持夭夭的婚事,在北京为夭夭举办婚礼,招赘女婿,也是人之常情。王斗华作为夭夭的胞姐夫,家在北京,在婚礼后充当家长,为之张罗暖房宴,也合情合理——虽然依照当时风俗,暖房宴一般由男方发起,但是,由于夭夭的丈夫是入赘沈家的,故而,由女方家发起也就不足

---

① 徐世虹主编:《沈家本全集》第七卷《日记(癸巳)》,中国政法大学出版社2010年版,第819页。

② 顾廷龙主编:《清代硃卷集成》第300册《乡试(浙江)·光绪壬寅(二十八年)(一九〇二)补行庚子(二十六年)(一九〇〇)辛丑(二十七年)(一九〇一)恩正并科》,台湾成文出版社有限公司1992年版,第392页。

③ 徐世虹主编:《沈家本全集》第七卷《枕碧楼偶存稿十二卷·卷十·病重思乡颇切率成七言十绝句寄示云抱》,中国政法大学出版社2010年版,第146页。

为奇了。高勇年先生在《法学泰斗沈家本》中,依据男方主办暖房宴的习俗,推测王斗华是新郎一方的亲戚①,似是未考虑赘姻之故。

六、沈承熙的子侄

在参加乡试之前,沈承熙已经成婚。先娶汪夫人:"甲子科举人、兵部主事汪印鸿基公女,同知衔山东候补知县名锡康胞妹,花翎四品衔户部主事名锡珍胞姊。"②光绪二十三年(1897),汪夫人产下女儿不久,不幸去世——这位女儿后来回忆说:"我就是在祖父任天津知府时生于天津的,时为1897年,到祖父去世那年我仅16岁。"③而其外孙常寒婴先生则说:"姥姥的父亲沈承熙是沈家本的二儿子,清末举人。出生十多天后,姥姥就失去了母亲。"④——又继娶汤夫人:"直隶青县兴济镇巡检讳世荫公长女,同知衔直隶候补知县印世晋公胞侄女,监生本科荐卷名源清胞妹,名泽清、名沛清胞姊,分省候补州吏目名润清、名溥清嫡姊。"⑤

沈承熙没有儿子,只有两个女儿。在1902年乡试硃卷"履历"中,他声称:"女二,长殇,次幼。"⑥不过,1902年之后,继室汤夫人

---

① 高勇年:《法学泰斗沈家本》,浙江人民出版社2006年版,第387页。
② 顾廷龙主编:《清代硃卷集成》第300册《乡试(浙江)·光绪壬寅(二十八年)(一九〇二)补行庚子(二十六年)(一九〇〇)辛丑(二十七年)(一九〇一)恩正并科》,台湾成文出版社有限公司1992年版,第394页。
③ 沈仁垌(余谷似)口述、沈厚銎整理:《沈家本先生二三事》,载张国华主编:《博通古今学贯中西的法学家》,陕西人民出版社1992年版,第471页。
④ 常寒婴:《革命老人余谷似的一生》,载《法制日报》2017年6月5日,第8版,"法治文化"。
⑤ 顾廷龙主编:《清代硃卷集成》第300册《乡试(浙江)·光绪壬寅(二十八年)(一九〇二)补行庚子(二十六年)(一九〇〇)辛丑(二十七年)(一九〇一)恩正并科》,台湾成文出版社有限公司1992年版,第394页。
⑥ 顾廷龙主编:《清代硃卷集成》第300册《乡试(浙江)·光绪壬寅(二十八年)(一九〇二)补行庚子(二十六年)(一九〇〇)辛丑(二十七年)(一九〇一)恩正并科》,台湾成文出版社有限公司1992年版,第394页。

应该又生有一女,故而,他最终有两个女儿长大成人。沈厚铎先生曾言:"我的二祖父沈承煦四十岁就过世了……他只有两个女儿,长女就是我前面提到的大姑妈沈仁侗……二祖父的次女,就是我的二姑妈沈仁垸。"①又言:"沈承煦只有两个女儿。长女是笔者的大姑妈沈仁侗,二姑妈名为沈仁垸。"②这里的"沈承煦",实乃"沈承熙",说沈承煦有两个女儿,实则是说沈承熙有两个女儿。王式通在《吴兴沈公子惇墓志铭》中说,沈家本"女孙二"③,指的应该就是沈承熙的这两个女儿。

(一)长女

沈承熙的长女、沈家本先生的长孙女名沈仁侗,生于1897年,早年曾在家塾读书,后嫁与察哈尔财政厅长余诒为继室④——余诒曾为内务部佥事⑤,与沈承熙同事。沈厚铎先生所言之"余穀怡"⑥,似有讹误——1941年参加革命,化名"余谷似",为中国共产党的地下工作做出了突出贡献,被尊称为"革命的老妈妈"⑦。解

---

① 沈厚铎:《小楼藏得书千卷 闲里光阴相对酬——写在〈沈家本全集〉问世之际》,载徐世虹主编:《沈家本全集》第八卷《后记》,中国政法大学出版社2010年版,第987—988页。
② 沈厚铎:《沈氏老二房与老三房》,载《法制日报》2017年5月8日,第8版,"法治文化"。
③ (民国)王式通:《吴兴沈公子惇墓志铭》,载闵尔昌纂录:《碑传集补·卷六·部院大臣·沈家本》(近代中国史料丛刊第100辑),台湾文海出版社有限公司1973年版,第418页。
④ 常寒婴:《革命老人余谷似的一生》,载《法制日报》2017年6月5日,第8版,"法治文化"。
⑤ 《内务部饬第七十四号》,载《政府公报》1914年12月2日,第926号,第21页,"饬"。
⑥ 沈厚铎:《小楼藏得书千卷 闲里光阴相对酬——写在〈沈家本全集〉问世之际》,载徐世虹主编:《沈家本全集》第八卷《后记》,中国政法大学出版社2010年版,第987—988页。
⑦ 沈厚铎:《沈氏老二房与老三房》,载《法制日报》2017年5月8日,第8版,"法治文化"。

放后曾在内蒙古党委办公厅工作,1957 年退休。回京后被聘为北京市文史研究馆馆员①,曾在《文史资料选编》上面,发表过与沈家本先生有关的回忆性文章。② 1996 年 3 月在京去世③,享年 99 岁,虚岁 100 岁。所谓"大姑妈去世时九十岁,被誉为'革命老人'"④之说,"九十岁"应属错误。不过,沈厚铎先生后来做了更正:"解放后,大姑妈最终在北京文史馆工作,被同志们尊称为'革命的老妈妈'。1996 年,她在北京去世,享年 99 岁。"⑤

(二)次女

沈承熙的次女、沈家本先生的二孙女名沈仁垸,毕业于北京女子师范大学,后嫁给上海富商、苏州人钱家骅为妻。⑥

(三)侄子

沈承熙虽然没有儿子,但有四个侄子:沈仁垓、沈仁堪、沈仁培、沈仁坚。在 1902 年乡试硃卷"履历"中,他只列了两个女儿而未写儿子,同时声称:"本生胞侄:仁垓、仁堪、仁培。"⑦其中,沈仁

---

① 常寒婴:《革命老人余谷似的一生》,载《法制日报》2017 年 6 月 5 日,第 8 版,"法治文化"。

② 余谷似、沈厚鋆:《义和团运动史料片段》,载中国人民政治协商会议北京市委员会文史资料研究会编:《文史资料选编》第 18 辑,北京出版社 1983 年版,第 196—198 页。

③ 何钊、艾山:《地下电台的小交通》,载《北京党史》1997 年第 3 期,第 64 页;"去年 3 月,余谷似同志与世长辞。"

④ 沈厚铎:《小楼藏得书千卷 闲里光阴相对酬——写在〈沈家本全集〉问世之际》,载徐世虹主编:《沈家本全集》第八卷《后记》,中国政法大学出版社 2010 年版,第 987—988 页。

⑤ 沈厚铎:《沈氏老二房与老三房》,载《法制日报》2017 年 5 月 8 日,第 8 版,"法治文化"。

⑥ 沈厚铎:《沈氏老二房与老三房》,载《法制日报》2017 年 5 月 8 日,第 8 版,"法治文化"。

⑦ 顾廷龙主编:《清代硃卷集成》第 300 册《乡试(浙江)·光绪壬寅(二十八年)(一九〇二)补行庚子(二十六年)(一九〇〇)辛丑(二十七年)(一九〇一)恩正并科》,台湾成文出版社有限公司 1992 年版,第 394 页。

垓、沈仁堪是其长兄沈承熊的儿子①，沈仁培是其三弟沈承烈的儿子②。由于古人重视长幼之序，沈承熙在列举侄子时，应该也是依照年龄排序的，故而，沈仁垓、沈仁堪、沈仁培依次为其长侄、次侄、三侄。1912年，其四弟沈承煌又生了儿子沈仁坚③，这是沈承熙最小的侄子。王式通在《吴兴沈公子惇墓志铭》中说：沈家本"孙四人：仁垓、仁堪、仁培、仁坚。"④可资佐证。

那么，在1915年沈承熙去世之后，为什么《政府公报》号称沈仁堪是他的儿子呢？——"金井胡同一号住户、已故内务部金事沈承熙之子沈仁堪禀称，伊故父沈承熙，系浙江吴兴县人。"⑤

这应该是根据传统惯例，为了延续香火，由其长兄沈承熊次子沈仁堪承嗣之故——这种现象，在沈家并不少见，沈家本、沈承熙、沈承煌、沈承烜均曾出嗣胞叔或胞伯——因此，在宗法意义上，沈仁堪是沈承熙的儿子，他应称呼其叔父沈承熙为"父亲"，而称呼其亲生父亲沈承熊为"本生父"。

1. 长侄

沈仁垓，字"经钵"⑥，是沈承熙的长侄，沈家本的长孙。沈厚

---

① 沈厚铎：《小楼藏得书千卷 闲里光阴相对酬——写在〈沈家本全集〉问世之际》，载徐世虹主编：《沈家本全集》第八卷《后记》，中国政法大学出版社2010年版，第987页。

② 沈厚铎：《小楼藏得书千卷 闲里光阴相对酬——写在〈沈家本全集〉问世之际》，载徐世虹主编：《沈家本全集》第八卷《后记》，中国政法大学出版社2010年版，第988页。

③ 沈厚铎：《枕碧楼宅院易主风波（上）》，载"法制网"2017年7月4日，"文化频道"："笔者父亲沈仁坚（字子固，1912—1953）"。这里的"1953"应为"1952"。

④ （民国）王式通：《吴兴沈公子惇墓志铭》，载闵尔昌纂录：《碑传集补·卷六·部院大臣·沈家本》（近代中国史料丛刊第100辑），台湾文海出版社有限公司1973年版，第418页。

⑤ 《内务部呈本部金事沈承熙积劳病故恳请照章给恤文并批令》，载《政府公报》1915年10月3日，第1223号，第19页，"呈"。

⑥ 盐务署编：《盐务署职员录·第一科》，1920年1月印行，第5页。盐务署编：《盐务署职员录·第一科》，1924年1月印行，第12页。盐务署编：《盐务署职员录·总务处·第一科》，1925年3月印行，第12页。

铎先生说:"大祖父有沈仁垓、沈仁堪二子,即我的两位堂伯父。大伯父曾就读于北京化石桥法政专门学校,为了谋生,曾在董康手下作过伪法院的书记官,管的是财务、总务之类的事。"①

不过,这种说法似乎不太准确。沈仁垓是否就读过法政专门学校,暂难断言,但依现有资料看,他似乎并无在法院工作的经历,而是曾任职于民国盐务署。

1917年11月20日,沈仁垓被任命为盐务署第一科办事员:"沈仁垓,经钵,二八,浙江吴兴,六年十一月二十日,西长安街双栅栏十二号,西局一五六六。"②根据书中体例,这里的"六年十一月二十日"为"任命委任日期"③。

1923年12月,盐务署实行裁员,"计留署者帮办十九人、科长八人、科员一百十一人、办事员五十六人、候差员四十七人,合计二百四十一人"④,沈仁垓获得留任,在110位科员之列,任总务处科员:"派胡翔云、周大钧、骆通……叶玉麟为参事室科员。……吴道晋、鹿闾世……沈仁垓……谷秉澄为总务处科员。"⑤

1924年,沈仁垓名列盐务署"总务处第一科"职员录中,为第一科科员:"第一科:……科员,沈仁垓,经钵,浙江吴兴,西单跨车胡同十号,西局一五六六。"⑥

----

① 沈厚铎:《小楼藏得书千卷 闲里光阴相对酬——写在〈沈家本全集〉问世之际》,载徐世虹主编:《沈家本全集》第八卷《后记》,中国政法大学出版社2010年版,第987页。

② 盐务署编:《盐务署职员录·第一科》,1920年1月印行,第5页。

③ 盐务署编:《盐务署职员录》,1920年1月印行,第1页。

④ 《盐务署实行裁员》,载《申报》中华民国十二年十二月三日,西历1923年12月3号(礼拜一),第18238号,第7版,"国内新闻"。

⑤ 《盐务署令第二百零五号》,载《政府公报》1923年12月2日,第2772号,第3页,"署令"。

⑥ 盐务署编:《盐务署职员录·总务处·第一科》,1924年1月印行,第12页。

1925年，沈仁垓仍然名列盐务署"总务处第一科"职员录中，为第一科科员："总务处第一科：……甄用合格科员，沈仁垓，经钵，三四，浙江吴兴，西单跨车胡同十号，西局一五六六。"①

1927年4月，沈仁垓仍然任盐务署总务处科员："派鹿阆世、邵瑞捷……沈仁垓、何金鑑……董鼎祺为总务处科员。"②

1931年，沈仁垓工作有所变动，被"委任"③为财政部河北财政特派员公署统税处"课员"："统税处：……课员，沈仁垓，经钵，三十七，浙江吴兴，和平门内鐔子胡同，南局二六六〇。"④

需要指出的是，这些职员录中，对于沈仁垓年龄的记载，彼此之间存在矛盾。若1917年他28岁，那么他应生于1889（或1890）年。若1925年他34岁，则他应生于1891（或1892）年。若1931年他37岁，则他应生于1894（或1895）年。由于沈仁垓之父沈承熊1890年11月（阳历）方才成婚，故他不可能生于1889（或1890）年。至于他到底是生于1891（或1892）年，还是1894（或1895）年，尚难确定。不过，鉴于古人"官年"减岁的传统，更倾向于1891（或1892）年。

沈仁垓为沈承熊长子，沈承熊曾经"议叙盐大使"⑤，沈仁垓也主要在盐务署总务科任职，二人官场生涯，均与盐务有关，这或许也算是某种意义上的子承父业吧？

---

① 盐务署编：《盐务署职员录·总务处·第一科》，1925年3月印行，第12页。
② 《盐务署令第一号》，载《政府公报》1927年4月29日，第3958号，第3—4页，"署令"。
③ 铨叙部秘书处第三科编辑：《铨叙年鉴（民国二十至二十二年，续编）·第七类·附录》，1934年7月南京大陆印书馆印行，第84页。
④ 财政部河北财政特派员公署编：《财政部河北财政特派员公署职员录·统税处》，1931年7月印行，第22页。
⑤ 顾廷龙主编：《清代硃卷集成》第300册《乡试（浙江）·光绪壬寅（二十八年）（一九〇二）补行庚子（二十六年）（一九〇〇）辛丑（二十七年）（一九〇一）恩正并科》，台湾成文出版社有限公司1992年版，第393页。

2. 次侄

沈仁堪,字"远重"①,本为沈承熙的次侄,沈家本的二孙,后出嗣沈承熙为子。他毕业于北京化石桥法政专门学校②,曾在民国高等捕获审检厅、大理院、江苏高等法院检察处、浙江杭县地方法院绍兴分院、浙江高等法院永嘉分院等机构任职。沈厚铎先生说:"二伯父沈仁堪读的也是法政专科,解放前在浙江做过地方法院的院长,解放后曾被管制,后去世。"③

1917年12月,沈仁堪被大理院院长兼充高等捕获审检厅厅长董康任命为高等捕获审检厅办事员:"高等捕获审检厅令第一号:派曾科进、沈仁堪、杨汶、罗道南、吴枻为本厅办事员。此令。

厅印　中华民国六年十二月十五日　大理院长兼充高等捕获审检厅长董康。"④

1920年10月,沈仁堪受大理院院长王宠惠之命暂代大理院书记官:"荐任书记官袁励贤已奉派为文官普通考试襄校官,所有该员职务,派学习书记官沈仁堪暂行代理。此令。　院印　中华民国九年十月四日　大理院院长王宠惠。"⑤

1920年11月,沈仁堪受大理院院长王宠惠之命暂代大理院刑二科书记官:"余容光因事请假,派沈仁堪暂行代理刑二科书记官事务。此令。　院印　中华民国九年十一月十日　大理院院长

---

①　司法部编:《司法部大理院暨京师各厅监所职员录·大理院职员录·民刑事处》,1920年12月印行,第62页。法官训练所同学总会重编:《法官训练所同学录》,永祥书馆1947年印行,第40页。

②　浙江高等法院编印:《浙江司法年刊·法官资历摘要·十九年浙江省司法官姓名资历表》,1931年印行,第13页。

③　沈厚铎:《小楼藏得书千卷　闲里光阴相对酬——写在〈沈家本全集〉问世之际》,载徐世虹主编:《沈家本全集》第八卷《后记》,中国政法大学出版社2010年版,第987页。

④　《高等捕获审检厅令第一号》,载《政府公报》1918年1月19日,第716号,第12页,"厅令"。

⑤　《大理院令第五十四号》,载《政府公报》1920年10月13日,第1673号,第7页,"院令"。

王宠惠。"①而此时,沈仁堪的四叔沈承煌正在暂代大理院文书科科长,两日后,正式成为大理院文书科科长②——任命令就刊载在《政府公报》同期同页,与沈仁堪的任命令紧密邻接——所以,沈仁堪的任命,虽然是王宠惠下令,但是似乎也多少与沈承煌有些关系?

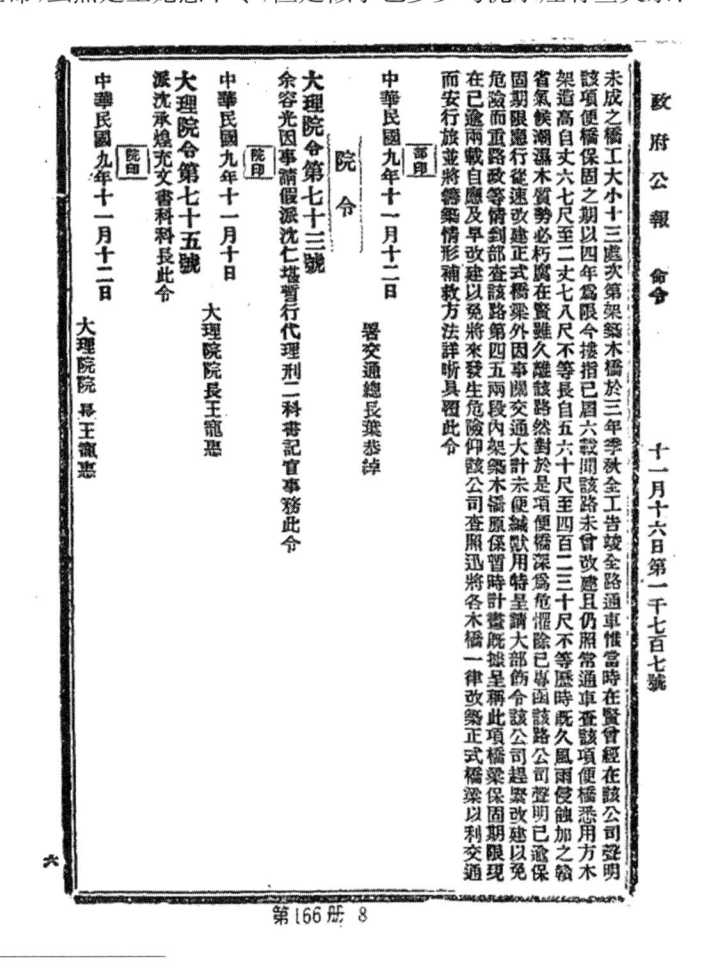

---

① 《大理院令第七十三号》,载《政府公报》1920 年 11 月 16 日,第 1707 号,第 6 页,"院令"。
② 《大理院令第七十五号》,载《政府公报》1920 年 11 月 16 日,第 1707 号,第 6 页,"院令"。

第三章 沈承熙的家族谱系

　　1920年12月刊印的《司法部大理院暨京师各厅监所职员录》中,沈仁堪名列大理院"民刑事处"学习书记官之列:"民刑事处:……学习书记官,沈仁堪,远重,二七,浙江吴兴,西长安街双栅栏,西局一五六六。"①

　　1929年5月,沈仁堪受命署任江苏高等法院检察处书记官:"任命沈仁堪署江苏高等法院检察处书记官。此令。　五月十四日。"②

　　1929年6月,由署江苏高等法院首席检察官王思默呈送,经司法行政部指令,沈仁堪被叙给委任十一级俸:"令:署江苏高等法院首席检察官王思默呈请核叙该处书记官金宝钧、沈仁堪俸级由,呈悉。金宝钧、沈仁堪准叙给委任十一级俸,仰即知照。此令。　六月十七日。"③

　　1930年1月,沈仁堪被任命为浙江杭县地方法院绍兴分院候补推事:"派沈仁堪充浙江杭县地方法院绍兴分院候补推事。此令。　十九年一月二十九日。"④

　　1930年4月,由署浙江高等法院院长郑文礼呈送,经司法行政部指令,沈仁堪依推检候补人员津贴表,享受六级津贴:"令:署浙江高等法院院长郑文礼呈报浙江杭县地方法院吴兴分院候补推事沈仁堪任事日期并拟给推检候补人员津贴表六级津贴请备案由,呈暨履历均悉。准如所拟备案,仰即知照。履历存。此令。　十九年四

---

　　① 司法部编:《司法部大理院暨京师各厅监所职员录·大理院职员录·民刑事处》,1920年12月印行,第62页。
　　② 《司法行政部部令》,载《司法公报》1929年5月25日,第20号,第12页,"部令"。
　　③ 《司法行政部指令(指字第五〇四五号)》,载《司法公报》1929年6月29日,第25号,第19页,"部令"。
　　④ 《司法行政部部令》,载《司法公报》1930年2月8日,第57号,第5页,"部令"。

月十五日。"①然而,这则呈文中,却称沈仁堪为"浙江杭县地方法院吴兴分院候补推事"。这里的"吴兴",似为"绍兴"之误。

1933年12月,时任浙江杭县地方法院绍兴分院候补推事的沈仁堪,因同席参与绍兴分院看守所所官范士杰11月29日夜间在所内组织的狎妓聚饮活动,受到司法行政部申诫:"查此案前据绍兴地方分院院长姜丙奎呈,以看守所官范士杰等于上月二十九日在所内聚饮,闻有土娼在内……经令派杭县地方法院推事史丹驰往该地严密彻查……称该所官暗招土妓聚饮,同席者尚有候补推事沈仁堪、录事金邦鼎在内……查该所官范士杰不守官箴,竟敢在所狎妓饮酒,实属胆玩已极……均已先予撤职,另派委员接替。该候补推事沈仁堪不知自检,亦属咎有应得,已依照惩戒法予以申诫,请准备案。"②相关公文还被著名监狱学家孙雄辑入《狱务大全》③,成为反面材料。

1936年8月,司法院发布训令,颁行《现任法官训练计划大纲》,启动法官调训工作。《大纲》中"调训办法"规定:"二、各省高等以下法院现任正缺及候补推检,由司法行政部分别调入法官训练所受训。三、每批调训一百至二百人。四、受训期间定为一个月,必要时,得延长之,但不得过两个月。五、受训期满举行考试,授以证书,其训练成绩汇送司法行政部,并入年终考绩案办理之。六、受训期间仍支原俸,宿膳、旅费及讲义,由法官训练委员会供给,但制服、被褥、零用物品及参考书籍,

---

① 《司法行政部指令(指字第四三二三号)》,载《司法公报》1930年4月26日,第68号,第19页,"部令"。

② 《司法行政部指令(指字第一九一八三号 二十二年十二月二十日)(附原呈)》,载《司法行政公报》1933年12月31日,第48号,第69页,"公文"。

③ 孙雄辑:《狱务大全·第三编·命令》,商务印书馆1935年版,第518—519页,"指令据呈复绍兴公民林兴等呈控该县看守所所官范士杰行为不检一案办理情形祈鉴核由(附原呈)"。

均自购买。"①"训练科目"包括:"民法"、"刑法"、"民刑事特别法规"、"民诉"、"刑诉"、"军训"、"精神训话"、"学术讲演",每周分别为:6、3、3、4、3、6、3、8 个课时②。

1936 年 11 月至 12 月,作为在职推事的沈仁堪,受调赶赴首都南京,参加司法行政部法官训练所组织的"第一期法官调训班"③,领受了为期一个月的训练。《法官训练所同学录》载:"沈仁堪,远重,四〇,男,浙江吴兴,一期法官,吴兴城内边吉巷。"④本期调训班于 11 月 6 日⑤开学:"中央社六日南京电:现任法官训练,前经现任法官训练委员会呈准司法院,于十一月一日开办。第一期调训人员,业已法部分别令调,函送法官训练所开班训练。总计被调受训者,有苏、浙、闽、赣、皖、鲁、豫、冀、湘、鄂等十省各地法院人员,共一百零九员,计实到一百人。内有高院推事三人、各地院正缺推事五十三人、候补推事四十四人。于六日在该所大礼堂举行开学典礼。到中央代表叶楚伧、院部会长官居正、焦易堂、谢冠生、洪陆东及来宾等三四百人。行礼如仪后,由主席洪兰友报告调训经过,嗣由叶楚伧、居正、洪陆东、焦易堂相继致训词,末由学员代表答词,于是礼成。"⑥12 月 8 日结业授证:"现任法官调京受训

---

① 《现任法官训练计划大纲》,载《法令周刊》1936 年 9 月 16 日,第 324 期,第 1 页,"法令"。

② 《现任法官训练计划大纲》,载《法令周刊》1936 年 9 月 16 日,第 324 期,第 2 页,"法令"。

③ 法官训练所同学总会重编:《法官训练所同学录》,永祥书馆 1947 年印行,第 142 页,"法官训练所各班毕业学员统计一览表"。

④ 法官训练所同学总会重编:《法官训练所同学录》,永祥书馆 1947 年印行,第 40 页,"本所各班毕业同学通讯录"。

⑤ 《简讯》,载《立报》1936 年 11 月 7 日(星期六),第 2 年第 312 号,第 2 张第 5 版:"首都法官训练所昨开学,到各地法院人员百〇九人。"

⑥ 《现任法官训练第一期调训人员昨开学》,载《民报》1936 年 11 月 7 日(星期六),第 1601 号,第 1 张第 3 版。《现任法官训练第一期昨开学》,载《新闻报》1936 年 11 月 7 日(星期六),第 15603 号,第 2 张第 7 版。

第一期训练期间业经届满……兹闻所有受训人员之考绩业经办理竣事,法官训练所特于本月八日举行授证典礼。到司法院居院长、谢秘书长、司法部王部长,中央代表张厉生亦莅临致训。先举行军事训练检阅,次开会举行典礼,由洪兰友所长报告办理经过后,并由张代表、居院长、王部长相继致训。闻受训人员已分别启程返任。至第二期,则定本月十八日开学云。"①

1947年,沈仁堪任浙江高等法院永嘉分院推事,曾审理乐清基督教会与牧师胡建人遗孀胡赵氏债务纠纷案,1948年判决:"胡赵氏不服,上诉浙江高等法院永嘉分院。教会一方又勾通了分院,分院推事沈仁堪审问时一味追问胡赵氏已有多久未曾索要这笔债,想套取有利口供,宣布该笔债已过法定请求权时效。胡赵氏说:'我家生计无着,月月都在催讨这笔钱。'推事的一番心计又落空,于1948年7月30日作出二审判决,令教会以一万二千倍偿还三百四十六万余元。"②

在沈家本先生诸孙中,沈仁堪是唯一一位先在北京任职,后又离开北京,回到故乡浙江任职的人。在司法行政部法官训练所"毕业同学通讯录"中,他将"吴兴城内边吉巷"③作为"永久通讯处"④。而据《法官训练所同学录》所载,1936年时,他40岁⑤,那么他应生于1896(或1897)年。然而《司法部大理院暨京师各厅监所职员录》却云,1920年时,他27岁,则他似乎又生于1893(或1894)年。

---

① 《现任法官训练班第一期受训期满》,载《法令周刊》1936年12月16日,第337期,第1—2页,"法讯"。
② 周控夫:《胡建人牧师的生前身后》,载中国人民政治协商会议乐清县委员会文史资料研究委员会编:《乐清文史资料 第九辑》,1991年3月印行,第28页。
③ 法官训练所同学总会重编:《法官训练所同学录》,永祥书馆1947年印行,第40页。
④ 法官训练所同学总会重编:《法官训练所同学录》,永祥书馆1947年印行,第1页。
⑤ 法官训练所同学总会重编:《法官训练所同学录》,永祥书馆1947年印行,第40页,"本所各班毕业同学通讯录"。

至于他究竟生于哪一年,尚难断言。同样,鉴于古人"官年"减岁的传统,更倾向于1893(或1894)年。

3. 三侄

沈仁培,字"益三"[1],是沈承熙的三侄,沈家本的三孙。早年考入清华学校留美预备部,1922年留学美国,归国后一直在中国银行任职。正如沈厚铎先生所言:"三祖父只有一个儿子,就是我的三伯父沈仁培。三伯父留学美国,回来后一直在银行工作。"[2]

少年时期,沈仁培常在沈家本膝前承欢。沈家本非常喜爱这位孙子,1912年曾多次带他游园和观剧:"四月……二十六日。午后二钟,偕四儿、三孙至陈列所一游。气力衰,茶坐歇十余次,又在接待所卧憩良久,始归。"[3]"七月……二十七日,晨晴。二十二日本拟携三孙观剧,因晨雨中止。今日星期,早晴,遂在文明茶园定了戏座。乃午未又阴小雨,三孙冒雨先往,他客亦有到者。二钟晴,余亦往,忽又急雨数阵,六钟二归,则雨又止。"[4]

大学期间,沈仁培与闻一多、罗隆基等人为清华学校留美预备部同学,本来是一九二一级的,后来因为声援"六三教潮"而罢课,且坚持拒绝参加毕业大考,在报纸上联名公开发表《清华一部分学

---

[1] 中国银行经济研究室编:《全国银行年鉴(1937)(上)》,台湾学生书局1937年版,第J72页。国立清华大学校长办公处:《清华同学录·一九二二留美预备部放洋同学》,1937年印行,第141页。

[2] 沈厚铎:《小楼藏得书千卷 闲里光阴相对酬——写在〈沈家本全集〉问世之际》,载徐世虹主编:《沈家本全集》第八卷《后记》,中国政法大学出版社2010年版,第988页。

[3] 徐世虹主编:《沈家本全集》第七卷《日记(壬子)》,中国政法大学出版社2010年版,第862页。

[4] 徐世虹主编:《沈家本全集》第七卷《日记(壬子)》,中国政法大学出版社2010年版,第867页。

生之宣言》①,被迫留级一年②:"清华学校学生因表同情于六三事件,竟被该校当局藉端将全体学生留一年。"③——在清华校史上称为"大二级"④——延至1922年7月⑤方才毕业出洋。沈仁铜说:"我的三弟后来入清华学堂,于1921年考取官费留美。"⑥这里的"三弟",就是沈仁培,"1921年",似为"1922年"之误。

  沈仁培等人参加的这次罢课拒考活动,被称为"清华风潮",在清华和社会上引起很大反响,当时报刊有多篇报道。对于这次风潮,清华校方一意孤行,坚持严惩,对沈仁培等29名罢考者取消学籍,以自动退学处理⑦。

  面对这种不公处分,在京清华学生家长组成监护人委员会,推举沈仁培之父沈承烈、罗隆基之父罗忠懋、萨本栋之父萨君陆为代表,与外交当局及清华校方多次交涉,要求予以撤销:"本月十二日上午,在京清华学生监护人,因清华事件处理失当,公呈外交当局,并推举代表沈承烈、罗忠懋、萨君陆三人,面谒外交颜总长,请主持公道。总长因事未出,由刁参事作谦

---

  ① 《清华一部分学生之宣言》,载《益世报》中华民国十年六月廿七日(星期一),旧历辛酉年五月廿二日,第1923号,第3版。
  ② 这次罢课、罢考与留级事件的详情,可参见:《清华风潮之舆论》,载《清华周刊》1921年9月15日,第223期,第23—102页。闻黎明、侯菊坤编著:《闻一多年谱长编 上卷 增订版》,闻立雕审定,上海交通大学出版社2014年版,第129—141页。浦薛凤:《音容宛在》,商务印书馆2015年版,第205—206页。
  ③ 《清学生全体留级之远因》,载《清华周刊》1921年9月15日,第223期,第47页,"清华风潮之舆论"。
  ④ 闻黎明、侯菊坤编著:《闻一多年谱长编 上卷 增订版》,闻立雕审定,上海交通大学出版社2014年版,第141页。
  ⑤ 《大二离校》,载《清华周刊》1922年5月26日,第249期,第16—17页:"大二级七月放洋,校长已允许于五月六日以后即可离校返里。"
  ⑥ 沈仁铜(余谷似)口述、沈厚鋆整理:《沈家本先生二三事》,载张国华主编:《博通古今学贯中西的法学家》,陕西人民出版社1992年版,第474页。
  ⑦ 闻黎明、侯菊坤编著:《闻一多年谱长编 上卷 增订版》,闻立雕审定,上海交通大学出版社2014年版,第139页。

代为接见。"①"前日,在京清华监护人,因清华事件处理失当,公呈外交当局,并推举代表沈承烈、罗忠懋、萨君陆三人,面谒颜总长,请主持公道。总长因事未出,由刁参事作谦代为接见。"②"呈为清华事件,商议办法,具呈声明事:窃此次清华学校处分学生,敝家长等认为失当,曾经具呈恳请撤消处分在案。嗣敝家长等先后公举代表沈承烈、罗忠懋、萨君陆、孙熙泽等,历次赴部面禀总长,蒙派刁参事代见接谈数次。"③

九月初,在经过多次的反复磋商之后,双方最终达成妥协,拟定四条解决办法:"刁参事始叙明此次清华学校所定办法,非为处分学生起见,乃为维持学校经费之办法也。遂由刁参事提议救济方法,与代表萨君陆等协商决定维持办法四条。敝家长等开会讨论,对于前三条办法,不能不体谅学校经济情形,遵从钧部之命,惟第四条稍微修改。刁参事对于修改一层,虽在游移之中,而在京各家长等,以此种办法尚属正当,且外省各家长及教育会各团体电争甚力,非此万难服众。用特声明,恳请总长准予维持,实为公便。谨呈外交总长。在京清华学生监护人萨君陆等谨呈。"④"附办法四条:(一)高四补考及格者,作为毕业生,由学校发给毕业证书。(二)在校研究一年者,作为研究生。一切费用,由校津贴。其数目,以学校所定各生之预算额为准。(三)如有因特别事故,由家长声明经学校承认,不能在校研究者,于一九二二年即民国十一年夏

---

① 《清华学生监护人大失望》,载《晨报》中华民国十年八月十八日,旧历辛酉年七月十五日(星期四),第924号,第3版。
② 《无理可讲之清华风潮》,载《清华周刊》1921年9月15日,第223期,第91页,"清华风潮之舆论"。
③ 《清华风潮折衷解决》,载《新社会报(北京)》中华民国十年九月四日,阴历辛酉年八月初三日(星期日),第185号,第3版。
④ 《清华风潮折衷解决(续昨)》,载《新社会报(北京)》中华民国十年九月五日,阴历辛酉年八月初四日(星期日),第186号,第3版。

季,以高等科毕业生资格出洋。(以上三条关于高四办法,业经习参事议定,在京各家长认可。)(四)高三以下,应否多留校一年,视大学二年级设备能否完全,由学校及家长双方协议决定。但多留校一年时,其一切费用,仍照一九二一年即民国十年高四之例,由校津贴。(以上一条关于高三以下办法,系由在京家长会议拟定。因高三以下学生凡五百余人,外省家长实居多数,不得不如此规定。)"①

这次风潮之后,大二级正式开学②,沈仁培被迫开始留级生活。十二月份,闻一多、时昭涵、沈宗濂、罗隆基等编纂《清华年报》③时,专门刊文描述了大二级的故事,并刊登了同学们的照片和简介,其中沈仁培的如下:

Shen Jen-Pei　沈仁培④
Wuhsing , Chekiang

Another economizer of speech, who speaks smilingly when he speaks at all. He chooses education for his special study and tries to put on the air of an educator. He does not 'dig' very deep indeed, but he 'digs' deep enough into the *Story of the Red Chamber*.

---

① 《清华学生家长议定之四办法》,载《晨报》中华民国十年九月三日,旧历辛酉年八月初二日(星期六),第940号,第3版。

② 闻黎明、侯菊坤编著:《闻一多年谱长编 上卷 增订版》,闻立雕审定,上海交通大学出版社2014年版,第141页。

③ 闻黎明、侯菊坤编著:《闻一多年谱长编 上卷 增订版》,闻立雕审定,上海交通大学出版社2014年版,第144—145页、第149页。

④ OUR STORY,载《清华年报1921》,清华学校1922年印行,第45页。出版时间不详,但据文中"Last June"一语,参照闻黎明、侯菊坤编著:《闻一多年谱长编 上卷 增订版》,闻立雕审定,上海交通大学出版社2014年版,第144—145页、第149页,可以推知。

第三章　沈承熙的家族谱系

Shen Jen-Pei 沈仁培

Wuhsing, Chekiang

Another economizer of speech, who speaks smilingly when he speaks at all. He chooses education for his special study and tries to put on the air of an educator. He does not "dig" very deep indeed, but he "digs" deep enough into the *Story of the Red Chamber*.

1921

Forty-five

由于延期一年,沈仁培、闻一多、罗隆基等 29 人与下届学生潘光旦、雷海宗等人一起,名列"1922 年留美预备部放洋同学"[1]名单之中,一共 94 人,沈仁培名列第 20 位。

沈仁培最初考入的是美国爱荷华州的格林内尔学院(Grinnell College,Iowa),专业是教育及心理学[2]。1924 年获得学士学位(B. A)后,又考入纽约市的哥伦比亚大学教育学院(Teacher's College,Columbia)[3],继续深造"教育学"[4],1925 年获得硕士

---

[1] 清华大学校史研究室编:《清华大学史料选编 第 4 卷 解放战争时期的清华大学 1946—1948》,清华大学出版社 1994 年版,第 642 页。

[2] 《一九二一毕业生大二级赴美留学学科学校一览表》,载《清华周刊》1922 年 5 月 19 日,第 248 期,第 28 页。寰球中国学生会编:《寰球中国学生会二十周年纪念册·十一年度出洋学生调查录·美国之部》,寰球中国学生会 1925 年 7 月印行,第 46 页:"沈仁培,浙江吴兴,全,美,葛利纳专校,教育,全。"这里的"葛利纳专校",即格林内尔学院。

[3] 国立清华大学校长办公处:《清华同学录·一九二二留美预备部放洋同学》,1937 年印行,第 141 页。国立清华大学校长办公处:《清华同学录·编辑说明》,1937 年印行,第 2 页。

[4] 清华学校编:《清华一览·游美学生一览表》,1926 年印行,第 145 页:"沈仁培,浙江吴兴,教育学,哥伦比亚大学。"另,该书出版日期原标为"1920 年",但由于书前附有"民国十四年至十五年校历",且沈仁培获得哥伦比亚大学硕士学位在 1925 年,故疑应为"1926 年"。

学位(M. A)①。

在纽约,沈仁培心无旁骛,学习非常刻苦,努力攻读硕士学位。闻一多在《一九二一级纽约重聚会》中说:

> 一九二五年一月三日,中华园。在纽约读书有一桩好处,便是你若好玩而且会玩,可以玩得你不要读书了。我们一九二一的这几位级友(除了我一人以外)到纽约来,真是可惜了纽约。你看他们一个个都是书虫:张杰民、吴宗如、廖芸皋、张祖荫、黄宪儒、熊祖同、段茂澜、顾德铭、王际真、沈仁培、李运华……都已经在学位上堆学位了。最明显的例是费培杰,用功已经用到医院里去了。用功的人也有他们的好处,因为他们无往而不勇敢,无往而不努力,便是宴会的时候,也是这样。如果再加上几位外来的健将,例如王德郅、汪泰经,尤其是那著名的食量大王时昭涵,那这番的宴会,其痛快淋漓,可想而知了。
>
> 这次聚会,因为与周刊读者面熟的滑稽新闻记者李运华先生缺席,没有人作报告,记者便抓着我了。我同Bob Li比,"赐也何敢望回?"②

经过多年苦读,沈仁培顺利毕业。学成归国之后,回到北京,1929年5月③,进入中国银行任职。

1933年,沈仁培任中国银行北平支行王府井大街办事处暂代

---

① 国立清华大学校长办公处:《清华同学录·一九二二留美预备部放洋同学》,1937年印行,第141页。国立清华大学校长办公处:《清华同学录·编辑说明》,1937年印行,第2页。

② 闻一多:《一九二一级纽约重聚会》,载《清华周刊》1925年3月6日,第338期,第31—32页。

③ 中国银行总管理处编:《中国银行职员录·北平支行·王府井大街办事处》,1933年9月出版,第194页:"到行年月:十八年五月。"

主管员:"暂代主管员,沈仁培,益三,三十五,浙江吴兴,十八年五月。"①

1934年,沈仁培职务未变,仍任中国银行北平支行王府井大街办事处暂代主管员②。

1935年,沈仁培升任中国银行北平支行王府井大街办事处主任:"主任,沈仁培,益三,三十七,浙江吴兴,十八年五月。"③

1937年,沈仁培任中国银行北平支行文书专员:"文书专员,沈仁培,益三,三十九,浙江吴兴,十八年五月。"④

综合这些履历中的年龄信息,也可以看出,沈仁培应生于1898(或1899)年。但由于其父沈承烈成婚于1898年4月(阳历),故可以肯定,沈仁培实生于1899年。

1930年代,在中国银行任职期间,沈仁培与刘师培堂弟刘师颖交好,曾受托帮其联系北京琉璃厂来薰阁书店主人陈杭⑤,接洽其伯父刘寿曾《传雅堂集》的代售事宜:

> 容季先生大鉴:
> 来示敬悉,来薰阁铺掌为陈济川。日昨往访未遇,得晤司账马君援,称该号存贮寄售书籍甚多,其手续费或按二成,或按

---

① 中国银行总管理处编:《中国银行职员录·北平支行·王府井大街办事处》,1933年9月出版,第194页。
② 中国银行总管理处经济研究室编:《全国银行年鉴(1934)》,汉文正楷印书局1934年版,第G31页。
③ 中国银行总管理处编:《中国银行职员录·北平支行·王府井大街办事处》,1935年7月出版,第238页。中国银行总管理处经济研究室编:《全国银行年鉴(1935)》,汉文正楷印书局1935年版,第C33页。
④ 中国银行总管理处编:《中国银行职员录·北平支行》,1937年8月出版,第287页。中国银行经济研究室编:《全国银行年鉴(1937)(上)》,台湾学生书局1937年版,第J72页。
⑤ 来薰阁编:《来薰阁书目(第二期)·例言》,1931年印行,第2页:"中华民国二十年春北平琉璃厂来薰阁书店主人陈杭济川重订。"

三、四成计算不等。如按二成计算,只销北京市内。如将成头放宽,则该号在东北及日本均有交结多年之书店,可按二成利益转托代售。又称,北京方面经售者,最好限彼一家,多则售价参差,恐将影响销路也。又,第一次试办,如地点包括日本及东北,可先寄书五十部,由该号出给寄售收据,按旧历三节算账云云。尊意如何,敬请酌夺示复,以便转洽为盼。此致台祉。

弟沈仁培拜启,六,七。①

刘师颖接到信件后,回函表示同意,同时寄信给侄子刘葆儒,让其按照要求与沈仁培联系,寄送书籍:

次羽吾侄如晤:

接十一来函,具悉一一。《传雅堂集》定价四元,代售手续费按八折计算,已由叔函告沈益三君。即希侄处先行发书二三十部,径寄北京中国银行沈君收转。《通集》本数较多,而版须归我,印售亦宜考虑。叔意倘将来版能归我,在印售以前,宜照预约办法(三集合售)办理,俾垫本可以减少。至刻下《青》、《传》两集,合并出售,自无不可,售价即定六元。惟无论单售《传集》或《青集》、两集并售,似均宜有一种宣传工作。拟请侄拟一简单新闻式之广告稿寄下,以便暂托友人(或来薰阁)在平登报宣传。至在平所售书价,除手续费外,叔已托沈君代收拨津,由叔设法换成旧币汇上,并告葆之先生。此复,即问近好。

师颖手泐,七月廿四。②

---

① 《沈仁培致刘师颖书札1通》,载杨丽娟整理:《学海遗珍——仪征刘氏家藏书札笺注》,广陵书社2014年版,第86页。

② 杨丽娟、葛星明:《青溪旧屋的第五代文化传人刘葆儒》,载赵昌智主编:《扬州文化论丛 第4辑》,广陵书社2009年版,第101页。

刘师颖出身仪征刘氏,为沈仁培在中国银行的同事,先后担任中国银行天津分行文书、文书主任、襄理及公会主任干事。① 1942年,与沈仁培一起,经常务董事提议,担任中国银行总行要职,分别任事务处处长(兼总务科科长)与人事科科长:"六、常务董事提议选任总行重要职员案。计开:事务处处长:刘师颖,总务科科长:刘兼,文书科科长:陈邦怀,人事科科长:沈仁培,业务处处长:徐常董兼,业务科科长:沈缵章,计算科科长:程维墉。通过。"②

刘师颖之所以托沈仁培联系来薰阁代售《传雅堂集》,或许是因为沈家本的遗著曾由来薰阁书店刊印③、在来薰阁销售,沈家本三子沈承烈曾参与其事④,故而作为沈承烈之子的沈仁培,亦与掌柜相熟之故。

来薰阁是北京琉璃厂最大的老字号古旧书店⑤,在当时的古籍市场上赫赫有名,后来成为"中国书店"的一部分。与琉璃厂一般书店相比,来薰阁技高一筹,不仅买卖古籍,而且自行设厂刻版刊印。⑥ 1931年《来薰阁书目(第二期)》载:"三五一〇:《沈寄簃遗书甲乙编》,清沈家本,原刊,白纸,四十册,三十二元。"⑦1932年

---

① 顾一平:《刘师颖及其遗诗》,载顾一平:《邗上杂记(中)》,广陵书社2015年版,第671页。
② 中国银行北京分行、北京市档案馆编,吴恩芳主编:《北京的中国银行(1914—1949)》,中国金融出版社1989年版,第323页。
③ 来薰阁编:《来薰阁经售学术机关刊物目录·本店印行书籍简目》,1934年印行,第138页。
④ 沈厚铎:《寄簃版本赠法大》,载《法制日报》2016年10月10日,第8版,"法治文化"。
⑤ 胡金兆:《琉璃厂旧书业领军者:来薰阁的陈济川》,载胡金兆:《百年琉璃厂》,当代中国出版社2006年版,第30页。又:来薰阁编:《来薰阁书目(第二期)·例言》,1931年印行,第2页:"本店开张旧京,迄今垂六十余年,向来广求古今书籍,久得士林嘉许。今番再编新收书目,以备雅选。至于诸大收藏家倘收藏复本或阅过不用之书,意欲出让者,愿以重价收买,特此广告。"
⑥ 王永斌:《北京的商业街和老字号》,北京燕山出版社1999年版,第440页。
⑦ 来薰阁编:《来薰阁书目(第二期)·丛书部》,1931年印行,第7页。

《来薰阁书目(第三期)》载:"一二八八:《钦定大清刑律》,清沈家本,宣统刊,白纸,二册,三元。一二八九:《大清现行刑律三十六卷》,清沈家本,铅印,白纸,十二册,四元。"①"一三九六:《古书目三种八卷》,清沈家本,原刊,白纸,三册,二元。"②"三八三七:《沈寄簃遗书甲乙编》,清沈家本,原刊,白纸,四十册,三十二元。"③"三八九四:《枕碧楼丛书》,清沈家本,白纸,十八册,十元。"④1934年《来薰阁经售学术机关刊物目录》载:"本店印行书籍简目:……《沈寄簃遗书甲乙编》,清沈家本,原刊,白纸,四十册,三十二元。"⑤1935年《来薰阁书目(第四期)》载:"一六四五:《大清刑事诉讼律草案》,清沈家本,铅印,洋纸,一册,八角。……一六四七:《遵议满汉通行刑律》,清沈家本,铅印,洋纸,一册,四角。"⑥"五〇六一:《沈寄簃遗书甲乙编》,清沈家本,原刊,白纸,四十册,三十二元。"⑦"五一二七:《枕碧楼丛书》,清沈家本,白纸,十八册,十元。"⑧1936年《来薰阁书目(第五期)》载:"一七三七:《遵议满汉通行刑律》,清沈家本,铅印,洋纸,一册,四角。"⑨"五三七九:《枕碧楼丛书》,清沈家本,原刊,竹纸,十六册,七元。"⑩"五四五四:《沈寄簃遗书甲乙编》,清沈家本,原刊,竹纸,四十册,二十六元。"⑪1937年《来薰阁书目五期续编》载:"六〇五二:《大清现行刑律》,

---

① 来薰阁编:《来薰阁书目(第三期)·史部·政书类》,1932年印行,第29页。
② 来薰阁编:《来薰阁书目(第三期)·史部·目录类》,1932年印行,第33页。
③ 来薰阁编:《来薰阁书目(第三期)·丛书部》,1932年印行,第3页。
④ 来薰阁编:《来薰阁书目(第三期)·丛书部》,1932年印行,第6页。
⑤ 来薰阁编:《来薰阁经售学术机关刊物目录·本店印行书籍简目》,1934年印行,第138页。
⑥ 来薰阁编:《来薰阁书目(第四期)·史部·政书类》,1935年印行,第33页。
⑦ 来薰阁编:《来薰阁书目(第四期)·丛书部》,1935年印行,第4页。
⑧ 来薰阁编:《来薰阁书目(第四期)·丛书部》,1935年印行,第6页。
⑨ 来薰阁编:《来薰阁书目(第五期)·史部·政书类》,1936年印行,第37页。
⑩ 来薰阁编:《来薰阁书目(第五期)·丛书部》,1936年印行,第6页。
⑪ 来薰阁编:《来薰阁书目(第五期)·丛书部》,1936年印行,第8页。

清沈家本,宣统三年刊,竹纸,二册,四元。"①"六〇六八:《历代刑官考二卷》,清沈家本,铅印,洋纸,一册,一元。"②"六七七六:《寄簃文存八卷》,清沈家本,铅印,洋纸,三册,三元。"③

耐人寻味的是,沈家本的遗著,与来薰阁的渊源还不止于此。抗战时期,沈家后人南下避难之前,将沈家本藏书与遗著刻版寄存在来薰阁,直到抗战胜利、新中国建立:"我的祖父去世后,我的父亲跑到重庆追随蒋委员长抗日去了……祖母决定回南。为了保护我这老四房的独苗,她老人家打发母亲带着我先离开北平,自己在北平悄悄将一应什物分别存放到亲友家,把书籍存到了琉璃厂的来薰阁。据说来薰阁陈氏家族和祖母娘家赵氏很有渊源,自然肯于帮忙。那时,连同《沈寄簃遗书》等书的木刻雕版和书籍,一股脑都存到那里。"④"1948年,我家重回北京后,《沈寄簃先生遗书》、《枕碧楼丛书》、《吴兴长桥沈氏家集》三套木刻雕版一直存在来薰阁。"⑤建国后,来薰阁归入中国书店,刻版又随之移入中国书店:"沈家本先生仙逝前后刊刻出版的《沈寄簃先生遗书》、《枕碧楼丛书》、《吴兴长桥沈氏家集》三套木刻雕版,因为公私合营,琉璃厂成立中国书店,就从来熏阁转移到中国书店。"⑥1984年中国书店重印了《枕碧楼丛书》(16册),1990年又重版了《枕碧楼丛书》、《沈寄簃先生遗书》(上下)与《吴兴长桥沈氏家集》,对于沈家本遗著的流

---

① 来薰阁编:《来薰阁书目五期续编·史部》,1937年印行,第27页。
② 来薰阁编:《来薰阁书目五期续编·史部》,1937年印行,第28页。
③ 来薰阁编:《来薰阁书目五期续编·集部》,1937年印行,第81页。
④ 沈厚铎:《自此藏书别小楼》,载《法制日报》2016年6月20日,第8版,"法治文化"。
⑤ 沈厚铎:《寄簃版本赠法大》,载《法制日报》2016年10月10日,第8版,"法治文化"。
⑥ 沈厚铎:《枕碧楼藏书与沈家本手稿》,载其"明光沈叟"博客("沈家本故事三"),2020年2月29日刊发:http://blog.sina.com.cn/s/blog_5708ff9a0102z1u1.html,2020年7月6日登录。

布,功不可没。这种著作与出版者之间冥冥中不断交汇的佳话,或许也是一种超越时代的夙世缘分?

生活中,沈仁培严于律己,热心报国,与多数进步青年一样,曾加入以"发扬基督精神,团结青年同志,养成完美人格,建设完美社会"①为宗旨的北平中华基督教青年会,为该会的"通常会员"。在《会员录》中赫然有名:"沈仁培,王府井中国银行,通常。"②

在沈承熙的侄子、沈家本的孙子中,沈仁培最为长寿,去世之时,已经八十多岁:"三祖父和三伯父都长寿,在我们四房中,除大姑妈外,只有他们享寿八十以上。"③"三祖父和三伯父都长寿,在我们四房的上两代中,除了我的祖母,只有他们各自享寿八旬以上。"④

4. 四侄

沈仁坚,字"子固",是沈承熙的四侄、沈家本的四孙。生于1912年⑤,初中就读于国立北京师范大学附属中学校,大学就读于国立京师大学校法科⑥、国立北平大学法学院,后为黄侃门生,与陆宗达等交好。抗战期间南下重庆,抗战胜利后曾在复旦大学代课⑦。1948年回到北京⑧,随即赋闲在家,1952年2月7日因病辞世⑨。

---

① 杨靖筠:《北京基督教史》,宗教文化出版社2014年版,第230页。顾长声:《传教士与近代中国》,上海人民出版社2013年版,第252页。
② 北平中华基督教青年会编:《会员录》,1934年印行,第21页。
③ 沈厚铎:《小楼藏得书千卷 闲里光阴相对酬——写在〈沈家本全集〉问世之际》,载徐世虹主编:《沈家本全集》第八卷《后记》,中国政法大学出版社2010年版,第988页。
④ 沈厚铎:《沈氏老二房与老三房》,载《法制日报》2017年5月8日,第8版,"法治文化"。
⑤ 沈厚铎:《枕碧楼宅院易主风波(上)》,载"法制网"2017年7月4日,"文化频道"。
⑥ 国立京师大学校的情况,可参见:朱碧玲:《国立京师大学校研究》,苏州大学2018年硕士论文。
⑦ 沈厚铎:《家父沈仁坚与陆宗达先生》,载北京师范大学民俗典籍文字研究中心编:《陆宗达先生百年诞辰纪念文集》,中央广播电视出版社2005年版,第49页。
⑧ 沈厚铎:《寄簃版书赠法大》,载《法制日报》2016年10月10日,第8版,"法治文化"。
⑨ 沈厚铎:《小楼藏得书千卷 闲里光阴相对酬——写在〈沈家本全集〉问世之际》,载徐世虹主编:《沈家本全集》第八卷《后记》,中国政法大学出版社2010年版,第989页。

第三章　沈承熙的家族谱系

沈仁坚少年时就读于国立北京师范大学附属中学校,1926 年 7 月初中毕业。《国立北京师范大学附属中学校成立第四十周年纪念特刊》载:"民国十五年七月初中毕业生:……沈仁坚,浙江吴兴。"[①]

1928 年,沈仁坚考入国立京师大学校法科,为法科"政治系预科一年级学生"[②]。当年他的国文作文《仁者无敌论》,是目前能够见到的他最早的文章。全文如下:

> 昔荀况论兵于魏武成王曰:"用兵之道,要在拊民。仁者之兵,上下一心,下之于上也,如子弟之事父母,手臂之扞头目而抚胸腹也。故齐之技击不能遇魏之武卒,魏之武卒不能遇秦之锐士,秦之锐士不能当桓文之节制,桓文之节制不能敌汤武之仁义。此汤武之仁义,所以无敌于天下也。"
>
> 孟子曰:"仁者无敌。"其用意,更有深于荀况者。盖孟子奔走齐梁之间,实欲使为人君者,尽弃残杀而言仁义,去争战而务道德。故闻宋牼将说秦楚罢兵则色然喜,既闻其欲以利动秦楚,遂教以仁义。同一罢兵,牼以利而孟子以仁义,则孟子之用心,贤于宋牼远矣。其异于荀况之仁义奈何?
>
> 孟子以仁为兵,荀况以仁辅兵。以仁辅兵,其仁伪也,以仁为兵,然后不求胜,而天下自莫敢与争。孟子所谓仁者无敌,亦古先王"道之以德,齐之以礼"之义也。是圣贤救世之苦心,又岂谋臣谈兵之策略所可比哉!且行仁政于民,则民皆为我感孚,爱戴我如父母。敌虽有勇者,不能竭其力,虽有智者,

---

[①] 国立北京师范大学附属中学校编:《国立北京师范大学附属中学校成立第四十周年纪念特刊·附录五·历年毕业生姓名录·民国十五年七月初中毕业生》,1941 年印行,第 15 页。

[②] 沈仁坚:《仁者无敌论》,载《法科丛刊》1928 年 3 月第 1 期,第 118 页,"学生成绩·国文"。

不能尽其谋。如商以天下而亡,周以百里而昌,此无他,一仁、一不仁耳。《汤誓》曰:"时日害丧,余及汝偕亡!"民欲与偕亡,虽有谋臣勇士,何能为哉?故不仁者自伐,仁者不战而胜。非不战足以胜人也,胜不恃乎战也。恃乎战者,攻以力,不恃乎战者,攻其心。仁德之化人,攻其心也,谁复敌哉!

嗟夫! 近世以来,谈治国平天下者,多尚武力,蔑视德化,甚有谓非武力不足收统一之效者。噫! 彼岂未闻孟子无敌之说耶? 国势不竞,倏扰靡已,甚愿有行孟子之行、心孟子之心者出,而行仁政于天下。①

这篇国文作文,刊于国立京师大学校法科主编②的《法科丛刊》上,文末附有评语,对之予以高度评价:"以仁者无敌较荀子之说,析公私于毫发之微,非细心读书者,何能辨此? 至用笔犀利,说理正确,又其余事。"③

1928年9月,国立京师大学校奉命改组为"国立北平大学"④。沈仁坚于是顺理成章,成为国立北平大学法学院政治系学生。

1929年,沈仁坚就读于国立北平大学法学院,为法学院"预科政治系二年级"学生。《国立北平大学法学院一览》载:"预科政治系二年级:……沈仁坚,浙江吴兴。"⑤

---

① 沈仁坚:《仁者无敌论》,载《法科丛刊》1928年3月第1期,第118页,"学生成绩·国文"。
② 《法科丛刊社简章》,载国立京师大学校法科:《法科丛刊》1928年3月第1期,扉页。
③ 沈仁坚:《仁者无敌论》,载《法科丛刊》1928年3月第1期,第118页,"学生成绩·国文"。
④ 国立北平大学校长办公处秘书室编:《国立北平大学校况简表·校史概略·由京师大学改组为北平大学》,1930年印行,第1—2页。
⑤ 国立北平大学法学院编:《国立北平大学法学院一览·预科政治系二年级》,1929年印行,第113页。

第三章 沈承熙的家族谱系

1930年,沈仁坚继续就读于国立北平大学法学院,不过由法学院"预科政治系"转入"法律学系",为法学院"法律学系""第二年级"学生。《国立北平大学校况简表》载:"法学院:法律学系:……第二年级:……沈仁坚。"①

1932年,沈仁坚毕业于国立北平大学法学院法律学系。《国立北平大学在校学生及毕业生姓名录》载:"毕业生:……前法学院:……二十一年度法律学系:孙健雄,山西解县……沈仁坚,浙江吴兴。"②

需要指出的是,亦有史料记载沈仁坚毕业于1933年6月。《国立北平大学法商学院一览》载:"(62)法律系本科第五班(民国二十二年六月毕业)……沈仁坚,浙江吴兴。"③不过,这里的"民国二十二年六月毕业",似乎应为"民国二十一年"之误。沈仁坚1930年时为国立北平大学法学院法律学系二年级学生,而当时大学本科学制四年,故而其毕业时间应为1932年,而非1933年。

1934年7月,沈仁坚毕业两年之后,国立北平大学商学院奉命并入法学院,二者组成"法商学院"。《国立北平大学一览》载:"二十三年六月,法律系毕业三十名……七月,本校奉教育部令,商学院合并于法学院,改组为法商学院,聘白鹏飞为院长。八月一日,正式具报成立。"④自此,"国立北平大学法商学院"取代了"国立北平大学法学院"。不过,作为法学院的继承者,法商学院在院

---

① 国立北平大学校长办公处秘书室编:《国立北平大学校况简表·各学院学生一览·法学院》,1930年印行,第166页。
② 国立北平大学校长办公处编:《国立北平大学在校学生及毕业生姓名录·毕业生·前法学院·二十一年度法律学系》,1934年印行,第28页。
③ 国立北平大学法商学院编:《国立北平大学法商学院一览·十四本学院历届毕业生一览·(62)法律系本科第五班(民国二十二年六月毕业)》,国立北平大学法商学院印刷部1935年印行,第303页。
④ 国立北平大学校长办公处编:《国立北平大学一览·本大学沿革概要·法商学院略史》,1936年印行,第18页。

史中,也将沈仁坚列入"历届毕业生"①中。而《国立北平大学法商学院第八届毕业同学录》亦载:"历届毕业同学姓名录:前法学院:……二十一年度法律学系:孙健雄,山西解县……沈仁坚,浙江吴兴。"②

虽然毕业于法学院,但沈仁坚似乎并未从事法律职业,而是对文字音韵训诂之学情有独钟③。毕业当年,曾随陆宗达一起前往黄侃府上求教,成为黄侃的及门弟子。

对于沈仁坚的读书经历、所习专业与师承同学情况,沈厚铎先生说:"我的父亲沈仁坚是独生子……他曾就读辅仁大学,学习语言文字,与著名训诂学家陆宗达先生同学。沈、陆两家是通家之好,家父与陆先生又是八拜之交,且又共同爱好语言文字之学,所以一起拜章太炎先生为师,又在太炎先生的推荐下做了黄侃先生的学生。"④

然而,这一说法却似乎不太准确,至少在细节方面,还存在不少可以商榷之处。

从年龄上看,陆宗达生于1905年⑤,大沈仁坚7岁,二人不可

---

① 国立北平大学法商学院编:《国立北平大学法商学院一览・十四本学院历届毕业生一览・(62)法律系本科第五班(民国二十二年六月毕业)》,国立北平大学法商学院印刷部1935年印行,第303页。

② 国立北平大学法商学院第八届毕业同学录编辑委员会编:《国立北平大学法商学院第八届毕业同学录・历届毕业同学姓名录・前法学院・二十一年度法律学系》,1936年印行,第113页。

③ 参见:沈厚铎:《小楼藏得书千卷 闲里光阴相对酬——写在〈沈家本全集〉问世之际》,载徐世虹主编:《沈家本全集》第八卷《后记》,中国政法大学出版社2010年版,第989页。

④ 沈厚铎:《小楼藏得书千卷 闲里光阴相对酬——写在〈沈家本全集〉问世之际》,载徐世虹主编:《沈家本全集》第八卷《后记》,中国政法大学出版社2010年版,第989页。

⑤ 陆宗达口述:《我的学、教与研究工作生涯》,王宁笔录并整理,载《文献》1986年第3期,第79页。

能同学。事实上,陆宗达考上大学时,沈仁坚才 10 岁。

从学校上看,陆宗达并未在辅仁大学读书。1922 年,他考入北京大学国文系预科[①],不久升入本科,1928 年毕业[②]。而沈仁坚 1928 年方才考上大学,就读于国立京师大学校政治系预科,并非辅仁大学。再者,辅仁大学 1937 年 6 月才获准依照《大学组织法》设立历史及物理研究院,开启研究生教育:"北平公教辅仁大学近得南京教育部准,自下年度成立历史及物理研究院,得授历史学硕士及物理学硕士学位。按辅仁大学研究院之设立早已筹备多时,因未奉明文允准,至今犹未开办。但物理方面各种研究仪器,已购置不少,师生研究成绩亦已著有成效。至于历史研究院,在当代史学名流陈援庵校长及张星烺主任指导下,研究成绩已甚可观云。"[③]但由于随即抗战爆发,沈仁坚不久举家南下[④],所以,他也不太可能在辅仁大学攻读研究生。实际上,辅仁大学前两届研究生分别于 1940 年、1942 年毕业,首届 8 人,第二届 6 人,一共 14 人[⑤],沈仁坚并不在其列。

从经历上看,陆宗达 1928 年毕业后留校任教[⑥],1931 年起,同

[①] 陆宗达口述:《我的学、教与研究工作生涯》,王宁笔录并整理,载《文献》1986 年第 3 期,第 80 页。

[②] 陆宗达口述:《我的学、教与研究工作生涯》,王宁笔录并整理,载《文献》1986 年第 3 期,第 82 页。

[③] 《辅仁大学将举办历史及物理研究院》,载《圣教杂志》1937 年 8 月第 26 卷,第 8 期,第 508 页,"教中新闻"。

[④] 沈厚铎:《小楼藏得书千卷 闲里光阴相对酬——写在〈沈家本全集〉问世之际》,载徐世虹主编:《沈家本全集》第八卷《后记》,中国政法大学出版社 2010 年版,第 989 页。

[⑤] 李秉谦编著:《一百年的人文背影:中国私立大学史鉴 第四卷 浴火重生(1937—1945)》,陕西师范大学出版总社 2016 年版,第 205 页。

[⑥] 陆宗达口述:《我的学、教与研究工作生涯》,王宁笔录并整理,载《文献》1986 年第 3 期,第 82 页。

时在辅仁大学等校兼职①。而当时,沈仁坚尚在国立北平大学就读。

从师承上看,陆宗达并未拜章太炎为师,而是拜章太炎的弟子黄侃为师。这次拜师也并非由章太炎推荐,而是经其当时的授课老师、章太炎的弟子、黄侃的同门吴承仕②介绍:"余自幼冲,即喜国学。丙寅岁(1926年)承吴检斋(承仕)先生为介,得拜季刚先生门下。"③"一九二六年,我通过吴检斋先生认识了黄侃(季刚)先生,为他的学问和治学方法所倾倒,当即去他家拜师。"④"大约在1926年左右,祖父通过吴承仕(检斋)先生认识了黄季刚先生,祖父为他的学问和治学方法所倾倒,当即去他家拜师。一次,祖父午后3时去拜访,黄先生午睡尚未起来,祖父便在门廊下站立等候。谁想季刚先生一觉睡到将近6点。那时天色已昏,祖父仍未离去,季刚先生大为感动。从此,师生之间日渐亲密。"⑤在陆宗达登门拜黄侃为师之时,沈仁坚才14岁,不太可能与之一起前往。何况,陆宗达在回忆中也并未言及有沈仁坚同往之事。不过,沈仁坚的确也曾拜黄侃为师,但那是1932年他毕业当年的事情,而且或许正是通过早已拜

---

① 陆宗达口述:《我的学、教与研究工作生涯》,王宁笔录并整理,载《文献》1986年第3期,第83页。

② 对于吴承仕的情况,陆宗达在多篇文章中专门谈及,可资参见。如:陆宗达:《从旧经学到马列主义历史哲学的跃进——回忆吴承仕先生的学术成就》,载《北京师范大学学报》1984年第2期,第13—15页。陆宗达:《谈吴承仕先生的"三礼"研究》,载《北京师范大学学报增刊 学术之声3》1990年8月版,第1—5页。另,亦可参见:黄寿祺:《略述先师吴承仕先生的学术成就》,载《北京师范大学学报》1984年第2期,第1—12页。胡云富、侯刚:《吴承仕传略》,载《北京师范大学学报》1984年第2期,第16—30页。

③ 陆宗达:《黄季刚(侃)致陆宗达书十二封并陆跋》,载《北京师范大学学报》1987年第5期,第6页。

④ 陆宗达口述:《我的学、教与研究工作生涯》,王宁笔录并整理,载《文献》1986年第3期,第81页。

⑤ 陆昕:《我的祖父陆宗达》,载《中华文史资料文库 第十六卷 文化教育编》,中国文史出版社1996年版,第147页。

师的陆宗达的引见。当年2月4日,黄侃避寇北上,由南京来到北京,陆宗达殷勤接待,频繁出入黄府:"廿九日丙申(二月五日,礼拜五),晴。陆宗达来,骆鸿凯来,陈允炼来。友人林损来。晚陆生邀食于东单牌楼三条胡同内俄国菜馆红楼,饮洋酒醺醉。"①"壬申元旦丁酉(二月六日,礼拜六),晴。陆,骆二生来。"②"三日己亥(二月八日,礼拜一),晴。……午饭后,偕陆生及田儿往访林君于校场四条,寻骆君亦至,共诣陆家,遇朱家济、刘国平、周复(荚生)三生,同出食于厚德福,骆生为主人,深夜酩酊,以汽车归。"③"八日甲辰(二月十三号,礼拜六),晴。任化远来。晚,任生招予及陆生、公铎饮于全聚德,大醉,中夜呕吐。"④"十日丙午(二月十五号,礼拜一),晴。……颖民请讲学。"⑤"十一日丁未(二月十六号,礼拜二),晴。……陆生来,晡共至华乐观优。"⑥"廿一日丁巳(二月廿六号,礼拜五),晴。……颖民来。……黄、陆留此饭。"⑦"廿四日庚申(二月廿九号,阳历之闰年也,礼拜一),晴。……陆生邀同楚珩、绍宾食于致美斋。"⑧3月3日,沈仁坚

---

① 黄侃:《黄侃日记》(下)《避寇日记(辛未十二月)》,黄延祖重辑,中华书局2007年版,第773页。
② 黄侃:《黄侃日记》(下)《避寇日记(壬辰正月)》,黄延祖重辑,中华书局2007年版,第774页。
③ 黄侃:《黄侃日记》(下)《避寇日记(壬辰正月)》,黄延祖重辑,中华书局2007年版,第775页。
④ 黄侃:《黄侃日记》(下)《避寇日记(壬辰正月)》,黄延祖重辑,中华书局2007年版,第776页。
⑤ 黄侃:《黄侃日记》(下)《避寇日记(壬辰正月)》,黄延祖重辑,中华书局2007年版,第776页。
⑥ 黄侃:《黄侃日记》(下)《避寇日记(壬辰正月)》,黄延祖重辑,中华书局2007年版,第776页。
⑦ 黄侃:《黄侃日记》(下)《避寇日记(壬辰正月)》,黄延祖重辑,中华书局2007年版,第778—779页。
⑧ 黄侃:《黄侃日记》(下)《避寇日记(壬辰正月)》,黄延祖重辑,中华书局2007年版,第779页。

随陆宗达等人前去黄侃府上讨教,开始聆听教诲,并约定日后每周日、周四上午前往听讲。黄侃在日记中记载了沈仁坚登门之事,并称之为"新来者",而称陆宗达为"昔从游者",这也说明二者并非同时拜师:"廿七日癸亥(三月三日,礼拜四),晴。晨诸生九人来听讲学,今日发端,后此以礼拜、礼拜四两日午前为常(鄢荣爵、谢震孚、沈仁坚、汪绍楹,皆新来者;骆鸿凯、陆宗达、朱家济、周复、任化远,皆昔从游者)。"①

从渊源上看,虽然并未拜章太炎为师,但陆宗达与沈仁坚均曾当面聆听章太炎教益。在跟随黄侃学习期间,陆宗达曾去上海拜谒章太炎,得到过这位太老师的指导:"戊辰,先生转赴南雍,旋即召余。闻教命驾,取道沪上,叩谒太老师章。"②"在此期间我路过上海,两次亲见章太炎先生,得到他的指导。"③"第二年,即1928年又随季刚先生去南京,并两次在上海谒见章太炎先生,听其讲授古韵。"④而1932年2月25日,章太炎来到北京⑤后,沈仁坚曾与陆宗达等人一起宴请过他,聆听雄谈,宾主尽欢。黄侃在当天日记中说:"廿三日己丑(三月廿九号,礼拜二),晴。……午后为诸生讲。晚,诸生八人(汪绍楹、陆宗达、骆鸿凯、朱家齐、周复、沈仁坚、殷孟伦、谢震孚),请师饭于丰泽园,予与陆生往迎,遇朱、马二人,略谈而解携,上灯开宴,检斋同座,主客凡十二人。师食量甚豪,谈

---

① 黄侃:《黄侃日记》(下)《避寇日记(壬辰正月)》,黄延祖重辑,中华书局2007年版,第780页。

② 陆宗达:《黄季刚(侃)致陆宗达书十二封并陆跋》,载《北京师范大学学报》1987年第5期,第6页。

③ 陆宗达口述:《我的学、教与研究工作生涯》,王宁笔录并整理,载《文献》1986年第3期,第80页。

④ 陆昕:《我的祖父陆宗达》,载《中华文史资料文库 第十六卷 文化教育编》,中国文史出版社1996年版,第147页。

⑤ 黄侃:《黄侃日记》(下)《避寇日记(壬辰正月)》,黄延祖重辑,中华书局2007年版,第780页。

兴亦高，不常见之嘉会也。十时余，与师同车，至巷口辞下，醉甚，早眠。"①沈厚铎先生所言："听陆宗达先生说，他曾与我父亲一起行过两次叩头礼，一次是前面说过的结拜礼，还有一次是与家父一起拜章太炎先生为师的拜师礼，也是在酒楼摆了酒席正正经经地叩头拜师，但是哪个酒楼我却记不清了。"②不知是否就是在丰泽园的这一次？席间章太炎兴致盎然，开怀畅饮，觥筹交错之间、酒酣耳热之际，或许即兴接受叩拜，正式认可了这些再传弟子的师门传承？

对于沈仁坚的职业生涯与社会活动，其哲嗣沈厚铎先生有相当详细的回忆，可资参考：

在《告别枕碧楼宅院的老四房》中说："祖父去世后，父亲把我们全家送回杭州，响应蒋委员长的号召自己跑到陪都重庆抗日救国去了。他在重庆做了中苏友好协会秘书长。……后来，父亲受聘复旦大学，同时在上海救济总署任职，我们全家于是迁到上海。父亲因上级要他协助贪污救济款，愤而辞职。……此时解放战争节节胜利，家父接到陆宗达先生的信，邀家父北上迎接解放。父亲积极响应，但等我们全家到了天津，正在等待北京（当时称北平）消息时，天津围城了。天津解放了，又等到北京解放，我们才来到北京。因错过了时机，父亲失业了，只能靠变卖家产以维持全家生计，我们的家也越变越小。……赋闲在家的他只能或是与陆宗达先生交流些训诂音韵，或是与雷普华、汪梦涵几位先生交流棋艺，以解郁闷。没有收入，只能是变卖家中的东西。……再后来家徒四壁无物可卖时，父亲已病重，但最终也不知道是什么病。……

---

① 黄侃：《黄侃日记》（下）《避寇日记（壬辰二月）》，黄延祖重辑，中华书局2007年版，第786—787页。

② 沈厚铎：《家父沈仁坚与陆宗达先生》，载北京师范大学民俗典籍文字研究中心编：《陆宗达先生百年诞辰纪念文集》，中央广播电视出版社2005年版，第47页。

1952年2月7日的早晨,父亲便一息游丝离开躯体,抛下了我们孤儿寡母,那年我十三岁。家父去世的第七天,北京大学'兹聘请沈仁坚先生为语言文学系教授'的聘书送到了。"①

在《〈沈家本全集〉后记》中说:"抗战时期,父亲把我全家送回杭州,只身跑到陪都重庆抗日救国,做了中苏友好协会秘书长。……抗战胜利后,父亲受聘复旦大学,同时担任上海救济总署的官员,我们全家也因此迁到上海。因上级要他协助贪污救济款,父亲坚决反对,愤而辞职。……此时解放战争节节胜利,家父接到陆宗达先生的信,邀他北上迎接解放,父亲积极响应。但是等我们全家到了天津,正在等待北京(当时称北平)消息时,天津围城了。等天津解放,又等到北京解放,我们才来到北京。因错过了时机,结果父亲失业了,只能变卖家产维持全家生计。……再后来家徒四壁无物可卖时,父亲已病入膏肓,没钱治病,就靠祖母帮他练气功治病,结果愈练愈重,一九五二年二月七日早晨离世,那年我十三岁。家父去世的第七天,家里收到了北京大学'兹聘请沈仁坚先生为语言文学系教授'的聘书,惜于太迟,令人扼腕。"②

---

① 沈厚铎:《告别枕碧楼宅院的老四房》,载《法制日报》2017年9月11日,第8版,"法治文化"。

② 沈厚铎:《小楼藏得书千卷 闲里光阴相对酬——写在〈沈家本全集〉问世之际》,载徐世虹主编:《沈家本全集》第八卷《后记》,中国政法大学出版社2010年版,第989页。

第四章　沈承熙的科举之路

出身诗书传家的书香门第,科举之路,对沈承熙而言,既是理所当然的正途,也是难以逃避的使命。

一、师承与攻读

作为视科举为正途的传统士大夫,沿袭沈家一贯的家风,沈家本对于子女的教育,非常重视,曾经延请多名塾师到家中就馆,教授子女读书。

光绪六年(庚辰,1880),沈承熙4岁时,沈家本即延请大兴庠生袁子彦(字学诒)[①]到馆中任教,为之开蒙:"九月……初四日,晴。延袁子彦先生授两儿读,申刻到馆。"[②]

光绪七年(辛巳,1881),沈承熙5岁时,沈家本又礼聘自己表

[①] 顾廷龙主编:《清代硃卷集成》第300册《乡试(浙江)·光绪壬寅(二十八年)(一九○二)补行庚子(二十六年)(一九○○)辛丑(二十七年)(一九○一)恩正并科》,台湾成文出版社有限公司1992年版,第396页,沈承熙称:"袁子彦夫子,印学诒,大兴庠生。"

[②] 徐世虹主编:《沈家本全集》第七卷《日记(庚辰)》,中国政法大学出版社2010年版,第698页。

舅、乙酉科举人、大名府教授周木君(字行铎)①为其授课:"二月……廿一日,晴。延周木君丈课两儿读,巳刻到馆。午出门,晚邀振卿、振斋陪木丈小酌。"②"十二月……廿三日,晴。木师解馆。邀陈孟乐、菊人陪先生饭,日暮始散。"③

光绪八年(壬午,1882),沈承熙6岁时,沈家本又延请浙江萧山庠生夏芝山(字澍)④为其授课:"四月……廿五日,晴,大风……是日延萧山夏芝山茂才(澍)督两儿读。"⑤八月廿一日,夏芝山辞馆:"八月……补廿一日。夏芝山辞馆去,言往保定。"⑥又延请大兴贡生、鸿胪寺鸣赞汪慎菴(字树垣)⑦到塾授课:"九月……十九日。请汪慎菴到塾课两儿读。申后雨。"⑧

光绪九年(癸未,1883),沈承熙7岁时,沈家本又托表舅周木

---

① 顾廷龙主编:《清代硃卷集成》第300册《乡试(浙江)·光绪壬寅(二十八年)(一九〇二)补行庚子(二十六年)(一九〇〇)辛丑(二十七年)(一九〇一)恩正并科》,台湾成文出版社有限公司1992年版,第396页,沈承熙称:"表舅祖周木君夫子,讳行铎,乙酉科举人,大名府教授。"

② 徐世虹主编:《沈家本全集》第七卷《日记(辛巳)》,中国政法大学出版社2010年版,第706页。

③ 徐世虹主编:《沈家本全集》第七卷《日记(辛巳)》,中国政法大学出版社2010年版,第724页。

④ 顾廷龙主编:《清代硃卷集成》第300册《乡试(浙江)·光绪壬寅(二十八年)(一九〇二)补行庚子(二十六年)(一九〇〇)辛丑(二十七年)(一九〇一)恩正并科》,台湾成文出版社有限公司1992年版,第396页,沈承熙称:"夏芝山夫子,印澍,浙江萧山庠生。"

⑤ 徐世虹主编:《沈家本全集》第七卷《日记(壬午)》,中国政法大学出版社2010年版,第730页。

⑥ 徐世虹主编:《沈家本全集》第七卷《日记(壬午)》,中国政法大学出版社2010年版,第732页。

⑦ 顾廷龙主编:《清代硃卷集成》第300册《乡试(浙江)·光绪壬寅(二十八年)(一九〇二)补行庚子(二十六年)(一九〇〇)辛丑(二十七年)(一九〇一)恩正并科》,台湾成文出版社有限公司1992年版,第396页,沈承熙称:"汪慎菴夫子,讳树垣,大兴贡生,鸿胪寺鸣赞。"

⑧ 徐世虹主编:《沈家本全集》第七卷《日记(壬午)》,中国政法大学出版社2010年版,第733页。

君,代为接洽,礼聘宛平庠生汪次卿(原名汪次爵,字兆録)①前来授课:"正月……十二日。周木君丈来,代延汪次爵(字兆録,改次卿)茂才课两儿读。"②"正月……十四日。巳刻拜汪次爵,订十八日到馆。"③"正月……十八日。次爵先生到馆。(改号次卿)。"④"正月……十九日。夜请先生,木丈作陪。"⑤后因汪次卿患病久不到馆,复延请武清庠生张掞庭(字崇藻)⑥前来授课:"十月……初六日。是日延张掞庭茂才(崇藻)课两儿读。汪先生因病久不到馆也。"⑦

光绪十六年(庚寅,1890),沈承熙14岁时,沈家本聘请私塾先生孙伯屏、任丘庠生边绅泉(字恩源)⑧前来授课:"正月……初八日。午前,遣车接孙伯屏先生到塾。"⑨"六月……初八日。……孙

---

① 顾廷龙主编:《清代硃卷集成》第300册《乡试(浙江)·光绪壬寅(二十八年)(一九〇二)补行庚子(二十六年)(一九〇〇)辛丑(二十七年)(一九〇一)恩正并科》,台湾成文出版社有限公司1992年版,第396页,沈承熙称:"汪次卿夫子,印兆禄,宛平庠生。"

② 徐世虹主编:《沈家本全集》第七卷《日记(癸未)》,中国政法大学出版社2010年版,第736页。

③ 徐世虹主编:《沈家本全集》第七卷《日记(癸未)》,中国政法大学出版社2010年版,第736页。

④ 徐世虹主编:《沈家本全集》第七卷《日记(癸未)》,中国政法大学出版社2010年版,第736页。

⑤ 徐世虹主编:《沈家本全集》第七卷《日记(癸未)》,中国政法大学出版社2010年版,第736页。

⑥ 顾廷龙主编:《清代硃卷集成》第300册《乡试(浙江)·光绪壬寅(二十八年)(一九〇二)补行庚子(二十六年)(一九〇〇)辛丑(二十七年)(一九〇一)恩正并科》,台湾成文出版社有限公司1992年版,第396页,沈承熙称:"张掞庭夫子,讳崇藻,武清庠生。"

⑦ 徐世虹主编:《沈家本全集》第七卷《日记(癸未)》,中国政法大学出版社2010年版,第745页。

⑧ 顾廷龙主编:《清代硃卷集成》第300册《乡试(浙江)·光绪壬寅(二十八年)(一九〇二)补行庚子(二十六年)(一九〇〇)辛丑(二十七年)(一九〇一)恩正并科》,台湾成文出版社有限公司1992年版,第396页,沈承熙称:"边绅泉夫子,印恩源,任邱庠生。"

⑨ 徐世虹主编:《沈家本全集》第七卷《日记(庚寅)》,中国政法大学出版社2010年版,第748页。

伯屏于今日辞去。"①"正月……廿三日。边绅泉先生到塾。"②

在私塾先生辞馆离去或因事未能前来时，为避免耽误功课，沈家本往往亲自督促教授沈承熙弟兄读书。光绪八年（壬午，1882）八月廿一日，"夏芝山辞馆去，言往保定。此后又自课矣。"③九年（癸未，1883）正月初六日，"接汪慎菴，不至。自督两儿读。"④九月初十日，"汪先生患病，功夫疏懈，连日早晚为两儿温书，十九以后遂不到馆。每日散署即课读，甚觉劳顿也。"⑤

沈承熙的"受业师"，除了沈家本日记中提及的袁子彦、周木君、夏芝山、汪慎菴、汪次卿、张掞庭、边绅泉这几位之外，还有：崔子馀（宛平廪生）、宗绍华（印伯隶，直隶通州廪生）⑥、路梅轩（讳鸣鹤，盐山廪生）、李文阁（讳廷章，涞水岁贡生）、张觐侯（印华燕，甲午科举人，议叙湖北本班尽先即补知县）、蒋信倚（印国亮，丁酉科举人，前天津育才馆汉文教习）、夏遂卿（印曾佑，庚寅科会元，安徽候补直隶州知州，前天津育才馆汉文教习）、周寿臣（印长龄，前天津育才馆英文教习）、陈义川（印寿平，四品衔都察院都事，前畿辅学堂英文斋长）⑦等人。

---

① 徐世虹主编：《沈家本全集》第七卷《日记（庚寅）》，中国政法大学出版社2010年版，第763页。

② 徐世虹主编：《沈家本全集》第七卷《日记（庚寅）》，中国政法大学出版社2010年版，第749页。

③ 徐世虹主编：《沈家本全集》第七卷《日记（壬午）》，中国政法大学出版社2010年版，第732页。

④ 徐世虹主编：《沈家本全集》第七卷《日记（癸未）》，中国政法大学出版社2010年版，第736页。

⑤ 徐世虹主编：《沈家本全集》第七卷《日记（癸未）》，中国政法大学出版社2010年版，第744页。

⑥ 顾廷龙主编：《清代硃卷集成》第300册《乡试（浙江）·光绪壬寅（二十八年）（一九〇二）补行庚子（二十六年）（一九〇〇）辛丑（二十七年）（一九〇一）恩正并科》，台湾成文出版社有限公司1992年版，第396页。

⑦ 顾廷龙主编：《清代硃卷集成》第300册《乡试（浙江）·光绪壬寅（二十八年）（一九〇二）补行庚子（二十六年）（一九〇〇）辛丑（二十七年）（一九〇一）恩正并科》，台湾成文出版社有限公司1992年版，第397页。

可见，从这些受业师的出身来看，沈承熙不仅曾在私塾研习传统科举考试所必需的四书五经，而且还曾入天津育才馆、保定畿辅学堂学习英文——周寿臣、陈義川二人即分别是英文教习或英文斋长。沈家本日记（戊戌，1898）中也曾出现陈義川的身影："八月……初七日。……申刻陈（意川）都事（寿平）来，学堂壘长，向充同文馆英文副教习。"①"八月……十一日。出西门至畿辅学堂，拜陈意川。"②"八月……廿七日。……九钟赴畿辅学堂送学，陈壘长开馆也。"③沈仁侗在《沈家本先生二三事》中说："祖父……还让我的父亲沈承熙学外文。"④诚非虚言。

二、入闱与考题

正是在沈家本与诸位老师的严格督导与悉心教授下，沈承熙博览群经，兼习西文，学有所成。光绪二十八年（1902）——沈家本被任命为修订法律大臣、正式走向变法修律历史舞台的这一年，26岁的沈承熙参加了"壬寅补行庚子辛丑恩正并科"浙江乡试，考中举人。

与清代以往科举考试相比，沈承熙所参加的光绪二十八年（1902）这一科考试，具有不少特殊之处。

---

① 徐世虹主编：《沈家本全集》第七卷《日记（戊戌）》，中国政法大学出版社2010年版，第847页。本段原文"申刻陈（意川）都事（寿平）来，学堂壘长向允同文馆英文副教习"中，似有不少舛误。据沈承熙乡试硃卷，其中"陈意川"即"陈義川"，壘长即"斋长"；而据文义，其中"允"应为"充"字之误，且句读也不准确，应断为："申刻陈（意川）都事（寿平）来，学堂壘长，向充同文馆英文副教习。"径改。

② 徐世虹主编：《沈家本全集》第七卷《日记（戊戌）》，中国政法大学出版社2010年版，第847页。

③ 徐世虹主编：《沈家本全集》第七卷《日记（戊戌）》，中国政法大学出版社2010年版，第848页。

④ 沈仁侗（余谷似）口述、沈厚鋆整理：《沈家本先生二三事》，载张国华主编：《博通古今学贯中西的法学家》，陕西人民出版社1992年版，第474页。

首先,时间上,这是两宫回銮后的一次补充考试。依据清代科举考试惯例,乡试三年一次,逢子、卯、午、酉四个年份举行,如遇万寿登极等皇家喜庆,可以加开恩科。① 1900 年是庚子年,本应举行乡试,1901 年是皇帝三十岁万寿之年,照例应开恩科。然而,由于庚子事变与辛丑议和的影响,这两次考试均未能如期举行。1902 年为壬寅年,本非乡试之年,之所以举行乡试,则是为了补上本应由 1900 年、1901 举行的这两科乡试。由于在壬寅年举行,故冠以"壬寅补行庚子辛丑"之名。正如亲历者所言:"原来清朝考试制度于定例之外还有例外,上面所说的子卯午酉四个年份的乡试称为正科,如果遇到皇太后皇帝皇后万寿(即生日),或皇帝大婚(即结婚),或其他喜庆事情时,不论在那个年份,要特别举行乡试,称为恩科。庚子年(1900 年)本是正科乡试年份,那年因为义和团扶清灭洋事变,八国联军入寇北京,西太后光绪帝逃往西安,中国几乎亡国,所以全国没有举行乡试,第二年辛丑,是光绪帝三十岁万寿,照例应举行恩科乡试的,可是那年正是中国向洋人屈服求和,李鸿章出来和洋人订那丧权辱国的辛丑和约的年份。和约议成后,西太后光绪帝垂头丧气地回到北京,自己也觉得没趣,哪里还有脸皮做寿,所以那年的恩科乡试停止举行。"②

其次,方式上,这是两科一起举行的一次合并考试。用这一科,将前两年本应举行而因故停止的两科乡试——循例举行的 1900 年庚子正科、额外增加的 1901 年辛丑恩科——在 1902 年壬寅年合而并之,一次性补清。由于这次一并补行的既有恩科,也有正科,故而,在"补行"之后,以"恩正并科"为名,称"补行庚子辛丑恩正并

---

① 参见:商衍鎏:《清代科举考试述录及有关著作》,百花文艺出版社 2004 年版,第 49 页。

② 骆憬甫:《浮生手记 1886—1954 一个平民知识分子的纪实》,上海古籍出版社 2004 年版,第 39 页。

科"。对此,亲历者有言:"到了第二年——壬寅年,和约已定,把丧权辱国的事情放在脑后,不想报仇雪耻,又要歌舞升平了。清廷订了这丧权辱国的条约,恐怕人民起来反对,急忙用些糖来骗骗知识阶级,用虚荣来遏止他们的愤怒,于是破例地下令补行乡试,把庚子的正科和辛丑的恩科合并举行,称为'补行庚子辛丑恩正并科',增加录取名额,来引诱麻痹知识分子,使他们歌功颂德。"①

再次,内容上,这是科举制度改革后的第一科新式考试。根据清代定制,"乡会试题,第一场,《四书》制义题三,五言八韵诗题一;第二场,《五经》制义题各一;第三场,策问五"②。光绪二十七年七月十六日(1901年8月29日),清末新政伊始,朝廷下谕,对科举考试形式与内容进行了重大改革:"嗣后乡会试,头场试中国政治史事论五篇,二场试各国政治艺学策五道,三场试《四书》义二篇、《五经》义一篇。考官阅卷合校三场,以定去取,不得偏重一场。……以上一切考试,凡四书五经义,均不准用八股文程式,策、论均应切实敷陈,不得仍前空衍剽窃。"③这次科举新章,沿袭了戊戌变法时期的思路,废除八股文,改试策论义,纳入西学内容,扩大出题范围,调整场次顺序。与旧制相比,其显著变化,在于特别增加了西学内容,将其放在第二场"各国政治艺学策"中,以五道试题加以专门考核。相应压缩了传统四书五经内容,将其由两场降为一场,由八道减为三道。而且,调整了顺序,将其由第一、二场,调

---

① 骆憬甫:《浮生手记1886—1954 一个平民知识分子的纪实》,上海古籍出版社2004年版,第39页。
② (清)礼部纂辑:《钦定科场条例(光绪)·卷十五·三场试题·题目成式·现行事例》(近代中国史料丛刊三编第48辑《钦定科场条例》第3册),台湾文海出版社有限公司1989年版,第1099页。
③ 上海商务印书馆编译所编纂:《大清新法令(1901—1911)》(点校本)第1卷《大清光绪新法令·谕旨·一、光绪二十七年(1901年)·七月十六日上谕(一)》,李秀清、孟祥沛、汪世荣点校,商务印书馆2010年版,第7页。

入第三场,而将以往不被强调的"中国政治史事论"作为重要的考试内容,共出五道试题,放在第一场内。同时,改变了其文体,由"四书五经文",改为"四书五经义",即废除相对固化的八股文体,改用较为自由朴实的说理文体①。这一改革,标志着清代科举制度的重大转变,对于沈承熙在内的应试士子,提出了新的要求。

对于这些特点,《申报》这一段,可谓高度概括:"本届乡闱恩正并举,而又适逢科举变制之第一科,改八股文程式为论策经义。一时观光之士,莫不标新领异,展其英奇魁伟之材。"②

由于沈承熙是"浙江湖州府学附贡生,归安县民籍"③,故而,参加的是在杭州举行的浙江省乡试。

根据科举新制,浙江乡试的试题较之以前有了很大改变,由单调的"制义"题改为"论"、"策"、"义"三种题型:第一场考"中国政治史事论",共五道;第二场考"各国政治艺学策",共五道;第三场考"四书五经义",共三道。最为明显的变化是,纳入了西学内容,增加了"中国政治史事论"部分,削减了传统"四书五经义"的比例,将其由两场降为一场,试题由八道降为三道。

据《浙江乡试录》可知,本届三场试题如下:

第一场　论题(五道)

一、汉宣帝信赏必罚综核名实论。

二、张苍领主郡国上计论。

---

① 舒新城编:《近代中国教育史料(第四册)·二六 改科举·甲 改文科·会奏变通科举事宜摺(附章程)》,上海科学技术文献出版社 2015 年版,第 104—105 页。

② 《电传补行庚子辛丑恩正两科浙江乡试题名全录》,载《申报》大清光绪二十八年九月十三日,西历 1902 年 10 月 14 号(礼拜二),第 10593 号,第 2 版。

③ 顾廷龙主编:《清代硃卷集成》第 300 册《乡试(浙江)·光绪壬寅(二十八年)(一九○二)补行庚子(二十六年)(一九○○)辛丑(二十七年)(一九○一)恩正并科》,台湾成文出版社有限公司 1992 年版,第 391 页。

三、唐太宗盟突厥于便桥、宋真宗盟契丹于澶州论。

四、开元四年召新除县令试理人策论。

五、元代分封诸王论。

第二场 策题（五道）

一、西国学术导源希腊，其流派若何？学校废兴若何？教育名家孰为最著？宗旨孰优？方今博采良法厘定学制，试陈劝学之策。

二、西国财政合于计学，达例若何？得失安在？今日度支奇绌，理财尤亟，富国之术虽多，而措施宜有次第，权衡缓急，孰为要策？

三、西国法律原于罗马，沿革若何？今法律之学，为科凡几？自治外法权行于通商口岸，受病甚深，规复主权，宜有良策。

四、地理之学首资测绘，何器最要？何法为简？今天下大洲者五，始夫地域形势之殊，爰有风俗政教之异，试原关系之理，兼筹固圉之策。

五、格致之学通诸制器，名理迭出，成器日新，试举新制阐其理用。自商约有内地制造之条，利权益将不振，欲图补救，宜操何策？

第三场 四书五经义题（三道）

一、生财有大道，生之者众，食之者寡，为之者疾，用之者舒，则财恒足矣。

二、惟仁者为能以大事小。

三、是月也，易关市，来商旅，纳货贿，以便民事。[①]

[①] 叶瑜荪：《李叔同参加的浙江乡试》，载杭州师范大学弘一大师·丰子恺研究中心编：《一月千潭——第五届弘一大师研究国际学术会议论文集》，上海三联书店2016年版，第334—335页。

就考题内容而言,这一届可谓中西合璧,西学占了五道,接近全部试题的二分之一,涉及学术、财政、法律、地理、格致之学等多门近代学科知识,策问了"厘定学制"、"理财措施"、"规复主权"、"巩固疆域"、"振兴制造"等国家重大政治问题——充分体现了变迁时代帝制中国的回应与关切。

三、中举之作

对于这三场十三道试题,沈承熙当年是如何作答的呢?囿于资料,目前未能尽知。不过,《清代硃卷集成》中收录了他的头场试卷,共有五篇史论,从中可窥其中举之作之一斑。

其一曰:

汉宣帝信赏必罚综核名实论[①]

殷有高宗而中兴,周有宣王而中兴,汉有宣帝而中兴,三人者,始皆出居在外,继皆入承大统,卒皆为世令辟,遥遥千载,何先后若是其相类也!殷周已事具见于经,可不置论。若汉宣之治,班氏谓为"信赏必罚,综核名实",人多疑其溢美,窃谓不然。

夫天子所以进退此天下者,赏罚而已矣。不赏何以旌有功?无罚何以惩有罪?天子所经纶此天下者,名实而已矣。天下未有尚虚名而不收实祸者,天下亦未有务实践而徒为名高者。

宣帝久在民间,数上下诸陵,周游三辅,凡闾里之奸邪、民

---

① 顾廷龙主编:《清代硃卷集成》第300册《乡试(浙江)·光绪壬寅(二十八年)(一九〇二)补行庚子(二十六年)(一九〇〇)辛丑(二十七年)(一九〇一)恩正并科》,台湾成文出版社有限公司1992年版,第401—404页。

生之纡疾、吏治之良苛,无不具知。迨入总万几,即首先遣使持节,诏郡二千石谨牧养民,以风德化。综其一生政治,于赏罚名实之间,则尤加意焉。其侯胶东相王成也则曰:"有功不赏,有罪不罚,虽唐虞犹不足化天下。"其诏吏修身奉法也则曰:"文王作罚,刑兹无赦。"其知计簿之为具文也,则诏御史察其非实者按之曰:"毋使伪乱真。"其恐迂儒之不达时务、好是古非今也则曰:"徒使人眩于名实,不知所守,奚足委任。"谆谆望治之衷,惟期赏罚必行,名实相符。故不惮三令五申,以布告天下。故当其时,吏称职,民安业,汉道中兴,称为令辟,良不诬矣!

世之议宣帝者曰:"丙吉等列侯矣,故人阿保赐物有差矣,滥赏也,何得为信?赵广汉以大将军之故见杀矣,韩延寿以望之之愬弃市矣,杨恽以孙会宗之书腰斩矣,淫刑也,何足为罚?甚至祠金马碧鸡之神,信神爵黄龙之降,侈言祥瑞,兢尚虚文。综名核实者,顾如是乎?"

然此特《春秋》责备贤者之义。宣帝之失德,不必为之讳,宣帝之昭昭大业,能以一玷之瑕概置不论乎?况丙吉之侯虽出私恩,吉后且为良相。故人阿保仅仅赐物,较后世之滥加爵赏者悬殊。广汉诸人之死,亦自有取死之道,不得谓非帝之失刑,然不得专咎。夫帝独信符瑞一端,不能为帝解。要亦当时诸臣不知道,君以力行实政耳。地节二年诏:"自丞相以下,奉职奏事,考试功能。"黄龙元年又诏:"举廉吏,必得其真。"惜乎上以综核名实求,下无以应之者也。

虽然,三代下如宣帝之英明而又久在民间,具知闾里奸邪、民生纡疾、吏治良苛,已不数数。吾故以班氏之言为非溢美,即云侔德殷宗周宣,亦无愧焉。

其二曰：

张苍领主郡国上计论[①]

昔高帝入关，诸臣争攫取宝玉金帛，萧何独尽收秦丞相府律令图书。因具知天下阨塞、户口多少，是以还定三秦，佐成帝业。然此仅按籍以稽，十不过得五六耳。迨张苍领主郡国上计，而后天下大势尽入汉之掌握中矣。

何则？天子者，所以君临天下而统驭郡国也。举凡山川之形势，户口之繁凋，风俗政治之异同，胥获其大纲，而后能操进退天下之权，以统驭此郡国。丞相者，又所以佐天子君临天下而统驭郡国者也。举凡山川形势，户口繁凋，风俗政治异同，不独尽获其大纲，尤须深明其细目，而后能佐天子统驭郡国，以操进退天下之权。高帝任何为相，又得有曾为秦吏而明悉天下故事如张苍者，始命为计相，继命以列侯，居相府领主郡国上计。高帝其得人哉！

史称苍之为人，无书不读，且无书不通。其为计相时，适天下初定，汉廷诸臣大半武夫，苍因推五德之运，定五律之音。迨天下既定，汉修《天官》《五行》诸书，苍又实操其纲。虽其不考经典，沿用颛顼之旧，后人多訾议之，然就领主郡国上计以论苍，苍固明习天下故事，兼通算数者也。则虽簿书填委，情事繁重，而盈虚多寡之数，既能了然于目，情伪利弊所在，复能了然于心，胜任愉快。苍亦可谓得尽其所长矣。

方高帝与群雄角逐于中原也，势均力敌者十数国，相持五六年，转战数千里。戎马倥偬之际，馈饷耗繁，征调络绎，而军

[①] 顾廷龙主编：《清代硃卷集成》第300册《乡试（浙江）·光绪壬寅（二十八年）（一九〇二）补行庚子（二十六年）（一九〇〇）辛丑（二十七年）（一九〇一）恩正并科》，台湾成文出版社有限公司1992年版，第405—408页。

食未尝缺乏者,人推为萧相功。不知参谋于帷幄之中,剂盈虚,量出入,持筹握算者,又有人也。史迁作《张丞相列传》,一则曰"是时,萧何为相国。"再则曰"以列侯居相府。"编《汉兴以来将相功臣表》,"高帝六年,封何为酇侯",则特记"苍为计相"。此皆作史之深意,使后之人得知高帝之得天下,何之功居多,何得佐成帝业,又皆苍之力。不然,苍于高帝,无淮阴之战功,曲逆之奇谋,留侯之信任,舞阳之懿亲,数年之间,得封彻侯,后且拜为相,以功名终,抑又何欤?

惜乎自苍以后,相府罢主计之官,一岁钱谷出入之数,丞相且不得而知。无怪乎周勃汗出沾背,陈平推诿责治粟内史,亦以空言塞大对,非留心国计者也。呜乎!苍一亡秦逃吏耳,得高祖刮目而器使之,遂获大用而竟其才。苍之幸,又岂独苍之幸耶?

其三曰:

唐太宗盟突厥于便桥宋真宗盟契丹于澶州论①

无应变之机,不足以御侮,无万全之策,不足以善后。大敌当前,智不能知己知彼,而掷国家于孤注者,罔不败;大敌当前,战不必胜,退无可守,不得已权为应变之谋,而无万全之策以善厥后,亦罔不亡。观于唐之盟突厥,宋之盟契丹,可知其得失矣。

突厥之寇唐也,深入至便桥,太宗帅六骑与颉利可汗隔河相见,而突厥请盟;契丹之寇宋也,深入至澶州,真宗渡河,而契丹亦请盟。其入寇同,其请盟同,出权谋以御侮,其所见亦

---

① 顾廷龙主编:《清代硃卷集成》第 300 册《乡试(浙江)·光绪壬寅(二十八年)(一九○二)补行庚子(二十六年)(一九○○)辛丑(二十七年)(一九○一)恩正并科》,台湾成文出版社有限公司 1992 年版,第 409—412 页。

无不同。然而一则兴师振旅,终获阴山之捷,一则一踣不起,卒酿靖康之祸。何哉?则试就其当时情势而综论之:

太宗之迳诣渭上也,萧瑀叩马而毅然不回,何其壮!真宗之渡河也,寇准、高琼固请,且麾卫士进辇而始济,何其怯!太宗之告瑀曰:"将欲取之,必先与之。卷甲以骄其志,重币以厌其求。"已隐然存一灭此朝食之心;真宗之告准曰:"数十年后,当有扞御之者。"扞御犹有待,其他复何望乎?太宗自便桥还也,引诸卫将卒习射,且曰:"突厥入寇,吾为汝将!"志在安天下也;真宗自澶州还也,尽放河北诸州强壮归农,罢诸路行营,且诏曰:"得契丹马牛者,悉送还。"志在偷旦夕之安也。呜呼!此又何待阴山告捷以后、靖康祸起之时,而始判其得失耶?

吾故曰,为一时之权谋,而无万全之策以善其后,天下事未有能济者也。英武如太宗,便桥之盟,不过忍一时之小忿,而终奏肤功;懦弱如真宗,亦不过图一时之苟安,而终贻后祸。然此究不得为真宗咎也。太宗开创之天子,驰驱于戎马之间者数十年矣,兵机虚伪,深究其微,藐兹突厥,何足以当其威力?若真宗者,长养于深宫之中,保抱于妇寺之手,偶闻边警,心已惴然,一旦迫之使临寇敌,幸而外人就范,得庆生还,已非初念所敢望,又何肯再举,自启边衅耶?此又论世者不可不知也。

其四曰:

开元四年召新除县令试理人策论①

《周官》有县正,掌一县政令,即后世之县令。唐代县分七

---

① 顾廷龙主编:《清代硃卷集成》第300册《乡试(浙江)·光绪壬寅(二十八年)(一九〇二)补行庚子(二十六年)(一九〇〇)辛丑(二十七年)(一九〇一)恩正并科》,台湾成文出版社有限公司1992年版,第413—415页。

第四章 沈承熙的科举之路

等,曰"赤、畿、望、紧、上、中、下",犹今之所谓"冲、繁、疲、难"也。自五代官方不叙,凡龌龊无能者,始注为县令,天下之邑,帅皆不治,诛求猥琐,无所不为,误国殃民,莫此为甚。迄于有唐,虽属选叙,时有非才。开元四年,或以为言,明皇病之,特召新除县令者,试以理人策。

窥明皇之意,以为化成于天子,化实启于牧民之官。一县虽小,熙熙者皆吾子民也,一令之微,俨然民之父母也。令苟非才,是为废职,县不得人,则是殃民,废职之患小,殃民之患大也。吾今召新除县令诸人而策试之,以词理之优劣,决职任之去取,庶几县无废职之官,官无殃民之政,而民得免猛虎之苛也。

然此亦徒知其末,而未知用人之本。古人有言:"敷奏以言,明试以功。"诚以言词之工拙,不足见才之短长。不然,如韦济者,词理第一,擢为醴泉令。济如称职,则此试不为无功,济也废职,则又何解于此试乎?卢从愿、李朝隐,当时最有名,典选称职,人称为"后有卢李"者也,竟坐是左迁,时论惜之。岂悠悠者不足为公钦?

然而明皇之为人,英明果决。开元初政,追美贞观。当是时,有以选举非才入告者,明皇能不急思设法补救,以餍天下之望乎?且理人者,即理一县政治之词也,举凡户口、赋役、农桑、钱谷、赈济、给纳、讼狱、劝课,尽在其中。苟得一二读书明理之士,吾拔擢而责任之,国家或可少收用人之效,县令不至尽殃民误国之人,国计民生,庶几小补。此亦可谓留心吏治矣。

自世有纳赀可以得官之例,仕途益杂,而人才益难。入输万金,出宰百里,甚至目不识之无,亦俨然临民上,长于摧科,短于抚字。而科目诸人,又往往以迂疏为世诟病。则无怪人之鄙赀郎、轻科目,而将别筹夫策试之法也!

其五曰：

元代分封诸王论[①]

古有封建而无分封同姓之制，自周而始大封同姓诸侯，匪惟推恩亲族，亦以屏藩王室也。然诸姬以次而尽，终不能御秦之东而救周之亡。其后，汉则有七国之祸，晋则有八王之乱，明则有高煦、宸濠之叛，论世者几疑封建同姓宜于古而不宜于今，而尾大不掉之足贻国家忧也。虽然，彼奇渥温氏失中原五百余年矣，子孙散在西北者，依然支派蕃衍，各保世土。岂其一代分封之制，远胜于列朝欤？盖亦地势之良，适遂其保世滋大之计也。

元太祖崛起蒙古，东取辽，南灭宋，北收鄂罗斯全部、西伯里亚全部诸地，版图广邈，亘古所无。然其分封宗亲之地，大都耦国，亦前史所未有。拔都之封地，今俄罗斯一带诸部均归统辖；海都封地，东至昂噶拉河，西至额尔齐斯河，北至北海。他如格丹封于巴实柏里，蔑里封于雅尔达实河，伯尔克封于库尔哲，托克托封于额蜜埒，较之汉、晋、明藩封之地，其广狭不啻霄壤。然而，岁有叛乱，几无一日安。迨顺帝北去，西北诸王遂各自割据，不相统属，一败而踣，不能纠合诸藩，再图南下。遗裔至今，虽有存者，其式微矣。此诚太祖建业之初，所不及料者也。

且太祖、太宗之诛灭人国也，得一地即封子弟一人以镇之，且有封及驸马者。盖欲多建强藩，以拱卫王室。其为后嗣计，至深且远也。不知藩封多则王室巩，藩封强者多则王室益纷纭矣。王思廉早见及此，故献削地之议。无如列强环伺已成之势，不早计及于分茅锡土之初，而思补救于本弱干强之后，庸有济乎？

[①] 顾廷龙主编：《清代硃卷集成》第 300 册《乡试(浙江)·光绪壬寅(二十八年)(一九〇二)补行庚子(二十六年)(一九〇〇)辛丑(二十七年)(一九〇一)恩正并科》，台湾成文出版社有限公司 1992 年版，第 417—420 页。

然则元之分封诸王,其受祸与汉明等。若塞外苗裔至今犹有存者,则以得地势之良也。太祖既平西域,分封子弟、驸马于各部,星罗棋布,遍满朔漠,地势辽阔绵亘,且多沙瀚,故幸存此数部,余焰星星,已同残烬。不然,今之俄罗斯、西伯里亚、波斯诸地,非元之故壤乎?何至今不能尺寸留也?

窃尝读元史,益不能不为奇渥温氏惜矣。得地之大,几遍二洲,幅员既远,断非天子一人所能统制,多建藩封以分治之,亦事理所必然。苟驭临得道,则虽跋扈如海都,亦不敢弄兵,伏首帖耳,为王之腹心干城,又何至韩郭一呼,四海解体?塞北诸王,有能提一旅之师入关以勤王者乎?呜呼!元以暴兴,亦以暴亡,则又天道之好环也。

纵览这五篇史论,文脉通畅,语句清朗,层次明晰,转折如意,逻辑周密,说理充分,持论端正,辩驳有力,的确为当之无愧的上乘之作。沈承熙深厚的学术积累与精湛的科场功夫,可见一斑。

至于这三场考试的每场成绩,则可以从他所在第十二房房官的荐批与聚奎堂考官的原批中,得到答案:

本房原荐批:

第一场:持论既精,摛词无懦,第一艺尤胜。

第二场:援引赅博,头头是道。

第三场:持论颇凯。

聚奎堂原批:

气充词沛,一往清利,策明畅,义妥适。[1]

---

[1] 顾廷龙主编:《清代硃卷集成》第 300 册《乡试(浙江)·光绪壬寅(二十八年)(一九〇二)补行庚子(二十六年)(一九〇〇)辛丑(二十七年)(一九〇一)恩正并科》,台湾成文出版社有限公司 1992 年版,第 400 页。

对于沈承熙的试卷,经同考官顾曾沐①大力推荐后,主考官朱益藩、副主考官李家驹,均予以好评,决定取中。三位考官的评语如下:

  同考试官(同知衔截取知县)顾阅:荐。又批:议论精通,策义妥适。
  大主考(翰林院编修、协办院事、国使馆协修、功臣馆纂修、大学堂副总办)朱批:取。又批:笔致清妍,策义均妥。
  大主考(日讲起居注官、翰林院侍读学士、南书房行走、起居注总办、咸安宫总裁、教习庶吉士)李批:中。又批:词意稳惬,策义妥切。②

值得注意的是,这次考试,在第二场策题中,专门考到了外国法律之学,询及了西方法律的历史沿革与学科分类等基础知识,特别就当时朝野关心的收回领事裁判权事宜,命题问策:"三、西国法律原于罗马,沿革若何?今法律之学,为科凡几?自治外法权行于通商口岸,受病甚深,规复主权,宜有良策。"

遗憾的是,沈承熙传世硃卷之中并未收入这些策论。虽然被赞为"援引赅博,头头是道"③,但他究竟如何作答,尚不得而知。不过,同一科的第一名解元刘焜、第六名王诵熙、第一百一十二名诸以履、第一百五十三名贺绍章、第一百七十七名邵章等人的硃卷,则对

---

  ① 叶瑜苏:《李叔同参加的浙江乡试》,载杭州师范大学弘一大师·丰子恺研究中心编:《一月千潭——第五届弘一大师研究国际学术会议论文集》,上海三联书店2016年版,第332页。
  ② 顾廷龙主编:《清代硃卷集成》第300册《乡试(浙江)·光绪壬寅(二十八年)(一九〇二)补行庚子(二十六年)(一九〇〇)辛丑(二十七年)(一九〇一)恩正并科》,台湾成文出版社有限公司1992年版,第399页。
  ③ 顾廷龙主编:《清代硃卷集成》第300册《乡试(浙江)·光绪壬寅(二十八年)(一九〇二)补行庚子(二十六年)(一九〇〇)辛丑(二十七年)(一九〇一)恩正并科》,台湾成文出版社有限公司1992年版,第400页。

此有所收录,为这一题提供了应答范例。录之如下,以资参考:

刘焜之作①

　　我中国,文明先进祖国也,以人则智,以种则贵,以权则一,以势则尊。而独见摈于与国,不得享有公法利益,此何故也?解之者曰:"以贫故,以弱故。"吾则曰:"以未学律故,以不知法故。"彼昭我聋,彼明我蒙,有挟而雄,无应而穷,以是求伸,难矣,难矣!借曰贫也,弱也,维也纳之会,神圣同盟四十余国,岂尽美之富、而俄之强耶?

　　今西人之言法律者宗罗马,罗马之法,国法也,非公法也,然而公法亦常得援之以为断,故今亦丽于公法。其始实达拉固之"血书"耳,至梭伦而修之,至共和而又修之。哲学名公推究律法之学者,先后比附,十七世纪以前主旧派,十八世纪以后主新派。旧派主推理,新派主沿革,而其时宪法实行之条例,亦因之而递变。大抵民权愈重,用法愈轻,教会愈盛,制律愈减,美律定于国会,英律定于议院,此其尤为昭著者也。

　　其科目则有国法、民法、诉讼法、刑法、商法、国际法之别,而大致总不外于天律、人律二义。若喇蒲氏、若还苦氏、若杀还呢氏、俄洛季乌氏,及近代之梅因氏、可辣氏,皆法律中之表表者。

　　海禁既弛,交涉伙颐,宜息以听,宜起以视,而聋如故,而蒙如故。问有通知西律、学成而归,如罗马三人者乎?无有也。问有精绎律书、切要时务,如喀恩脱、孟德斯鸠其人者乎?无有也。于是西人益因是而聋我、蒙我、愚我、悒我;凡有和约之国,所有人民产业在其地者,均归其国保护,公法所许也,而

---

① 顾廷龙主编:《清代硃卷集成》第294册《乡试(浙江)·光绪壬寅(二十八年)(一九〇二)补行庚子(二十六年)(一九〇〇)辛丑(二十七年)(一九〇一)恩正并科》,台湾成文出版社有限公司1992年版,第87—90页。

吾民无此利益也。寄居其国之人，准依其国之法律管理，公法所许也，而吾国无此权利也。自天津定约有"地方官会同审办"之条，而守律之权暂失矣。自《烟台和约》定"华人由华管理，英人归英管理"，而用律之权尽废矣。甚且无案非教，无款不赔，无债不偿，无讼不曲。彼之所借口者，不过曰"未入公法，律例不合"。不知公法未入可入也，律例不合可合也，况土耳其之役，曾有"许中国入公法"之言也哉？

宜讲明其律意，著为论说，而宣之各国，而播之议院，而登之新闻纸，各国屈于公义，不能不从。藉以收回主权，挽数十年之积病，是在于留意时务者。

王诵熙之作[①]

嘻乎微哉，西国法律之学也！天生人而不能无交际出入之事，于是乎治之以礼，有交际出入之事而不能无争夺相杀之害，于是乎治之以律。小而人命，大而国权，研究未精，失刑损威，莫此为甚。以斯叹西人律学之用意至深且远也。

今夫罗马，为西律之祖。罗马法未尝不严也，其学本出于雅典，以人血书法，号"血书"。东罗马王嫌其严，与律家翟利破尼等十人参订四种法律，而碎身投兽之制，犹相沿焉。嗣后一革于法皇沙立曼，再革于英皇黎鹊特第一。

百年来，西律渐轻，其大纲二：曰常法，曰军法。常法科凡十：一保罚锾也，二轻罚锾也，三重罚锾也，四流狱也，五常狱也，六暂禁也，七永禁也，八苦工也，九永作苦工也，十死罪也。军法科凡十：一正法也，二充发边远罚作苦工也，三开除羞辱

---

① 顾廷龙主编：《清代硃卷集成》第294册《乡试（浙江）·光绪壬寅（二十八年）（一九〇二）补行庚子（二十六年）（一九〇〇）辛丑（二十七年）（一九〇一）恩正并科》，台湾成文出版社有限公司1992年版，第191—194页。

也,四监禁也,五行刑也,六撤去差使也,七从本船开除也,八小员弁降级也,九严行责备或寻常戒饬也,十罚扣也。

夫西国之律轻而中国之律重,参差龃龉,碍难合一。于是内地租界让西人以自由之权,罪西人则以西律而用轻比,罪华人则以华律而用重比。且有时英人犯罪往往解审香港,承审与否,不可得知。华人则解于华官,或是或非,照律严惩,更难掩饰。而公法辖人之权,一蹶而难复得。

嗟嗟!律学不明,主权坐失,及今悔之已无及已。夫日本,小国也,始亦失权,终能复权。要其洞烛情形,力图振作,乃得收魁柄于既去。翳吾中夏,何转不如三岛之国耶?然则聘通人以译西律,据西律以酌华律,治西人以此,治华人亦以此,固当务之急也。虽然,中人之顽,百倍西人,通律既行,必当设律学,聘律师,延陪审人员而后可。

本学师蔡旬宣夫子榜前评:不入公法,等于野蛮。今日收回各口岸之治外法权,非力图自强不可。

诸以履之作①

《法学通论》曰:"一国之统治权,行于其国土内,完全无缺。"又曰:"一国不可并存二国之统治权。"法律者,统治权之所在也。此国之法律可行之彼国,则彼国之统治权其不能完全无缺可知矣。中国自《天津和约》定"中国地方官与领事会同审断讯办"之条,《烟台和约》②照复之文更明许"华人由华官审

---

① 顾廷龙主编:《清代硃卷集成》第298册《乡试(浙江)·光绪壬寅(二十八年)(一九○二)补行庚子(二十六年)(一九○○)辛丑(二十七年)(一九○一)恩正并科》,台湾成文出版社有限公司1992年版,第15—18页。

② 顾廷龙主编:《清代硃卷集成》第298册《乡试(浙江)·光绪壬寅(二十八年)(一九○二)补行庚子(二十六年)(一九○○)辛丑(二十七年)(一九○一)恩正并科》,台湾成文出版社有限公司1992年版,第15页。文中"烟台"误为"燕台",径改。

问,英人由英官审问",全弃其管领之权,各国乃得行其治外法权于通商口岸而无阻,非法律之原理也。夫各国号称文明,独于此相率行之,莫顾其非,亦曰中西法律轻重不同而已矣。

间尝考西国历史,初通用罗马律,有所谓《十二律法》者,殊暴戾。至东罗马帝入斯底安尼第一,与法学大家翟利破尼,及其他法家十人重为议定,区分四类:若《改正旧法》、若《国法基源》、若《民法全书》、若《新定法律》,犹主严酷,有碎身投兽之刑。呜呼,惨已!百年以来,公理日出,又得名儒法德里、孟德斯鸠诸人为之渐次发明,各国始知以保护人民利益为主义,破除成见,更定新律。今西国所用法律是也。

是学统名曰法理学,中分国际法、宪法、行政法、刑法、民事诉讼法、民法、商法凡七科。而中国犹率由旧章,不以人民为意,且不顾各国之藉口侵我权限。此有心人所为长太息者也。

虽然,往者不可谏,来者犹可追。自今以始,诚能因时变通,求熟谙西律之才,译西律最要之书,尽取吾向者之律而改之,统治之权未始不可还其故我。盍观日本乎?夫日本,东亚一岛国也,未改律前,受病与中国同,及其改革,外人俯首受治,遂收回已失之权。故中国而甘受病则亦已矣,若其不甘,固宜亟为之所。况近订中英商约有"中国如允改律,英国可令各国弃其治外法权"之言,规复主权,诚其时矣,焉用迟疑审顾为耶?

若谓内地风气未开,民多狡狯,有以薄物细故酿成交涉巨案者,一旦改从轻典,若辈益无顾忌,不至妨害治安不止,可徧设警察以济之。警察既设,事前有以防护,事后易于查缉。凡有意破坏吾法律者,知情无可逭,自囿不服从吾法律。故警察者,施行统治权之要政,又扩张统治权之先事也。不然,不能伸其权于民,尚望伸其权于外人乎?

贺绍章之作①

人群之初,无所谓法律也。自群相约而谋所以利群保群者,而法律之事以起。其繁简疏密,一随群治为变迁。故西国无百年、数百年不变法律者,治日益进,法日益善。至于近世,益加密矣。然溯厥权舆,则罗马法其祖也。

罗马法者,茹基尼所编定,合条例、成例为一书,分法典②、论纲、类典为三部,泰西诸国宗其意至今。考其沿革,则逮罗马衰后千二百六十四年,有格鲁士西乌者著《和战公法》,仍罗马法意也。千五百年至千六百年间,如富兰西士德、苏阿里司亚、阿拉阿不里等,亦皆参酌旧法,著有成书。然世无行之者,故率不传。传者惟法皇《拿坡仑法典》,今如英米诸国、如日本,皆参用之也。

法律之学,为科不一。就其性质、目的、外形及种种之要点而约举之,则有若成文法、不文法,明记于文书与不记于文书之别也。通法指法律行于全国者也,特法则仅行于其国之一部。主法者,法例之本体,由此而定权利义务,助法则所以防害此权利义务者。又由于自国与外国而起者,有固有法、继受法之别。主权者必强之行者曰强行法,得听民自由者曰任意法。凡此诸科,近世各国普通行之者也。

顾尝思之,法律者,为自国人民而设,其效果之及于国民也宜也。自属人主义之说寖而行属地主义,认定国土主权得完全行于国内,故即甲国人,在乙国领域,自不得不从乙国法

---

① 顾廷龙主编:《清代硃卷集成》第299册《乡试(浙江)·光绪壬寅(二十八年)(一九〇二)补行庚子(二十六年)(一九〇〇)辛丑(二十七年)(一九〇一)恩正并科》,台湾成文出版社有限公司1992年版,第143—147页。

② 顾廷龙主编:《清代硃卷集成》第299册《乡试(浙江)·光绪壬寅(二十八年)(一九〇二)补行庚子(二十六年)(一九〇〇)辛丑(二十七年)(一九〇一)恩正并科》,台湾成文出版社有限公司1992年版,第143页。文中"法典"误为"发典",径改。

律。特国际以礼让为重,故公法有主权之代表,若公使及使馆人员及其仆从,皆在驻劄国法律范围之外云云。

夫以他国人在其法境之内时,或非其力之所能及而有所谓治外法权者,何哉?日本法学士羽生庆三郎之言曰:"欧米诸国对东洋诸国,日本对中国、朝鲜、暹罗,皆得治外法权之特权,不得被在留国法律之效力。"夫公法者,虽时或不公,犹存公之名,明其为万国所公认公许。特权云者,其孰许之,而孰认之耶?其云欧米之对东洋,日本之对中国、朝鲜、暹罗,然则明明非法也,权强而已。

夫以四千年神圣之国,土广民众,甲于全球,而蕞尔日本乃亦行其治外特权,至欲朝鲜我、暹罗我,则又何论欧西列强环视而欲甘心我也。此真可谓长太息者也。而既毅然行之矣,租界听之,行轮听之,设商肆、建教堂既无不听之。未已也,又夺我关税权、铁路权,甚至欲掌我教育、名誉、赏罚诸大权。凡此,皆治外法权所有事也。设更肆其无厌之求,其将何以应之耶?主权坐失,贻害何穷?

欲图恢复,惟在自强。孟子曰:"国必自侮也,而后人侮之。"我不自强,是自授侮于人也。自强奈何?莫如师日本。师日本,期年而国气伸,三年而国力强。彼日本,自明治维新以来,仅三十年耳。前此欧米诸国以之治外法权行之者,不犹中国今日耶?其后锐志更新,毅然独立,恢复主权,更正条约,卒与欧洲诸大国得对等之权。此尤其大彰明较著者也。

或者曰:"师日本,耻也。"夫不耻不若人,而耻师人之长,则是国耻终无可振之一日。恐长此萎愞忍辱,虽欲为今日之耻,其可得耶?虽然,操之有其本,行之有其序,必我先固其独立之基,而后徐图其对等之权。彼知我之能独立也,亦断不敢再逞其倔强。顾独不知此独立云者,俟之至何日也。

张让三夫子评:作者天才亮特,心精力果,本于法学为宜,故言之洞达详明如此。备陈治外法权之害,痛哭流涕,其贾长沙耶?侃侃而谈,其王景略耶?国有人焉。谓中国之不振兴,吾不信也。

邵章之作①

大抵立法之意,本于天然,行法之权,操乎自主。西人国有国界,事有事界,非在法律之内,我既不得干于人,人亦不得干于我。自国与国有交际,法必通定,而后可以通守。

西律原于罗马,罗马学于雅典。十二铜板之法,相传最古,至东罗马帝入斯底安尼第一与法律家翟利破尼议定四种法律,其后法皇拿坡仑第一改定新法,为欧洲各国变律之祖。

法愈明,则习法学者愈益重。今法学科曰宪法、行政法、民法、刑法、诉讼法、国际法、商法、罗马法。英儒边沁复区法学为解释、批评二科,德儒乃普涅区法学为教授、历史、解释、辩论四科,此又研究法学之细目也。

官民皆通法意,则行律与守律两无龃龉,而管理界内民物之权始全,不独本国人应归管理,即寓居之别国人,亦归本国律法管理。盖罗马律文,欧西通例,皆所以重主权也。

自中西刑律互有轻重,通商口岸遂为各国治外法权所侵,主权全失,受病甚深。今既议改律例矣,则国际法与商法尤当首务。法定而与西人修约以争之,主权或可规复。不然,西人以待土、波、印、埃者待我,我其能久堪耶?

呜呼!宇宙大势所趋,政法不能不出于一。一则法行,法行则权在,奚虑列强之久窃而不归乎?谓予不信,请观日本。

---

① 顾廷龙主编:《清代硃卷集成》第300册《乡试(浙江)·光绪壬寅(二十八年)(一九〇二)补行庚子(二十六年)(一九〇〇)辛丑(二十七年)(一九〇一)恩正并科》,台湾成文出版社有限公司1992年版,第87—89页。

三场考试结束后,经过几日阅卷,录取名单于九月十二日(阴历)确定,次日放榜揭晓。名单甫一确定,上海《申报》即有访事探得消息,飞电传讯,连夜排版,在十三日同时刊出:"浙闱于今日揭晓,本馆先期敦请杭郡友人飞电相告,天届迟明,递到全榜,急即排录,登诸本日报端,藉副诸君子先覩为快之意。本馆附识。"①不过,由于时间仓促,电传字数过多,所译榜文难免有舛误之处。《申报》特于四日后依据官方版本,予以声明补正:"浙闱揭晓,本馆已先期托友飞电传来,译登报牍。惟电传字数过多,籍贯姓名未能一无讹误。兹接杭州访事邮寄官版题名全录,爰将所误之处一一校正如下,俾免讹传,亦藉见本馆硜硜求实之意。"②

据榜文可知,在名额上,由于这一届是恩正两科并行,故而一共录取了250名,正榜214名,副榜36名。沈承熙在250名新科举人中,位居正榜第205名。正如其硃卷"履历"所言:"乡试中式第二百五名。"③这一名次,看起来似乎并不靠前,但如果我们念及浙江是人文荟萃的科举大省,以往每届考生大多一万二三千人——"历来每科与试者,约一万二三千人"④,当年虽然人数少于往年,但仍然有近万人参加乡试——"此次浙省乡闱,士子之纳卷应试者计九千余"⑤,强手如林,就会明白这次金榜题名的分量。

在这一科中,沈承熙脱颖而出,甚至击败了以"李广平"为名应

---

① 《电传补行庚子辛丑恩正两科浙江乡试题名全录》,载《申报》大清光绪二十八年九月十三日,西历1902年10月14号(礼拜二),第10593号,第2版。
② 《校正电传浙闱题名录》,载《申报》大清光绪二十八年九月十七日,西历1902年10月18号(礼拜六),第10597号,第2版。
③ 顾廷龙主编:《清代硃卷集成》第300册《乡试(浙江)·光绪壬寅(二十八年)(一九〇二)补行庚子(二十六年)(一九〇〇)辛丑(二十七年)(一九〇一)恩正并科》,台湾成文出版社有限公司1992年版,第398页。
④ 曹南屏:《"考试不足得人才"——清末科举改制与出版市场的互动及其影响》,载《近代史研究》2018年第5期,第109页。
⑤ 《揭晓有期》,载《申报》大清光绪二十八年九月六日,西历1902年10月7号(礼拜二),第10586号,第2版。

试的、后来的弘一法师李叔同①,与署名"邵闻泰"的邵力子、章炳麟的哥哥章炳业②、丰子恺的父亲丰鐄(字斛泉)③等为同年。

四、考取原因

在这次科举新章初试、题型变化甚剧的科考试中,沈承熙之所以能够杀出重围,崭露头角,有诸多原因。除了自身的刻苦攻读之外,家庭出身,尤其是沈家本的影响至关重要。

首先,科举世家,言传身教。吴兴沈氏累世致力举业,沈承熙曾祖沈镜源、祖父沈丙莹、父亲沈家本、三叔沈彦模、五叔沈家霈等人,均是科举出身,或为举人,或为进士。尤其是父亲沈家本更是经历了漫长的科举生涯——1865年中举之后,长期困于八比之学,1883年方不负苦心,考中进士——其间,涵养了深厚的经史功夫,积累了丰富的科场经验。自沈承熙幼年入学起,沈家本在延聘名师教授之余,即时常亲自为其授课,成年之后,当亦时有指点。对于儿子,无论是经史精义,还是科考经验,相信沈家本均会倾囊相授,成为其参加科举的助力——实际上,早在同治十年(1871),沈家本就曾帮着修改堂姐夫潘霨之子、堂外甥潘子宜、潘子静二人的科举功课:"五月……初三日,晴。……为子静改诗。"④"五

---

① 李叔同参加浙江乡试的情况,可参见:郭长海:《李叔同和1902年浙江乡试——林子青〈弘一大师新谱〉拾补之一》,载《杭州师范学院学报》1998年第3期,第62—67页;欧七斤:《李叔同两次参加乡试史实新考》,载《历史档案》2012年第2期,第142—144页;叶瑜荪:《李叔同参加的浙江乡试》,载杭州师范大学弘一大师·丰子恺研究中心编:《一月千潭——第五届弘一大师研究国际学术会议论文集》,上海三联书店2016年版,第328—339页。

② 《浙江乡试题名录》,载《大公报》大清光绪二十八年九月二十二日,西历1902年10月23号(礼拜四),第129号,附张。

③ 丰子恺:《缘缘堂续笔·中举人》,海豚出版社2014年版,第32—33页。

④ 徐世虹主编:《沈家本全集》第七卷《日记(辛未)》,中国政法大学出版社2010年版,第501页。

月……初九日,晴。……是日为子宜改诗三首。"①"五月……十二日,晴。……为子静改诗。"②"五月……廿六日,晴。……改宜、静二人文。"③"五月……廿七日,阴雨。……改宜、静诗一首。"④"六月……初二日,晴。……为宜、静改诗各一。"⑤"六月……初三日,晴。……为宜、静改诗文各一。"⑥"六月……初六日,晴。……为子宜改文。"⑦"六月……初七日,晴。……为子静改诗。"⑧"六月……十三日,晴。改宜、静文。"⑨"六月……十七日,晴。……改宜、静文。"⑩"六月……二十日,晨大雨……改子静文。"⑪"六月……二十二日,晨晴带雨……改子宜文。"⑫"六月……二十六

---

① 徐世虹主编:《沈家本全集》第七卷《日记(辛未)》,中国政法大学出版社2010年版,第501页。
② 徐世虹主编:《沈家本全集》第七卷《日记(辛未)》,中国政法大学出版社2010年版,第501页。
③ 徐世虹主编:《沈家本全集》第七卷《日记(辛未)》,中国政法大学出版社2010年版,第502页。
④ 徐世虹主编:《沈家本全集》第七卷《日记(辛未)》,中国政法大学出版社2010年版,第502页。
⑤ 徐世虹主编:《沈家本全集》第七卷《日记(辛未)》,中国政法大学出版社2010年版,第503页。
⑥ 徐世虹主编:《沈家本全集》第七卷《日记(辛未)》,中国政法大学出版社2010年版,第503页。
⑦ 徐世虹主编:《沈家本全集》第七卷《日记(辛未)》,中国政法大学出版社2010年版,第503页。
⑧ 徐世虹主编:《沈家本全集》第七卷《日记(辛未)》,中国政法大学出版社2010年版,第503页。
⑨ 徐世虹主编:《沈家本全集》第七卷《日记(辛未)》,中国政法大学出版社2010年版,第503页。
⑩ 徐世虹主编:《沈家本全集》第七卷《日记(辛未)》,中国政法大学出版社2010年版,第504页。
⑪ 徐世虹主编:《沈家本全集》第七卷《日记(辛未)》,中国政法大学出版社2010年版,第504页。
⑫ 徐世虹主编:《沈家本全集》第七卷《日记(辛未)》,中国政法大学出版社2010年版,第504页。

日,乍晴乍雨。……改子静文。"①"六月……二十七日,晴。……改子宜文。"②"七月……初五日,晴带阴。改子静文。"③"七月……二十五日,早晴,午后阴雨。改子静文。"④"七月……二十八日,早晴,午后阴。改子静文。"⑤"八月朔,晨大雨……。灯下为子宜改文。"⑥"八月……十三日,阴雨。改子宜文。"⑦"九月……初二日。晴阴相间。改子宜、子静文。"⑧"九月……十六日。晴阴相间……改子静文。"⑨——而在这样的家庭氛围中,沈承熙耳闻目睹父辈的言传身教,潜移默化中,对于科举考试的认识与准备,从一开始,就过于常人。

其次,家学渊源,耳濡目染。科举改制之后,更加强调经世致用,中西政治法律内容,在试题中占了极大比例。沈家本长期供职刑部,以法律为业,是当之无愧的法学大家,平时又勤于著述,撰写了大量与政治法律有关的文章。沈承熙素日耳濡目染,有时还遵命帮沈家本抄录整理文稿,对政治法律问题应该并不陌生。而第

---

① 徐世虹主编:《沈家本全集》第七卷《日记(辛未)》,中国政法大学出版社 2010 年版,第 504 页。
② 徐世虹主编:《沈家本全集》第七卷《日记(辛未)》,中国政法大学出版社 2010 年版,第 505 页。
③ 徐世虹主编:《沈家本全集》第七卷《日记(辛未)》,中国政法大学出版社 2010 年版,第 505 页。
④ 徐世虹主编:《沈家本全集》第七卷《日记(辛未)》,中国政法大学出版社 2010 年版,第 507 页。
⑤ 徐世虹主编:《沈家本全集》第七卷《日记(辛未)》,中国政法大学出版社 2010 年版,第 507 页。
⑥ 徐世虹主编:《沈家本全集》第七卷《日记(辛未)》,中国政法大学出版社 2010 年版,第 507 页。
⑦ 徐世虹主编:《沈家本全集》第七卷《日记(辛未)》,中国政法大学出版社 2010 年版,第 508 页。
⑧ 徐世虹主编:《沈家本全集》第七卷《日记(辛未)》,中国政法大学出版社 2010 年版,第 510 页。
⑨ 徐世虹主编:《沈家本全集》第七卷《日记(辛未)》,中国政法大学出版社 2010 年版,第 511 页。

一场中"汉宣帝信赏必罚综核名实论"、第二场中"西国法律原于罗马,沿革若何？今法律之学为科凡几？自治外法权行于通商口岸,受病甚深,规复主权,宜有良策"两题,更是与政治法律问题直接相关,对沈承熙而言可谓驾轻就熟。而出身官员家庭,作为官宦子弟,平日应该没少见父亲沈家本与官场中人谈论国家大事,这对于沈承熙了解政治局势、应对策论试题不无裨益。

再次,名师教导,经史博通。科举改制之后,第一场"试中国政治史事论五道",第三场"试《四书》义二篇,《五经》义一篇"。虽然题型有所变化,但这两场内容均不出传统科举考试的经史范畴。沈承熙的"受业师"中,大都有科举功名在身。张觐侯为甲午科举人,周木君为乙酉科举人,蒋信侨为丁酉科举人,而夏曾佑不但是举人,而且是贡士,不但是贡士,而且是会试第一名会元,不但是会元,而且还高中进士、钦点翰林。在这些名师的教导下,沈承熙学问日益精进,奠定了深厚的经史基础。这使得他面对第一场与第三场等传统中国经史问题时,可以应付自如。

最后,西学素习,策问有备。科举改制之后,以"博通中外"[①]为宗旨,在中学之余,增加了"各国政治艺学策五道",考核西方社会科学与自然科学的诸多知识。这种相对陌生的知识体系,令很多应试者不知所措。然而,沈承熙则不乏这方面的训练与积累,他在攻读传统经史之余,还曾兼修英文,学习西学。他的"受业师"中,周寿臣曾任"天津育才馆英文教习",陈羲川曾任"畿辅学堂英文斋长",夏曾佑则曾积极参与改良派维新活动,与梁启超、汪康年创办《时务报》,又曾与严复创办《国闻报》,传播西学。这些老师,对于其完善知识结构、弥补西学修养,具有重要作用。而沈承熙的

---

① 上海商务印书馆编译所编纂:《大清新法令(1901—1911)》(点校本)第1卷《大清光绪新法令·谕旨·一·光绪二十七年(1901年)·七月十六日上谕(一)》,李秀清、孟祥沛、汪世荣点校,商务印书馆2010年版,第7页。

姐夫汪大燮，也属于新派人士，以通晓西学闻名，或许对其亦有影响。同时，沈家本府上有《申报》等近代报刊，平时经常阅读①，沈承熙应该也有接触，从中开拓视野，获取新知。这一切，都为他奠定了超出同侪的西学基础，使他在应对第二场策题时从容不迫、得心应手。

总之，科举骤然改制，首场"中国政治史事论"，仍然属于相对熟悉的传统经史范围，且具有相对明确的参考书目："中国历代事迹具详正史，其沿革大政，则《资治通鉴》、《续资治通鉴》中采择略备，《御批通鉴纲目》、《御批通鉴辑览》二书，圣断折衷，尤足昭示万古。此外如唐杜佑《通典》、宋郑樵《通志》、马端临《文献通考》、《钦定续通典》、《续通志》、《续文献通考》等篇，士子平时用功，均宜博览周知，以淹学识而资论断。考及命题，则谨以《御批通鉴纲目》、《御批通鉴辑览》及历代正史为本，上下古今，已足赅括。至国朝掌故，书目繁多，讲实学者尤宜切实讨论，借以援古证今，应听考官酌举命题，不必定以专书。"②对于应试者而言，倒不是太大的难题。第三场"四书五经义"属于传统科举必考内容，且仅"试《四书》义二篇，《五经》义一篇"，较之以往题量减少，文体放宽，难度降低，对于素来于此用力最深的士子而言，更不在话下。相比之下，第二场"各国政治艺学策"，才是新

---

① 徐世虹主编：《沈家本全集》第七卷《日记（辛未）》，中国政法大学出版社2010年版，第507页："七月……三十日，阴，夜大雨达旦。……灯下看新闻纸……。"徐世虹主编：《沈家本全集》第七卷《日记（丙子）》，中国政法大学出版社2010年版，第608页："三月……廿二日，晴。《申报》述西报云……。"徐世虹主编：《沈家本全集》第七卷《日记（戊寅）》，中国政法大学出版社2010年版，第651页："四月……初五日，晴。……《申报》言……。"徐世虹主编：《沈家本全集》第七卷《日记（己卯）》，中国政法大学出版社2010年版，第678页："八月……廿五日，阴，四鼓雨。看《申报》中《懒则致贫说》中有'懒于晋接，则拖言不事奔竞以鸣高'之语，颇与余情状相合，为之哑然。"

② 舒新城编：《近代中国教育史料（第四册）》·二六 改科举·甲 改文科·会奏变通科举事宜摺（附章程）》，上海科学技术文献出版社2015年版，第103—104页。

的挑战。与首尾两场不同,第二场范围更加广泛,举凡"学校"、"财赋"、"商务"、"兵制"、"公法"、"刑律"、"天文"、"地理"等西方社会科学知识与"格致"、"算术"、"制造"、"声"、"光"、"化"、"电"等自然科学知识,无所不包,且并无指导性参考书目,全靠个人积累:"查各国政治,自以学校、财赋、商务、兵制、公法、刑律、天文、地理为大纲。其艺学,则格致、算术、制造、声、光、化、电等类,亦宜研究入微,各求心得。现奉新章以此命题试策,士子讲求时务肄习有素者,自可各抒底蕴。"①这对于那些平时一心埋头经史、不谙西学、不通时务的传统知识分子而言,难度可想而知。故而,这一场,某种程度上成了科举考试成败的关键。

这一点儿,出身平民、同年在杭州入场应考的落榜生、浙江人骆憬甫的表现,或许可以作为例证。在第二场策题时,他说:"第二场我好像在西文场,一切都和第一场一样,只是考的是策问,也是五个题,每题的字数就有三四十,第一题是'西国学术,道源希腊,流派若何,宗旨若何……',下面还有许多问话,记不起了。次题为'西国法律,道源罗马……',三题为'西国理财……',四题为'西国地理……',五题为'西国格致……'。翻翻《新民丛报》,东拉西扯的不知做了些什么东西,又完了卷出来。"②如此作答,名落孙山也是意料中事:"三场顺利完结,回家去等候喜信,可是到九月十三出龙虎榜,我兄弟俩、陈姊夫、许同学、陈先生等都名落孙山,一场白忙。"③

对此结果,骆憬甫对比之下,心服口服。同时,也深深明白

---

① 舒新城编:《近代中国教育史料(第四册)·二六 改科举·甲 改文科·会奏变通科举事宜摺(附章程)》,上海科学技术文献出版社2015年版,第104页。
② 骆憬甫:《浮生手记 1886—1954 一个平民知识分子的纪实》,上海古籍出版社2004年版,第44页。
③ 骆憬甫:《浮生手记 1886—1954 一个平民知识分子的纪实》,上海古籍出版社2004年版,第44页。

第四章　沈承熙的科举之路

自己之所以失败的重要原因,在于乡村教育环境所造成的学问的不足,尤其是西学知识的匮乏:"两考乡试,名落孙山,买了浙江闱墨和各省的闱墨来看看,他们确实做得很好,自愧不如,难怪他们能'高掇巍科',我们要'名落孙山'。那么学问怎么能好呢?像这两场乡试中的题目,天文、地理、历史、哲学、物理、化学、法律、政治、财政、经济等等,无所不包,乡村的环境,既无名师传授,又无益友研讨,从哪里去求进益呢?"①正如他的私塾先生俞先生所言:"但是时代是改变了,家塾读书是永远读不好的。你兄弟俩假使要发展前途、深造学问的话,那是非进学堂不可了。现在的时代,光光会做做策论是不够的。英文、算学、物理、化学、地理、历史、体操、图画等,家塾里哪里学得到?而且也请不到这样多才多艺的名师。"②

骆憬甫的遭遇和感受,相信并非个案,某种程度上,他或许可以作为很多缺乏新学知识、不适应科举改制后新试题的士子的一个缩影。他们做起传统经义题来下笔有神,得心应手:"十四又进第三场,题目是三个经义题,出在四书五经上,还相当熟悉,做做很轻松,题目却忘了。"③做起新式策问题来,却一头雾水,穷于应付,虽搜肠刮肚,终东拉西扯而不知所云:"浙省本届文闱人数甚少,因改试策论,内地诸生每多未谙。虽由监临着提调于颁发题纸时,附刊新章体制分送外,计头场五论,未能完卷及违式者,共扣除五百余人。二场五策问及西国各事,尤难条对,甚有一字不成、托病沉吟者,故闱中官医甚形忙碌。然敷衍完卷、文不对题之人,正不可

---

① 骆憬甫:《浮生手记 1886—1954 一个平民知识分子的纪实》,上海古籍出版社2004年版,第45页。

② 骆憬甫:《浮生手记 1886—1954 一个平民知识分子的纪实》,上海古籍出版社2004年版,第47页。

③ 骆憬甫:《浮生手记 1886—1954 一个平民知识分子的纪实》,上海古籍出版社2004年版,第44页。

两相对照,这似乎又一次从侧面反衬了沈家本的开放心态和对西学的包容态度——或许正因为如此,他在请老师时才会中西兼顾,使沈承熙在攻读传统经史的同时,受到良好的西学与时务教育,从而在面临科举改制后新题时可以胸有成竹,从容应对。

沈承熙中举之后,沈家本非常高兴,光绪二十八年十月(1902年11月),曾专门入宫谢恩:"初二日,吏部、翰林院、侍卫处值日,无引见。孙中堂等磨勘试卷复命。沈家本因伊子中式举人谢恩。"②

由于沈承熙中举不久,即逢母亲亡故③,在家守制服丧,依例不许参加科举考试④,故不太可能参加1903年的"癸卯补行辛丑壬寅恩正并科会试"和1904年的"甲辰恩科会试"——远在开封,借河南贡院举行。而1905年9月,清廷又下谕废止科举:"著即自丙午科为始,所有乡会试一律停止,各省岁科考试亦即停止。"⑤故而,沈承熙的科举之路也就走到了尽头。基于同一原因,沈承熙遂成为沈家本后代中唯一的一位有科举功名在身的读书人。

作为沈家本诸子中唯一考中举人之人,沈承熙是沈家本的得

---

① 《浙试余闻》,载《新闻报》大清光绪二十八年八月二十日,西历1902年9月21号(礼拜日),第3434号,第3版。

② 《宫门抄》,载《申报》大清光绪二十八年十月十五日,西历1902年11月14号(礼拜五),第10624号,第2版。

③ 《内务部呈本部佥事沈承熙积劳病故恳请照章给恤文并批令》,载《政府公报》1915年10月3日,第1223号,第19页,"呈"。

④ (清)礼部纂辑:《钦定科场条例(光绪)·卷七·起送会试·直省举人会试·现行事例》(近代中国史料丛刊三编第48辑《钦定科场条例》第2册),台湾文海出版社有限公司1989年版,第550—551页。

⑤ (清)朱寿朋编:《光绪朝东华录》(第五册),张静庐等校点,中华书局1958年版,总第5408页。

第四章 沈承熙的科举之路

力助手,曾协助沈家本校订《吴兴长桥沈氏家集》,在其中多处留下名字。在沈丙莹的《春星草堂集·星匏馆随笔》中,时见"孙男承熙校字"[①]字样——该书共有 12 卷,每卷之后都附有这 6 个字。在其《春星草堂集·贵阳官文书偶存》中,也有"孙男承熙校字"[②]标记。不仅如此,在沈彦模的《看山楼草(二卷)》、沈家霖的《松桂林草(二卷)》卷末,也附有"侄男承熙校字"[③]款识。

---

① 徐世虹主编:《沈家本全集》第八卷《吴兴长桥沈氏家集·春星草堂集(二十二卷)·星匏馆随笔一》,中国政法大学出版社 2010 年版,第 159 页。徐世虹主编:《沈家本全集》第八卷《吴兴长桥沈氏家集·春星草堂集(二十二卷)·星匏馆随笔二》,中国政法大学出版社 2010 年版,第 172 页。徐世虹主编:《沈家本全集》第八卷《吴兴长桥沈氏家集·春星草堂集(二十二卷)·星匏馆随笔一》,中国政法大学出版社 2010 年版,第 159 页。徐世虹主编:《沈家本全集》第八卷《吴兴长桥沈氏家集·春星草堂集(二十二卷)·星匏馆随笔三》,中国政法大学出版社 2010 年版,第 185 页。徐世虹主编:《沈家本全集》第八卷《吴兴长桥沈氏家集·春星草堂集(二十二卷)·星匏馆随笔四》,中国政法大学出版社 2010 年版,第 197 页。徐世虹主编:《沈家本全集》第八卷《吴兴长桥沈氏家集·春星草堂集(二十二卷)·星匏馆随笔五》,中国政法大学出版社 2010 年版,第 209 页。徐世虹主编:《沈家本全集》第八卷《吴兴长桥沈氏家集·春星草堂集(二十二卷)·星匏馆随笔六》,中国政法大学出版社 2010 年版,第 219 页。徐世虹主编:《沈家本全集》第八卷《吴兴长桥沈氏家集·春星草堂集(二十二卷)·星匏馆随笔七》,中国政法大学出版社 2010 年版,第 228 页。徐世虹主编:《沈家本全集》第八卷《吴兴长桥沈氏家集·春星草堂集(二十二卷)·星匏馆随笔八》,中国政法大学出版社 2010 年版,第 240 页。徐世虹主编:《沈家本全集》第八卷《吴兴长桥沈氏家集·春星草堂集(二十二卷)·星匏馆随笔九》,中国政法大学出版社 2010 年版,第 249 页。徐世虹主编:《沈家本全集》第八卷《吴兴长桥沈氏家集·春星草堂集(二十二卷)·星匏馆随笔十》,中国政法大学出版社 2010 年版,第 259 页。徐世虹主编:《沈家本全集》第八卷《吴兴长桥沈氏家集·春星草堂集(二十二卷)·星匏馆随笔十一》,中国政法大学出版社 2010 年版,第 269 页。徐世虹主编:《沈家本全集》第八卷《吴兴长桥沈氏家集·春星草堂集(二十二卷)·星匏馆随笔十二》,中国政法大学出版社 2010 年版,第 278 页。同页载:"今年春,家本竭三月之力,检取原书,详校一过,以付手民。记其缘起于此。光绪戊申三月,男家本谨志。"

② 徐世虹主编:《沈家本全集》第八卷《吴兴长桥沈氏家集·春星草堂集(二十二卷)·公牍偶存(一卷)·贵阳官文书偶存》,中国政法大学出版社 2010 年版,第 292 页。

③ 徐世虹主编:《沈家本全集》第八卷《吴兴长桥沈氏家集·看山楼草(二卷)》,中国政法大学出版社 2010 年版,第 306 页。徐世虹主编:《沈家本全集》第八卷《吴兴长桥沈氏家集·松桂林草(二卷)》,中国政法大学出版社 2010 年版,第 321、329 页。

第五章　沈承熙的宦海生涯

　　沈承熙中举之前，已经通过捐纳途径，由附贡生报捐知县，获得"指分江苏试用知县"①的虚衔。1902年中举之后，有功名在身，又援例报捐主事，次年正式步入官场，踏上仕途，开始了宦海生涯。历官晚清工部、巡警部、民政部与民国内务部，官至内务部警政司佥事、警政司第一科科长，最终卒于任上。

　　对于沈承熙的官场经历，日本人田原天南在《清末民初中国官绅人名录》中，有比较简略的记载："浙江省歸安縣人、前清の舉人にして、民政部に奉職し、民國成立後、內務部警政司第一科僉事を拜命し、民國四年七月、中大夫を授けらる。"②

　　相比之下，1915年10月《政府公报》上刊载的沈仁堪的禀文，则详细得多：

　　　　金井胡同一号住户、已故内务部佥事沈承熙之子沈仁堪禀

---

　　①　顾廷龙主编：《清代硃卷集成》第300册《乡试（浙江）·光绪壬寅（二十八年）（一九〇二）补行庚子（二十六年）（一九〇〇）辛丑（二十七年）（一九〇一）恩正并科》，台湾成文出版社有限公司1992年版，第391页。

　　②　（日）田原天南编：《清末民初中国官绅人名录》，台湾文海出版社有限公司1973年版，第184页。

称,伊故父沈承熙,系浙江吴兴县人,由举人报捐主事。清光绪二十九年,分工部行走,旋丁母忧。三十一年,由巡警部调派外城巡警总厅当差,充豫审厅审判委员,兼充警厅行政处股长,派署六品警官。三十二年,补警政司主事,充行政科、警学科帮稿。民国元年,内务部改组,荐任佥事,叙五等,给第五级俸,派充第三科科长。二年,丁父忧,旋派第二科、第一科科长,进给四等第四级俸,月支俸给二百八十元。于本年八月六日积劳病故。①

以此为据,佐以相关文献史料,可以勾勒出沈承熙的基本任职经历。这一经历,与沈仁堪所言,似略有出入。具体而言:

一、晚清工部

沈承熙中举之后,援例报捐主事,光绪二十九年(1903),被签分工部,学习行走。不久,因为母亲去世,回家丁忧:"清光绪二十九年,分工部行走,旋丁母忧。"②

那么,沈承熙的母亲即沈家本的夫人具体是什么时候去世的呢?依据史料中的蛛丝马迹推断,当在光绪二十九年二、三月(1903年3—4月)间。

当年年初,素来谨慎敬业的沈家本抛开刻不容缓的修订法律重任,连续多次请假。早在正月底至二月初,他便曾请假10天:"正月二十七日……沈家本、奎俊请假十日。"③二月初八日假满:

---

① 《内务部呈本部佥事沈承熙积劳病故恳请照章给恤文并批令》,载《政府公报》1915年10月3日,第1223号,第19页,"呈"。

② 《内务部呈本部佥事沈承熙积劳病故恳请照章给恤文并批令》,载《政府公报》1915年10月3日,第1223号,第19页,"呈"。

③ 《宫门邸抄》,载《大公报》大清光绪二十九年正月廿九日,西历1903年2月26号(礼拜四),第244号,第1版。

"二月初八日……沈家本、立侯各假满请安。"①然而,销假之后不过5天,他便又开始连续请假,先请了10天,接着续请了10天,然后又续请了20天,一续再续,连续延至40天之久:"二月十三日……沈家本请假十日。"②"二月二十三日……沈家本续假十日。"③"三月初三日……沈家本续假二十日。"④直到三月二十三日(4月20日),方才事毕销假,入朝谢恩:"三月二十三日……沈家本假满请安。"⑤

沈家本一向恪尽职守,"除循例休息,无一日缺席"⑥,更何况刚刚接受修订法律重任半年左右,正是大显身手、积极表现之时,这两个月为何会一反常态,连续请假呢?究竟什么事情,能够让老成持重的他一而再、再而三地请假,而且在修订法律重任在肩的情况下,还均能获得朝廷一而再、再而三的容忍和恩准呢?或许,夫人去世,会是一个足够正当的事由。易言之,于情于理,夫人去世,均需要时间处理后事,请假休工在所难免。沈家本夫人在1903年去世,而这一年只有二、三月(3—4月)间,沈家本连续请假多日,故而,可以推知沈夫人应是在这段时间去世的。详绎之下,或许是因为沈夫人正月初已生重病,所以沈家本请假10天,陪伴照料。在此期间,沈夫人似有所好转,因而如期销假。然而,不久,沈夫人

---

① 《宫门邸抄》,载《大公报》大清光绪二十九年二月初十日,西历1903年3月8号(礼拜日),第254号,第1版。
② 《宫门邸抄》,载《大公报》大清光绪二十九年二月十五日,西历1903年3月13号(礼拜五),第259号,第1版。
③ 《宫门邸抄》,载《大公报》大清光绪二十九年二月廿六日,西历1903年3月24号(礼拜二),第270号,第1版。
④ 《宫门邸抄》,载《大公报》大清光绪二十九年三月初五日,西历1903年4月2号(礼拜四),第279号,第1版。
⑤ 《宫门邸抄》,载《大公报》大清光绪二十九年三月廿五日,西历1903年4月22号(礼拜三),第298号,第1版。
⑥ 《沈子惇先生事略补志》,载《时报》中华民国二年六月二十八日,旧历癸丑年五月廿四日,西历1913年6月28号(星期六),第3238号,第4版,"时评一"。

病势急转直下，终告不治。故而，沈家本又连续请假照看、居家治丧。

实际上，沈家本夫人去世之后，很多亲朋好友均曾前往吊唁，这也为确定其去世时间提供了不少线索。当年二月十四日（3月12日），沈府常客、与沈家本交情深厚、时任国子监司业的徐世昌闻讯即曾前去吊丧："二月……十四日（3月12日），晨起，进内办公，午后散。出门答拜客数家，吊沈子敦、吴少渠丧偶。"①而在三月十日（4月7日），他又再次前往致吊："三月……初十（4月7日），晨起，进内办公，午后出城拜客，到沈子敦宅作吊。"②同日，沈家本的浙江同乡、刑部同僚沈曾植也曾前去吊丧："三月十日（4月7日），吊沈家本夫人之丧。"③"吊於子敦侍郎之夫人，晤俞锡甫。"④而其浙江同乡、官场晚辈、后来曾任大理院官员的孙宝瑄，也曾前去吊祭："三月……十日……过午，诣沈子敦，吊其夫人之丧。"⑤

一般而言，吊唁应在逝者去世不久，尤其是对于至亲好友家中之丧，得知消息后则更应及早主动前往，以示关切敬重。而居丧之家也往往会在出殡前发出讣告，选定日期，集中接受亲友吊唁，称为"开吊"。这或许可以从侧面说明，沈家本夫人去世之日，更确切而言，当在二月之初。或许正是在二月十三日——沈家本"请假十日"之时。而三月十日，当为其"开吊日"。

自1866年成婚后，沈夫人与沈家本相濡以沫三十多年，伉俪

---

① 徐世昌著：《徐世昌日记》（第二册），吴思鸥点校，北京出版社2018年版，第7页。
② 徐世昌著：《徐世昌日记》（第二册），吴思鸥点校，北京出版社2018年版，第9页。
③ 《沈氏门簿》，载许全胜撰：《沈曾植年谱长编》，中华书局2007年版，第293页。
④ 《海日楼日记》，载许全胜撰：《沈曾植年谱长编》，中华书局2007年版，第293页。
⑤ 孙宝瑄：《忘山庐日记》（上），上海古籍出版社1983年版，第662页。

情深。她去世后,沈家本老年丧偶,非常悲痛,为之鳏居至老:"陈夫人卒后,家人劝置妾侍,峻词拒绝。"①

当年,在一首名为《药匲秋影图为严迪庄题》的诗中,沈家本"借他人之酒杯,浇胸中之块垒",表达了对于夫人的深沉哀悼:"披图已觉太情痴,读到君词语更悲。我亦药炉亲检点,老来懒作悼亡诗。"②

《药匲秋影图》是沈家本故人之子严迪庄所作,从图"太情痴"、词"语更悲"、"悼亡诗"等或明或暗的线索中可以测知,应是一幅悼念亡妻的图画——因为,"情痴"用于男女之爱,而所谓"悼亡诗",则是中国文学史上一种特定的诗歌题材,专指悼念亡妻故妾的诗作③——实际上,这幅图也的确是严迪庄为悼念亡妻冯夫人所作:"余有药匲秋影图册,悼故室冯夫人而作。"④相比于沈家本深沉简约的七言绝句,子毅的一百一十六字长调《摸鱼儿·题严迪庄药匲秋影图》,则更加细腻地描摹了图中内容与画中意境,透露出更为丰富的图文信息与悼亡色彩:"便描来倩鸿依旧,春波不似前皱。影堂信息和烟断,还怕近来清瘦。凝对久,问千遍,真真环佩妇来否?思量前后,算天上云霞、人间苍术,一例总消瘦。　当年事,夜半妖星照牖,惊心泪湿衫袖。长沙千里招魂远,苔纂秋坟似绣。真负负,只送汝,归舟一握柔荑手。凄然回首,念厚福输君,潜英未冷,亲见病时候。"⑤而"真真环佩妇来否"一句中,"妇"之一词,亦是妻之明证。

---

① 《沈子惇先生事略补志》,载《时报》中华民国二年六月二十八日,旧历癸丑年五月廿四日,西历 1913 年 6 月 28 号(星期六),第 3238 号,第 4 版,"时评一"。
② 徐世虹主编:《沈家本全集》第七卷《枕碧楼偶存稿十二卷·卷十二·诗六·药匲秋影图为严迪庄题》,中国政法大学出版社 2010 年版,第 167 页。
③ 参见:胡旭:《悼亡诗史》,东方出版中心 2010 年版,第 1 页。
④ 吴兴严启丰迪庄:《题锟玉楼遗稿》,载《香艳杂志》1915 年第 7 期,"艳丛·诗",第 13 页。
⑤ 子毅:《摸鱼儿·题严迪庄药匲秋影图》,载《震旦》中华民国二年三月(1913 年 3 月)第 2 期,"文苑·嘤求录",第 137 页。

严迪庄名启丰,浙江吴兴人,与沈家本同乡,后来也曾任职民政部,成为沈承熙的同事,且与沈承熙在同年先后去世[1]。沈家本与其父严以盛(字觐侍)交好,光宣年间,曾有多篇为严氏父子所撰的诗歌、墓表与序文:如光绪三十三年(1907)的《严氏家庙松歌》[2],宣统元年(1909)的《梦影盦集序》[3]、《严觐侍抱檏永慕图跋》[4]、《遵化直隶州知州严君墓表》[5],宣统三年(1911)的《吴兴别录序》[6]等。严迪庄后来续弦,与沈家本兄弟之女成婚,成为沈家本的侄女婿。沈家本称严以盛为"姻家"[7]、"觐侍仁兄亲家大人"[8],原因也在于此。沈家本去世后,严迪庄曾挽之曰:"扶病校丛书,枕碧楼成公竟去;赠言留别录,下菇城远梦安归。"[9]"身世值奇艰,晚年修律著书志愿宏深不知老;亲朋钦硕望,此日山颓木坏

---

[1] 《内务部呈本部佥事严启丰积劳病故恳请照章给恤文并批令》,载《政府公报》1915年3月24日,第1032号,第17—18页,"呈"。

[2] 徐世虹主编:《沈家本全集》第七卷《枕碧楼偶存稿十二卷·卷十二·诗六·严氏家庙松歌》,中国政法大学出版社2010年版,第169页。

[3] 徐世虹主编:《沈家本全集》第七卷《枕碧楼偶存稿十二卷·卷五·文五·序记·梦影盦集序》,中国政法大学出版社2010年版,第72页。这篇序文后来收入严启丰刊刻的《梦影盦遗稿》中,后面落款为:"宣统建元春仲归安沈家本序。"(严以盛撰:《梦影盦遗稿》吴兴严氏随分读书斋刊,载《清代诗文集汇编》编纂委员会编:《清代诗文集汇编783》,上海古籍出版社2010年版,第70页)。

[4] 徐世虹主编:《沈家本全集》第七卷《枕碧楼偶存稿十二卷·卷六·文六·跋墓表 传·严觐侍抱檏永慕图跋》,中国政法大学出版社2010年版,第87页。

[5] 徐世虹主编:《沈家本全集》第七卷《枕碧楼偶存稿十二卷·卷六·文六·跋墓表 传·遵化直隶州知州严君墓表》,中国政法大学出版社2010年版,第89—91页。

[6] 徐世虹主编:《沈家本全集》第七卷《枕碧楼偶存稿十二卷·卷五·文五·序记·吴兴别录序》,中国政法大学出版社2010年版,第72—73页。

[7] 徐世虹主编:《沈家本全集》第七卷《枕碧楼偶存稿十二卷·卷五·文五·序记·梦影盦集序》,中国政法大学出版社2010年版,第72页;"觐侍,余姻家也。"

[8] 左志丹编著:《近现代名人书札手迹鉴赏2·沈家本》,四川美术出版社2015年版,第18页。

[9] 《吴兴沈子惇先生哀挽录》,载刘家平、苏晓君主编,国家图书馆分馆编:《中华历史人物别传集》第62册,线装书局2003年版,第753页(影印《沈家本志哀》,廊房三条丽华石印,第15页)。

凋零者旧更无人。"①在挽联的署名中,也自称"姻侄"、"姻愚侄"。需要指出的是,1902年沈承熙乡试硃卷"履历"中在列举"嫡姊妹"归宿时②,未曾言及严迪庄,当是斯时沈、严两家尚未联姻,严迪庄尚未成为沈家女婿之故,而他成为沈家女婿,至少应在1903年丧妻之后。虽然严迪庄的加入,侧面说明沈家本的侄女可能不止沈承熙所列举的6位,不过,这并不影响先前依据硃卷所列排行,对王树椒两任妻子身份的推断。

图画绘成之后,严迪庄四处请人题词,作为父亲好友、同乡前辈的沈家本也在被请之列,适逢沈家本也遭遇丧妻之痛,与其同病相怜,故而感同身受,题诗时饱含真情,使得诗句深挚动人。

通读全诗,短短几句,一股凄凉落寞之气,透骨而来。"我亦"、"悼亡诗"这些字眼,说明沈家本与严迪庄同病相怜,也是丧妻。前两句,"情痴"、"更悲",明言严迪庄,实则暗中也是说沈家本自己。后两句,"药炉"、"懒作",说明沈家本内心异常悲痛,拟将余生分付"药炉经卷",养身修道,有看破红尘之意,而名言"懒作",实则是因为不忍回顾,故而无法动笔,只好以疏懒作为掩饰悲伤的遁词。所用技法,与元稹著名的"取次花丛懒回顾,半缘修道半缘君"一句,有神似之处,看似意态萧索,实则痛不可抑。

沈家本的这首诗,对严迪庄似乎产生了不小的影响。他在应邀为浙江吴兴同乡张钧衡之妻徐咸安的《韫玉楼遗稿》③题诗时,

---

① 《吴兴沈子惇先生哀挽录》,载刘家平、苏晓君主编,国家图书馆分馆编:《中华历史人物别传集》第62册,线装书局2003年版,第759页(影印《沈家本志哀》,廊房三条丽华石印,第27页)。

② 顾廷龙主编:《清代硃卷集成》第300册《乡试(浙江)·光绪壬寅(二十八年)(一九〇二)补行庚子(二十六年)(一九〇〇)辛丑(二十七年)(一九〇一)恩正并科》,台湾成文出版社有限公司1992年版,第393页。

③ 《韫玉楼遗稿》的作者,综合《韫玉楼张徐咸安女士》,载《香艳杂志》1914年第5期,"图画",第3页;吴兴张钧衡石铭:《韫玉楼遗稿征诗小引》,载《香艳杂志》1915年第9期,"艳丛·文",第3页,可以推知。

即有意无意间在尾联中袭用了沈家本的句式:"我亦药匦图幻影,伤心同是过来人。"①

回头来看,1903年,平生酷爱作诗的沈家本,的确懒于作诗,几乎"懒"到了辍笔不作的地步。检点《枕碧楼偶存稿》,当年留存的只有《药匦秋影图为严迪庄题》这一首。而这唯一的一首,却恰恰是情真意切的悼亡之作,是这位号称"懒作悼亡诗"的六十三岁老翁,借机抑痛,委婉铺陈,为亡妻而写的真正的悼亡诗。

对于初入官场的沈承熙而言,遭遇母亲之丧,无论依据礼制还是法制,均应丁忧守制。《大清律例》载:"凡闻父母及夫之丧,匿不举哀者,杖一百、徒一年。""若官吏父母死,应丁忧,诈称祖父母、伯叔、姑、兄姊之丧,不丁忧者,杖一百,罢职役不叙。"②而据律中"服制"、"诸图"可知,"子为父母"服"斩衰三年"③,"为人后者,为其本生父母"服"齐衰不杖期"④:"凡男为人后者,为本生亲属孝服皆降一等,本生父母亦降服不杖期。"⑤沈家本之妻为沈承熙生母,本应为之服丧三年。但由于沈承熙出嗣沈家树为子,故而,沈家本之妻在宗法上为沈承熙"本生母",依礼降期,只需服丧一年。

光绪三十年二、三月(1904年3、4月)间,沈承熙服满起复。九月,被分发为工部主事:"郎中:陈洪蕃(顺天),员外郎:叶登第

---

① 吴兴严启丰迪庄:《题韫玉楼遗稿》,载《香艳杂志》1915年第7期,"艳丛·诗",第13页。
② 田涛、郑秦点校:《大清律例·卷十七·礼律·仪制·匿父母丧》,法律出版社1999年版,第293页。
③ 田涛、郑秦点校:《大清律例·卷三·服制·斩衰三年》,法律出版社1999年版,第75页。
④ 田涛、郑秦点校:《大清律例·卷三·服制·齐衰不杖期》,法律出版社1999年版,第76页。
⑤ 田涛、郑秦点校:《大清律例·卷二·诸图·丧服图》,法律出版社1999年版,第65页。

（直隶），主事：何骞（安徽）、沈承熙（浙江）。"①

自此，沈承熙与工部结下了不解之缘，直至1906年中央官制改革中工部衙门被裁撤，其人事关系一直都在工部。光绪三十一年（1905）冬季的《爵秩全览》中，沈承熙列名在"工部衙门"的"额外司员"之中："主事沈承熙，浙江人，举人。"②光绪三十二年（1906）春季的《爵秩全览》中，沈承熙仍列名在"工部衙门"的"额外司员"之中："主事沈承熙，浙江人，举人。"③

二、晚清巡警部

光绪三十一年九月初十日（1905年10月8日），清廷下旨，成立巡警部："巡警关系紧要，迭经谕令京师及各省一体举办，自应专设衙门，俾资统率，著即设立巡警部。"④

对于沈承熙在巡警部的经历，沈仁堪云："三十一年，由巡警部调派外城巡警总厅当差，充豫审厅审判委员，兼充警厅行政处股长，派署六品警官；三十二年，补警政司主事，充行政科、警学科帮稿。"⑤然而，这段记载，似乎有些不确之处。

首先，光绪三十一年（1905），沈承熙是否由巡警部调派当差，似乎值得怀疑。巡警部成立于当年九月（10月），如果沈承熙在当年

---

① 《分发人员验看名单》，载《申报》大清光绪三十年九月初八日，西历1904年10月16号（礼拜日），第11315号，第3版。

② 清华大学图书馆、科技史暨古文献研究所编：《清代缙绅录集成80 爵秩全览（光绪三十一年冬）》，大象出版社2008年版，第29页。

③ 清华大学图书馆、科技史暨古文献研究所编：《清代缙绅录集成80 爵秩全览（光绪三十二年春）》，大象出版社2008年版，第207页。

④ （清）朱寿朋编：《光绪朝东华录》（第五册），张静庐等校点，中华书局1958年版，总第5408页。

⑤ 《内务部呈本部佥事沈承熙积劳病故恳请照章给恤文并批令》，载《政府公报》1915年10月3日，第1223号，第19页，"呈"。

由巡警部调派当差的话,只能在九月至十二月这四个月之中。而查阅巡警部其间的调员信息——"警务部日前由兵部调来司员为朱、秦、存、李四员,业于日内分派各事,将来即可奏留,作为警务部之章京。"①"警部开办伊始,需才孔亟,闻徐菊人尚书现就前署兵部侍郎时所稔知之员司,遴其才识坚卓、朴实耐劳者,奏调来部,以资臂助。探悉有主事舒鸿仪、李光第、安钟愔、胡廷灿,员外郎杨芾、成炘共六员。"②"京师新设之巡警部人员不敷分布,拟将以工巡局之委员调作巡警部之委员,品级相等者即可调用借补。并闻赵署侍郎仍有兼管天津巡警之说。"③"警部尚书侍郎等员,已由户部拨款五万两为开办经费。其内部之组织,共调京、外官二十五员:计候选官五员,兵部主事六员,刑部主事一员,内阁中书二员,毕业留学生六名,都察院御史三员,安徽知府一员。又闻议定四司:一曰行政司(或云保安司),二曰裁判司,三曰庶务司,四曰卫生司。"④"闻巡警部会议,以警务紧要,非得干员不足以资臂助,现已派定王善荃观察充该部之提调。"⑤"内外城工巡局委员经警部各堂会议,将一律改为实官,俟奏明后,尚须带领引见。"⑥——并无沈承熙之名。

其次,相关证据表明,光绪三十二年九月初二日(1906 年 10 月 19 日),沈承熙才由工部调派巡警部当差:"巡警部续调人员于

---

① 《警部调员纪闻》,载《大公报》大清光绪三十一年九月廿三日,西历 1905 年 10 月 21 号(礼拜六),第 1190 号,第 3 版,"要闻"。

② 《警部奏调人员》,载《大公报》大清光绪三十一年十月初二日,西历 1905 年 10 月 29 号(礼拜日),第 1198 号,第 3 版,"要闻"。

③ 《对品借调员司》,载《大公报》大清光绪三十一年十月初六日,西历 1905 年 11 月 2 号(礼拜四),第 1202 号,第 3 版,"要闻"。

④ 《巡警部之组织(北京)》,载《山东官报》光绪三十一年十月十七日,西历 1905 年 11 月 13 号(礼拜一),第 65 号,第 5 页。

⑤ 《选定警部提调》,载《大公报》大清光绪三十一年十一月初七日,西历 1905 年 12 月 3 号(礼拜日),第 1233 号,第 2 版,"要闻"。

⑥ 《委员将改实官》,载《大公报》大清光绪三十一年十一月十一日,西历 1905 年 12 月 7 号(礼拜四),第 1237 号,第 2 版,"要闻"。

前日出奏,计内外总厅二十员:内阁中书许宝蘅、内阁中书钟镛、礼部主事德祐、礼部主事胡位咸、刑部郎中王庆甲……候选盐大使杨德。内外豫审所六员:刑部员外郎汪世杰……工部主事沈承熙、分部主事白堃。习艺所委员五名:内务府笔贴式松年……医学生李逢春。"①"巡警部续调人员已于日前具奏,计内外总厅:内阁中书许宝蘅等二十员,内外豫审所:刑部员外郎汪世杰等六员,习艺所委员:内务府笔贴式松年等五员。"②

再次,光绪三十二年九月(1906 年 10 月),沈承熙被调派巡警部后,似乎也并未"补警政司主事"。查阅当年缙绅录,"警政司"中并未有他的名字,而他正式出现在"警政司"官员之列,则是光绪三十四年(1908)民政部时期的事情了③。

不惟如此,令人费解的是,查阅缙绅录,"沈承熙"这个名字,在光绪三十一年、三十二年的"巡警部衙门"中,均杳无踪迹,反而在工部衙门的"额外司员"中频频出现,即便他被调派巡警部当差之后,也是如此。

那么,为什么沈仁堪声称沈承熙曾在巡警部当差,而缙绅录中"巡警部衙门"内却并无他的名字呢?

这或许是因为,巡警部成立伊始,需才孔亟,需大量调派各衙门人员前往襄助,为减少阻力,所调人员的人事关系仍保留在所属衙门——大理院成立之初,在调员时,就援引了巡警部的这种先例:"仰恳……饬下法部及各衙门,将该员等调归臣院任用……至奏调各员,应请援照学部及从前巡警部成案,毋庸开去差缺,遇有

---

① 《警部续调人员》,载《大公报》大清光绪三十二年九月初四日,西历 1906 年 10 月 21 号(礼拜日),第 1543 号,第 3 版,"要闻"。
② 《巡警部续调人员》,载《北洋官报》光绪三十二年九月初五日,第 1166 册,"京师近事",第 7 页。
③ 清华大学图书馆、科技史暨古文献研究所编:《清代缙绅录集成 85 爵秩全览(光绪三十四年春)》,大象出版社 2008 年版,第 243 页。

升转,仍因其旧,俟臣院奏补实任后,再行照例办理云云。"①由于"调派"当差、临时性"派署",均属于暂时借调性质,并非真正补缺,也不改变原有人事关系,日后是否能够补缺,则需由巡警部根据表现,考核决定:"仍于调部当差者,逐细考核,再请续补。"②故而,在这种用人模式下,即便沈承熙人在巡警部当差,在正式奏补实任之前,他仍然属于工部官员,缙绅录中"巡警部衙门"内见不到他的名字、而"工部衙门"内却见到他的身影,也就不足为奇了。

三、晚清民政部

光绪三十二年九月二十日(1906年11月6日),清廷颁布上谕,裁定了中央官制改革方案,决定将巡警部改为民政部,工部并入农工商部:"巡警为民政之一端,著改为民政部。……工部著并入商部,改为农工商部。"③

工部裁缺后,新设的农工商部只留下旧有人员三十余人——但留实缺不留候补,作为"额外司员"的沈承熙并未在留用之列,而是等候安置④。故而,光绪三十二年冬季,在《爵秩全览》中,沈承熙仍然名列"农工商部衙门"后所附的"原工部司员"的"额外司员"中,等待吏部分发或各部选调:"主事沈承熙,浙江人,举人。"⑤

---

① 《大理院奏开办院务佐理需人拟请调用司员摺》,载《北洋官报》光绪三十二年十月二十七日,第1217册,"奏议录要",第2—3页。
② 《巡警部奏续拟本部请升请补各缺摺》,载《北洋官报》光绪三十二年六月二十六日,第1098册,"奏议录要",第3页。
③ 《裁定奕劻等覈拟中央各衙门官制谕》,载故宫博物院明清档案部编:《清末筹备立宪档案史料》(上册),中华书局1979年版,第471页。
④ 农工商部设立后,原有工部人员的安置情况,可参见:潘鸣:《1906年中央官制改革裁撤机构人员安置问题研究》,载《首都师范大学学报(社会科学版)》2004年S1期(增刊),第84页。
⑤ 清华大学图书馆、科技史暨古文献研究所编:《清代缙绅录集成83爵秩全览(光绪三十二年冬)》,大象出版社2008年版,第36页。

光绪三十二年十二月二十三日(1907年2月5日),民政部奏请将原巡警部实任司员就地转用,以相当官阶,直接改补为民政部各缺:"将巡警部已经补缺人员,酌按材地所宜,各以原补官阶分别改补,以资熟手而专责成。"①这些司员共41名,包括"郎中三缺、员外郎十六缺、主事十八缺、小京官四缺。"②然而,其中却并无沈承熙。这也从侧面说明,沈承熙在光绪三十二年(1906)并未曾实际补授为巡警部警政司主事。

光绪三十三年一月(1907年3月),或许是由于之前在巡警部的当差经历,加之其父沈家本与民政部尚书徐世昌的私人关系,作为工部裁缺人员的沈承熙获得任用机会,调入民政部任职:"民政部日前咨行吏部,特调工部裁缺之员外郎胡承鉴、沈学范,主事瑞斌……沈承熙……,候补笔帖式书林等十三员到部听候差委,藉资得力。已经吏部核准,饬令该员前往民政部预备派差矣。"③随后,被分配到"外城巡警总厅"预审厅,任预审厅委员。在光绪三十三年(1907)春季的《爵秩全览》中,沈承熙开始与工部、农工商部脱离关系,名列"民政部衙门"所辖的"外城巡警总厅"的"预审厅委员"中:"原工部候补主事沈承熙,浙江人,举人。"④

光绪三十三年(1907)秋,沈承熙职位稍有调整,离开外城巡警总厅,回归民政部总署,在《爵秩全览》中,出现在"民政部衙门"的"额外委员"之列:"工部候补主事沈承熙,浙江归安县人,举人。"⑤

---

① 《民政部奏将警部司员改补民政部各缺摺》,载《时报》光绪三十三年二月初五日,西历1907年3月18号(礼拜一),第982号,第5版,"奏摺"。
② 《民政部奏将警部司员改补民政部各缺摺》,载《时报》光绪三十三年二月初五日,西历1907年3月18号(礼拜一),第982号,第5版,"奏摺"。
③ 《民政部咨调人员》,载《大公报》大清光绪三十三年正月二十日,西历1907年3月4号(礼拜一),第1667号,第5版,"时事·北京"。
④ 清华大学图书馆、科技史暨古文献研究所编:《清代缙绅录集成83 爵秩全览(光绪三十三年春)》,大象出版社2008年版,第197页。
⑤ 清华大学图书馆、科技史暨古文献研究所编:《清代缙绅录集成84 爵秩全览(光绪三十三年秋)》,大象出版社2008年版,第347页。

当年冬季，在《爵秩全览》中，沈承熙仍在"民政部衙门"的"额外委员"之列："工部候补主事沈承熙，浙江归安县人，举人。"①

　　光绪三十四年（1908）春，沈承熙正式补为民政部警政司主事。查阅光绪三十四年春季的《爵秩全览》可见，沈承熙列名在"民政部衙门"的"警政司"之中："主事沈承熙，浙江归安县人，举人。"②同季的《最新百官录》中，也是如此："主事沈承熙，浙江归安县人，乙科。"③而同年的夏、秋、冬三季，仍然如此：查阅这三季的《爵秩全览》，沈承熙仍在"民政部衙门"的"警政司"之中："主事沈承熙，浙江归安县人，举人。"④

　　宣统元年（1909），沈承熙仍然为民政部警政司主事，官职未有变化。查阅当年春、夏、秋、冬四季的《爵秩全览》，沈承熙均在"民政部衙门"的"警政司"之中："主事沈承熙，浙江归安县人，举人。"⑤而当年冬季《缙绅全书》的"民政部衙门·警政司"中，也有沈承熙之名："主事沈承熙，浙江归安县人，举人。"⑥

---

　　①　清华大学图书馆、科技史暨古文献研究所编：《清代缙绅录集成 85 爵秩全览（光绪三十三年冬）》，大象出版社 2008 年版，第 14 页。
　　②　清华大学图书馆、科技史暨古文献研究所编：《清代缙绅录集成 85 爵秩全览（光绪三十四年春）》，大象出版社 2008 年版，第 243 页。
　　③　清华大学图书馆、科技史暨古文献研究所编：《清代缙绅录集成 86 最新百官录（光绪三十四年春）》，大象出版社 2008 年版，第 26 页。
　　④　清华大学图书馆、科技史暨古文献研究所编：《清代缙绅录集成 86 爵秩全览（光绪三十四年夏）》，大象出版社 2008 年版，第 222 页。清华大学图书馆、科技史暨古文献研究所编：《清代缙绅录集成 87 爵秩全览（光绪三十四年秋）》，大象出版社 2008 年版，第 14 页。清华大学图书馆、科技史暨古文献研究所编：《清代缙绅录集成 87 爵秩全览（光绪三十四年冬）》，大象出版社 2008 年版，第 214 页。
　　⑤　清华大学图书馆、科技史暨古文献研究所编：《清代缙绅录集成 88 爵秩全览（宣统元年春）》，大象出版社 2008 年版，第 16 页。清华大学图书馆、科技史暨古文献研究所编：《清代缙绅录集成 88 爵秩全览（宣统元年夏）》，大象出版社 2008 年版，第 252 页。清华大学图书馆、科技史暨古文献研究所编：《清代缙绅录集成 89 爵秩全览（宣统元年秋）》，大象出版社 2008 年版，第 16 页。清华大学图书馆、科技史暨古文献研究所编：《清代缙绅录集成 89 爵秩全览（宣统元年冬）》，大象出版社 2008 年版，第 252 页。
　　⑥　清华大学图书馆、科技史暨古文献研究所编：《清代缙绅录集成 90 缙绅全书（宣统元年冬）》，大象出版社 2008 年版，第 26 页。

宣统二年(1910),沈承熙官职一仍其旧,依然为民政部警政司主事。查阅当年春、夏、秋、冬四季的《爵秩全览》,沈承熙均在"民政部衙门"的"警政司"之中:"主事沈承熙,浙江归安县人,举人。"①

宣统三年(1911),沈承熙仍然在民政部任职,为民政部警政司主事。查阅当年春、夏、秋三季的《爵秩全览》与冬季的《职官录》,沈承熙均在"民政部衙门"的"警政司"之中:"主事沈承熙,浙江归安县人,举人。"②

直到民国元年——《职官录》中号称"宣统四年"(1912)——春季,沈承熙仍然为民政部警政司主事。查阅"宣统四年"春季的《职官录》可见,沈承熙依然列名在"民政部衙门"的"警政司"之中:"主事沈承熙,浙江归安县人,举人。"③

奇怪的是,对于沈承熙在民政部的任官经历,沈仁堪的呈文中,却未曾专门提及,而似乎是混在巡警部的经历中一并言之。或许是因为在他看来,"巡警部"与"民政部"二者,其实是同一部门的自然延续,只是名称变更而已,并无实质差异之故?——正如时人所言:"年来改革之事,荦荦大端。如警部改民政部、户部改度支部、刑部改法部……,所改之事,不为不多。然而改者其名,不改者

---

① 清华大学图书馆、科技史暨古文献研究所编:《清代缙绅录集成 90 爵秩全览(宣统二年春)》,大象出版社 2008 年版,第 305 页。清华大学图书馆、科技史暨古文献研究所编:《清代缙绅录集成 91 爵秩全览(宣统二年夏)》,大象出版社 2008 年版,第 17 页。清华大学图书馆、科技史暨古文献研究所编:《清代缙绅录集成 91 爵秩全览(宣统二年秋)》,大象出版社 2008 年版,第 259 页。清华大学图书馆、科技史暨古文献研究所编:《清代缙绅录集成 92 爵秩全览(宣统二年冬)》,大象出版社 2008 年版,第 17 页。

② 清华大学图书馆、科技史暨古文献研究所编:《清代缙绅录集成 92 爵秩全览(宣统三年春)》,大象出版社 2008 年版,第 229 页。清华大学图书馆、科技史暨古文献研究所编:《清代缙绅录集成 93 爵秩全览(宣统三年夏)》,大象出版社 2008 年版,第 17 页。清华大学图书馆、科技史暨古文献研究所编:《清代缙绅录集成 93 爵秩全览(宣统三年秋)》,大象出版社 2008 年版,第 262 页。清华大学图书馆、科技史暨古文献研究所编:《清代缙绅录集成 94 职官录(宣统三年冬)》,大象出版社 2008 年版,第 56 页。

③ 清华大学图书馆、科技史暨古文献研究所编:《清代缙绅录集成 95 职官录(宣统四年春)》,大象出版社 2008 年版,第 56 页。

其实,论者咸谓实不副名。"①

四、民国内务部

1912年,中华民国成立后,民政部改为内务部,重新组织。沈承熙留任,担任佥事,先后派充警政司第三科、第二科、第一科科长,兼充知事试验办事处差事,直到在任上去世。具体而言:

1912年6月,内务部改组,沈承熙被留用办事:"总长令:本部现应重新组织,所有办事各员,除已分别开单呈请大总统任用外,其列单之一百十四员,应即先行到署办事。此令。计开:洪述祖、顾鳌……沈承熙……李定三。"②

1912年8月24日,沈承熙被荐任为内务部佥事:"内务总长赵秉钧呈请任命王念曾……沈承熙……张恂为内务部佥事,马荣……王廷华为内务部技正。应照准。此令。……中华民国元年八月二十四日。"③"内务总长赵秉钧呈请任命王念曾……沈承熙……张恂为内务部佥事,马荣……王廷华为内务部技正。应照准。此令。"④

1912年12月9日,沈承熙被叙为五等,给第五级俸:"属于本部简任、荐任各官,业经呈请大总统叙等在案。所有各官俸额,自应依照《中央行政官官俸法》附表,分别各级办理。本部次长言敦源叙二等,给第二级俸。……佥事殷铮……沈承熙……金体选叙

---

① 《今日之所谓改定名称者》,载《申报》大清光绪三十三年八月初六日,西历1907年9月13号(礼拜五),第12437号,第4版,"余兴"。
② 《内务部部令》,载《政府公报》1912年6月25日,第56号,第1—2页,"命令·部令"。
③ 《临时大总统令》,载《大公报》中华民国元年八月二十六日,西历1912年8月26号(礼拜一),第3614号,第3版,"命令"。
④ 《八月二十五日临时大总统命令》,载《申报》中华民国元年八月二十六日,西历1912年8月26号(星期一),第14193号,第2版,"命令"。

五等,给第五级俸。……技正王廷华……孙润裔叙五等,照技术官给第十一级俸。此令。　中华民国元年十二月九日。　内务总长赵秉钧。"①而据沈仁堪所言:"沈承熙……民国元年,内务部改组,荐任佥事,叙五等,给第五级俸,派充第三科科长。"②可知,沈承熙派充警政司第三科科长的时间,应在"民国元年"、"叙五等,给第五级俸"之后。故而,或许也就是在当月,他被派充该职。

1913年6月9日,沈家本在府中溘然长逝。依照旧例,作为儿子的沈承熙应该丁忧。然而,民国初年,正值新旧交替之际,风俗改易,丁忧仅被视为礼俗,而失去了法律明文支持。

对于丁忧问题,经值年旗都统请示,民国政府酌情变通如下:"内务部函,值年旗都统请核议取消丁忧旧案一节,业经函复:嗣后官吏遇有亲丧,均应依据《中央行政官官俸法》给假一月,希查照。"③对此,内务部解释道:"查官吏丁忧,民国法令虽未明文公布,而《官吏服务令》第九条:'官吏除左列假期外,不得请假:……五、遇有特别事故,经该管长官批准给假者。'似亲丧即包括于此条。又《中央行政官官俸法》第六条:'凡在官于一年之内因病不能执务过九十日,或因私事不能执务过三十日者,须计其一年应得之俸,减其四分之一。但因公致疾及服丧者,不在此限。'是服丧者应给假一月,已包含于该条之内。从前丁忧旧案,自应销除。以后不拘何项官吏,遇有亲丧,均应依据《中央行政官官俸法》给假一月。"④那么,丁忧期间是否应该离

---

① 《内务部部令第七号》,载《政府公报》1913年2月21日,第285号,第5—6页,"命令·部令"。

② 《内务部呈本部佥事沈承熙积劳病故恳请照章给恤文并批令》,载《政府公报》1915年10月3日,第1223号,第19页,"呈"。

③ 《国务院初六日纪事》,载《大公报》中华民国二年六月初七日,西历1913年6月7号(礼拜六),第3887号,第4版,"要闻"。

④ 《内务部覆国务院、值年旗以后官吏亲丧应依据〈中央行政官官俸法〉给假一月希查照函(二年礼字第六十二、三号)》,载《政府公报》1913年9月2日,第477号,第5页,"公文"。

职呢？针对国务院"致内务部请核定丁忧人员给假应否离任"①的函件，内务部仍然以相同理由一并答之②，虽未言明，但既然废除丁忧旧案，给以假期，无须离职也是自然。故而，内务部应该据此给了沈承熙一个月假期治丧，且让其仍然在任，并不离职。至于沈承熙是否在法定假期之外，另行请假延长治丧时间，不得而知。

1913年9月7日，警察学校三班正科学生毕业考试，沈承熙等人被派往监考："据呈称，三班正科学生毕业考试，请派员会同行之等情到部，应派佥事王扬滨、延龄、沈承熙……李权轮流前往监试，合行令知该校遵照。此令。"③

1913年10月17日，时任警政司第三科科长的沈承熙因事请假二十日，其职务由沈秉衡暂代："警政司第三科科长佥事沈承熙现在请假二十日，派佥事沈秉衡代理。此令。（十月十七日）。"④

那么，沈承熙这次请假所为何事呢？详查之下，实则是为护送沈家本灵柩回浙江湖州故里安葬。告假之后，沈承熙一行，先由北京乘火车到天津，再由天津航海到上海，然后由上海乘船回到浙江吴兴县原籍。一路之上，经由直隶、江苏、浙江三省。对此，根据沈承熙的呈请，内务部特别命令三省民政长，要求他们转饬沿途官员妥为照料：

> 据本部佥事沈承熙呈称，佥事本生父于本年六月九日在京寓病逝，现拟扶柩回籍，恳请给假二十日。再，职父身故之

---

① 《国务院致内务部请核定丁忧人员给假应否离任函》，载《政府公报》1913年9月2日，第477号，第5页，"公文"。
② 《内务部覆国务院、值年旗以后官吏亲丧应依据〈中央行政官官俸法〉给假一月希查照函（二年礼字第六十二、三号）》，载《政府公报》1913年9月2日，第477号，第5页，"公文"。
③ 《令警察学校三班正科学生毕业考试派佥事王扬滨等前往监试文（九月七日）》，载《内务公报》1913年11月15日，第2期，第52页，"命令"。
④ 《内务部令》，载《内务公报》1913年11月15日，第2期，第15页，"命令"。

时,经铨叙局呈由大总统批准,灵柩回籍时沿途地方官妥为照料。职此次南行,拟于本月十九日乘火车赴津航海到沪,再由沪乘船回浙江吴兴县原籍。应请发给护照,并知照各该地方官藉资保护而利遄行等情。

查前法部正首领沈家本考定法律,赞助共和,夙夜辛勤,积劳病故。曾由铨叙局核议,俟其灵柩回籍时,饬沿途地方官妥为照料等因,奉大总统批准有案。① 兹既据伊子沈承熙呈请前来,除由本部发给护照并分行外,为此令仰该民政长转饬各该地方官妥为照料,以昭优异。此令。②

具体而言,沈承熙一行行程如下:1913 年 10 月 19 日自北京启程,乘火车经 3 个多小时到达天津③。21 日④,由天津改乘上海

---

① 《铨叙局呈大总统核议前法部正首领沈家本给恤缘由请批示遵行文并批》,载《政府公报》1913 年 6 月 25 日,第 408 号,第 11 页,"公文"。
② 《令江苏直隶浙江民政长前法部正首领沈家本灵柩回籍应饬沿途地方官妥为照料文(十月十七日)》,载《内务公报》1913 年 11 月 15 日,第 2 期,第 32—33 页,"命令"。
③ 《京津火车开行时刻单》,载《大公报》大清光绪二十八年八月十七日,西历 1902 年 9 月 18 号(礼拜四),第 94 号,附张第 2 张:"由北京前门开:五点五十,到天津:九点五十五分。由北京开:十一点三十分,到天津:四点五十九分。"又:《天津火车往来时刻》,载《大公报》大清光绪三十一年十一月廿五日,西历 1905 年 12 月 21 号(礼拜四),第 1251 号,第 6 版:"从北京至天津:开:上午八点,上午十一点二十分,下午两点四十分。到:上午:新站:十点五十九分,老站:十一点十七分,下午:新站:四点四十六分,老站:五点十一分,下午:新站:六点四十五分,老站:七点零三分。" 又:《京奉铁路关内外旅客列车时刻表(中华民国元年十一月一号新订)》,载《大公报》中华民国二年十月十九日,西历 1913 年 10 月 19 号(礼拜日),第 4021 号,第 7 版:"下行各车:睡车:每逢礼拜二由京开奉天。前门:下午九点四十五开,天津总站:次晨一点零一开,天津东站:一点二十五开。……。快车:北京至山海关。前门:上午八点三十开,天津总站:十一点三十五开,天津东站:十一点五十五开。……。小快车:北京至天津:前门:下午四点三十五开,天津总站:七点十五开,天津东站:七点二十五到。慢车:北京至山海关:前门:上午五点四十开,天津总站:九点二十五开,天津东站:九点四十开。……。慢车:北京至天津:前门:下午一点四十开,天津总站:六点三十开,天津东站:六点四十到。……。通车:每逢礼拜五由京通奉天:前门:下午七点三十开,天津总站:十点五十二开,天津东站:十一点十五开。"
④ 《广告》,载《大公报》中华民国二年十月二十日,西历 1913 年 10 月(转下页注)

招商局轮船"新铭"轮南下,25日晚抵达上海。①28日,重新动身,由上海乘船回归浙江湖州。

沈承熙等在上海之所以停留3天,是因为在湖广会馆主持下,沈家本的故旧与同乡在外滩十六铺金利源码头,为之举行了设奠追悼。对于这次追悼活动,湖广会馆非常重视,早在10月24、25日,即连续在《申报》刊登广告,周知筹备事宜,计划沈家本灵柩一经抵达即行举办:"湖州会馆谨告:沈子惇先生家本灵柩由'新铭'轮船启程来南,经过上海,在金利源码头登岸。敝会馆预备招商局十二号栈房搭盖彩棚,同伸吊奠。据招商局云,本月廿五号即旧历九月廿六日上午抵埠。凡与沈公有旧者,暨我湖属同乡,届时如往追唁迎柩,均由敝会馆派人招待。恐未周知,谨以布闻。 湖州会馆值年董事谨启。"②只是由于航程迟延,"新铭"轮25日抵沪时已是晚上,加之第二天遇上星期天,故推迟至27日下午2点:"沈子惇先生灵柩回湖:昨日'新铭'进口已迟,今日又值星期,定于明日即旧历二十八日午后两点钟,在金利源码头二十一号洋栈设奠,二十九日回湖。凡与沈公有旧者,暨我同乡,均请届时惠临,同伸追悼,此告。 湖州会馆值年董事启。"③

这次追悼活动,算是沈家本灵柩归乡途中的一段插曲,暂时中

(接上页注)20号(礼拜一),第4022号,第8版:"招商局新铭快轮,准本月二十二早开往烟台上海。本轮账房谨启。"同日第2张第4版:"长发栈报":"九月轮船开行日期:连升:十八往烟申,盛京:十七往烟申,新昌:廿三往香港,广东,新铭:廿二往烟申,新济:十九往上海。"可见,这里的"本月二十二",是阴历九月二十二日,阳历则为10月21日。

① 《沈子惇先生灵柩回湖》,载《申报》中华民国二年十月二十六日,西历1913年10月26号(星期日),第14627号,第1版。

② 《湖州会馆谨告》,载《申报》中华民国二年十月二十四日,西历1913年10月24号(星期五),第14625号,第1版。又,《湖州会馆谨告》,载《申报》中华民国二年十月二十五日,西历1913年10月25号(星期六),第14626号,第1版。

③ 《沈子惇先生灵柩回湖》,载《申报》中华民国二年十月二十六日,西历1913年10月26号(星期日),第14627号,第1版。

断了沈承熙一行的行程。28日,沈承熙一行重新启程,乘船回归湖州。由于当时自上海至湖州,走水路大约需要4到5天——沈家本1871、1872两年的往返记录可资参照:

1871年由上海至湖州:十月"初六日,晴。未初登舟,解维。候潮,故开迟也。行四十八里,泊章家津。""初七日,早霜,晴,天气较和。黎明开船,二十九里王渡,五十里朱家阁,泊。""初八日,晴,西风。黎明开行,六十里叶家□,泊。半夜霜。""初九日,晴。黎明开行,大雾迷不见路,至倪家□沙,泊。日高雾散,始开船,暮宿震泽。""初十日,晴。五鼓开行,酉初抵郡。"①由湖州至上海:四月"初一日,微晴。巳刻登舟放棹出南门,逆风行。午后风略顺,挂帆行七十里南浔,十二里震泽,泊,时薄暮矣。""初二日,晨,微雨,巳刻放晴。天明开船,风尚顺,四十里平望,十二里黎里波荨湖。舟子欲至其家,由里面走。至叶家□,少泊即行,廿四里芦溪渡极乐潢,十二里金泽,泊。时方申正,舟子以前无宿次,故不肯行。""初三日,天明东风盛,开船迫风行。连河多荡,波面颇阔,浪打船声殊属。三十六里朱家角,水逆上牵行。十二里青浦县,风转西南,挂帆行。天气复闷热,风亦渐息。廿五里白湖港,三里四江口,十二里黄渡,泊时酉刻矣。""初四日,晨风雨未息,船户不愿开行。吃粥,复始令解维。……五十里周大阳庙,晚潮已长,又泊。申刻潮平放棹,二十七里上海泊头摆渡木马头,至敦睦里敦泰栈下榻,时已上灯矣。"②

1872年由湖州至上海:四月"初二日,晴。巳刻登舟,即解维。酉初泊震泽。""初三日,晴带阴。天明开行,酉刻宿金泽,夜风起。"

---

① 徐世虹主编:《沈家本全集》第七卷《日记(辛未)》,中国政法大学出版社2010年版,第512页。

② 徐世虹主编:《沈家本全集》第七卷《日记(辛未)》,中国政法大学出版社2010年版,第498页。其中"叶家"应为"叶家□",径改。

"初四日,阴。东风大盛,舟行极迟。下午风渐小,暮晴。是日午刻过青浦县,又行三十里许,泊鳌卡船侧,时已上灯久矣。此地无人家,距七堡尚六七里也。由青浦至沪城向王渡行走,现因开河筑坝,改由七堡走,路较远三九许。青浦至七堡叫四九,其实路甚长,不止四九,惟港面窄而曲,船多时不好走。""初五日,阴。天明开行,约六七里七堡,有卡。又十二里红桥。又十余里出小河,入南黄浦,进外国大桥,至悙泰。下榻时已午饭时矣。"①

故而,沈家本灵柩回到湖州,应该在 1913 年 11 月初。所谓"沈家本的灵柩是 1914 年春运回故乡湖州的"②之说,似乎不确。

1913 年 12 月 8 日,沈承熙被委派为办理知事试验事务处文书股办事员:"本部设立办理知事试验事务处,筹办试验之预备及补助事宜,除处长业经派定外,兹派陈毅、沈承熙、王承吉、严启丰为文书股办事员,伍晟……刘驹贤为审查股办事员,世常……祝骏元为庶务股办事员。此令。(十二月八日)。"③

1913 年 12 月 24 日,内务部官制修正,机构重组,人员调整,沈承熙获得留用:"本部官制现经修正,奉大总统教令公布,本部各员自应分别去留,以重职守。除参事、秘书无庸改组外,司长吕铸、陈时利,佥事殷铮……金绍城……沈承熙……技正马荣照旧供职,另行分司办事。其余各员,均即停职,另候任用。此令。 部印 中华民国二年十二月二十四日 内务总长朱启钤。"④同日,沈承熙被分配在警政司办事:"殷铮……吴彤华派在文书科办事。唐坚……徐宝彤派在会计科办事。王扬滨……邵钟音派在统计科办

---

① 徐世虹主编:《沈家本全集》第七卷《日记(壬申)》,中国政法大学出版社 2010 年版,第 523—524 页。
② 高勇年:《法学泰斗沈家本》,浙江人民出版社 2006 年版,第 417 页。
③ 《内务部令》,载《内务公报》1914 年 1 月 15 日,第 4 期,第 24 页,"命令"。
④ 《内务部部令第六十五号》,载《政府公报》1913 年 12 月 27 日,第 593 号,第 12 页,"命令·部令"。

第五章　沈承熙的宦海生涯

事。朱纶……光耀派在庶务科办事。王念曾……张长植派在民治司办事。伍晟、沈承熙……金绍城……景亮钧派在警政司办事。王大亨……张树桂派在职方司办事。此令。　部印　中华民国二年十二月二十四日　内务总长朱启钤。"①

1913年12月26日,沈承熙被任命为警政司第二科科长:"佥事殷铮派充文书科科长……。警察厅处长王文豹派充警政司第一科科长……佥事沈承熙派充第二科科长。……各该司科事务繁简不同,如有需员兼任者,应由各该司长随时指挥办理。此令。(十二月十六日)。"②

1914年2月11日,沈承熙被委派办理知事试验事宜:"现在知事试验即将举行,应派吴笈孙……沈承熙……李光荣入场办事。此令。　部印　中华民国三年二月十一日　内务总长朱启钤。"③"知事试验即日举行,兹将内务部所派入场办事人员及委任各项职员姓名列后(一)现在知事试验即将举行,由内务部派吴笈孙……沈承熙……李光荣入场办事。"④

1914年4月3日,沈承熙被派在知事试验处兼职办事:"派陶沐、严家幹、沈承熙……兼在知事试验处办事。此令。　部印　中华民国三年四月三日　内务总长朱启钤。"⑤

1914年7月21日,沈承熙被任命为警政司第一科科长:"沈承熙派充警政司第一科科长,王承吉派充警政司第三科科长,许德

---

①　《内务部部令第七十四号》,载《政府公报》1913年12月27日,第593号,第14页,"命令·部令"。
②　《内务部令》,载《内务公报》1914年1月15日,第4期,第27—28页,"命令"。
③　《内务部部令第三十四号》,载《政府公报》1914年2月14日,第636号,第13页,"命令·部令"。
④　《京华道中之甄试奔忙者·知事》,载《申报》中华民国三年二月十九日,西历1914年2月19日(星期四),第14735号,第3版,"要闻一"。
⑤　《内务部部令第七十六号》,载《政府公报》1914年4月3日,第686号,第38页,"令告"。

芬派充警政司第六科科长。此饬。(七月二十一日)。"①

1914年8月17日,沈承熙被进叙四等,给第四级俸:"本部佥事唐坚、王扬滨……沈承熙、杨乃赓均进叙四等,给第四级俸。此饬。 内务总长朱启钤 右饬唐坚等准此。 部印 中华民国三年八月十七日。"②"佥事唐坚、王扬滨……沈承熙、杨乃赓均进叙四等,给第四级俸。此饬。(八月十七日)。"③"又令:内务部呈称,拟将佥事唐坚、王扬滨……沈承熙、杨乃赓均进叙四等等语,应照准。此令。"④

1914年8月29日,沈承熙被派为知事试验监场及检查员:"为饬知事:兹派沈承熙、顾显曾……戴保安充知事试验监场及检查员。此饬。 内务总长朱启钤 右饬沈承熙等准此。 部印 中华民国三年八月二十九日。"⑤

1915年7月17日,沈承熙与金绍城等人一起,被授予"中大夫"之秩:"国务卿呈,据铨叙局详称,遵核内务、财政两部秘书、佥事、技正各员资格,请分别叙官等语,陈毅……沈承熙……金绍城……鲍立钹,均授为中大夫。……此令。 中华民国四年七月十七日 大总统印 国务卿徐世昌。"⑥"又令:国务卿呈,据铨叙局详称,遵核内务、财政两部秘书、佥事、技正各员资格,请分别叙官等语,陈毅……沈承熙……金绍城……鲍立宏,均授为中大

---

① 《饬》,载《内务公报》1914年8月15日,第11期,第57页,"文牍"。
② 《内务部饬第四十二号》,载《政府公报》1914年8月20日,第823号,第35页,"饬"。
③ 《饬》,载《内务公报》1914年9月15日,第12期,第35页,"文牍"。
④ 《八月十四日大总统策令》,载《申报》中华民国三年八月十七日,西历1914年8月17号(星期一),第14914号,第2版,"命令"。
⑤ 《内务部饬第四十六号》,载《政府公报》1914年9月2日,第836号,第29页,"饬"。
⑥ 骆宝善、刘路生主编:《袁世凯全集 第32卷 32—421. 授陈毅等官秩令》,河南大学出版社2013年版,第119页。

夫。……此令。"①

总体看来,内务部"佥事"兼"警政司第一科科长"是沈承熙最后的官职,而"中大夫",则应该是沈承熙最高的官秩。因为,这时,距其去世已不足一月。

值得一提的是,或许是受沈家本影响,在公务之余,沈承熙仍热心时政。1912年2月,民国甫经成立,他即与汪康年的外甥楼思诰等人一起,以"研究共和之原理,组成完备之政体"为目的,发起组织"共和政体研究会"。对此,负责在华搜集情报的日本人宗方小太郎曾特别言及:"清帝退位,南北合一,共和政体日愈确定,旧北京政府之官绅有志者,便于二月底组织该会。该会以研究共和之原理,组成完备之政体为目的,虽未能立刻称为政党,但可将其列于政治团体。其发起人如下:王牧、楼思诰、王承吉、沈承熙、王榆、汪张黼、李绮青、胜柏、李升培、王燮、张湘林、张曾启、徐士瀛、张启熙、黄良弼。"②

---

① 《补录七月十七日大总统策令》,载《申报》中华民国四年七月二十四日,西历1915年7月24号(星期六),第15247号,第2版,"命令"。其中"鲍立宏"应为"鲍立鋐"。

② (日)宗方小太郎:《一九一二年中国之政党结社》,载章伯锋、顾亚主编:《近代稗海 第12辑》,四川人民出版社1988年版,第116页。

第六章　沈承熙之死

对于沈承熙之死,沈厚铎先生等人认为其因参加义和团死于战乱。其实,这是误会。从其经历而言,他根本没有参加义和团的迹象,也没有死于战场或被杀,而是浮沉宦海,死于任上。

一、积劳病故

依据官方文献,1915年8月6日,沈承熙因积劳成疾,在北京金井胡同一号家中不幸离世①,时年39岁——按照传统计龄方法,应为40岁——可谓英年早逝。

对于沈承熙的去世情形,沈厚铎先生在《沈氏老二房与老三房》中说:"沈家本先生的二子、笔者的二祖父沈承熙,四十岁就过世了。他是除笔者太公沈家本先生老两口外,在京城金井胡同一号院子里过世的、唯一的一位沈氏第二代。据说,他是突发暴疾而亡,是不是今天所说的猝死或脑梗之类的,也不可知。"②这里的

---

① 《内务部呈本部佥事沈承熙积劳病故恳请照章给恤文并批令》,载《政府公报》1915年10月3日,第1223号,第19页,"呈"。

② 沈厚铎:《沈氏老二房与老三房》,载《法制日报》2017年5月8日,第8版,"法治文化"。

"沈承煦",即为"沈承熙"之误。

对于沈承熙的去世情形,同为内务部官员的许宝蘅在日记中则说:"六月……十九日(7月30日)六时起。……八时到六国饭店,与公柔、铁庵、冶臣、介白公宴子昂。本尚约有沈敬甫,乃昨晚去世,可为怆然。日间尚到部,夜间尚听留音戏,忽谓人不适,由院入室便不能升阶,延医至已谓无救,与吴经才病情相似。"①可见,沈承熙的确如沈厚铎先生所言,因突发暴疾而亡。

然而,奇怪的是,在许宝蘅的私家记载中,沈承熙在1915年7月29日晚即已去世,而非沈仁堪禀文中所称的8月6日。许宝蘅与沈承熙既为同乡,又为同年,复为同事,交游密切,且言之甚详,不似作伪。由于他在沈承熙去世前夕曾与之有六国饭店之约,故其消息当是在依约邀宴时直接得自沈承熙的家属,而非来自道听途说。而且在后续的日记中,许宝蘅也未声明所记有误。何况,8月15日,他还曾去沈府吊唁:"七月……初五日(8月15日)星期。会客四次。十二时出门吊沈敬甫。"②倘若之前所记乃系讹传,依照人之常情,吊唁之后,他应当会确知沈承熙去世详情,而明白先前之误。可是他在当天和后续日记中,也并未有类似勘误说明。

那么,究竟为什么会出现这种时间差异呢?难道是沈仁堪所言日期有误吗?个中情由,尚不得而知。或许,沈仁堪在禀文中,依据《文官恤金令》与《文官恤金令施行规则》,对沈承熙去世时间有所技术处理,亦未可知。

1915年8月9日,沈承熙去世不久,其所留下的"警政司第一科科长"一职,由同事李升培兼任:"佥事沈承熙因病出缺,所遗警

---

① 许宝蘅:《许宝蘅日记》(第二册),许恪儒整理,中华书局年2010年版,第542页。
② 许宝蘅:《许宝蘅日记》(第二册),许恪儒整理,中华书局年2010年版,第543页。

政司第一科科长派佥事李升培兼充。此饬。　内务总长朱启钤　右饬李升培准此。　部印　中华民国四年八月九日。"①"佥事沈承熙因病出缺,所遗警政司第一科科长派佥事李升培兼充。此饬。(八月九日)。"②

二、身后抚恤

为增强官员的生活保障,1914年3月,民国政府制定了《文官恤金令》与《文官恤金令施行规则》等相关法令,规定了终身恤金、一次恤金与遗族恤金等三种恤金形式,初步建立了文官恤金制度。文官去世,其遗族可以对照相应条款,依令申请恤金。

对于申请恤金的具体程序和格式,《文官恤金令施行规则》第4条做了明确规定:"依《文官恤金令》第十六条、第十七条、第二十三条之规定应受遗族恤金及遗族一次恤金者,须由该遗族开具左列各项,呈由原籍地或现住所地之地方行政官署,转达于该死亡文官死亡或退职时所属长官:一、应受遗族恤金之遗族之姓名年龄籍贯并现住所,二、该遗族与死亡文官之关系,三、死亡文官在职中之履历,四、死亡文官在职之合计年数,五、死亡文官死亡之年月日,六、死亡前退职者退职时之年月日,七、依《文官恤金令》某条某款请求遗族恤金或遗族一次恤金。"③

沈承熙去世之后,沈仁堪依照程序,向辖境的京师警察厅外右三区禀告,外右三区接到报告后详知京师警察厅,由京师警察

---

① 《内务部饬第五十五号》,载《政府公报》1915年8月12日,第1172号,第27页,"饬"。
② 《饬》,载《内务公报》1915年9月15日,第24期,第52页,"文牍"。
③ 《文官恤金令施行规则》,载《政府公报》1914年3月29日,第679号,第4页,"命令·院令·国务院院令第三十五号"。

厅转详内务部,请求给恤:"据京师警察厅总监吴炳湘详称,据外右三区详称,属境金井胡同一号住户、已故内务部佥事沈承熙之子沈仁堪禀称,伊故父沈承熙,系浙江吴兴县人,由举人报捐主事。清光绪二十九年,分工部行走……二年,丁父忧,旋派第二科、第一科科长,进给四等第四级俸,月支俸给二百八十元。于本年八月六日积劳病故。计在职以来,除扣去丁艰年限,已逾九年。为此恳请转详给恤等情,转详到厅,理合据情转详等情,到部。"①

这一请求,内务部收到后,查核属实,拟依照《文官恤金令》,予以抚恤,呈送大总统批示:"本部查该故佥事沈承熙,于前清光绪二十九年,以主事分工部行走。民国元年,荐任为本部佥事,叙五等第五级俸。二年,进给四等第四级俸,月支俸给二百八十元。除丁艰不计外,合计实在服官年限已逾九年,核与《文官恤金令》第二十三条所载事例相符。该故佥事服务有年,颇著劳勚,现因病身故,应依《文官恤金令》第二十三条第一项之规定,给其遗族一次恤金银二百八十元,并依同条第二项之规定,按照九年递加恤金,给予银五百零四元。除咨达铨叙局照章核办外,理合具呈,谨乞大总统钧鉴训示施行。谨呈。"②

当日,大总统下令批准:"批令:准如所拟给恤,交政事堂饬铨叙局查照。此批。 大总统令 中华民国四年九月二十八日 国务卿徐世昌。"③"大总统批令:内务部呈本部佥事沈承熙积劳病故请照章给恤由,准如所拟给恤,交政事堂饬铨叙局查照。此批。

---

① 《内务部呈本部佥事沈承熙积劳病故恳请照章给恤文并批令》,载《政府公报》1915年10月3日,第1223号,第19页,"呈"。
② 《内务部呈本部佥事沈承熙积劳病故恳请照章给恤文并批令》,载《政府公报》1915年10月3日,第1223号,第19页,"呈"。
③ 《内务部呈本部佥事沈承熙积劳病故恳请照章给恤文并批令》,载《政府公报》1915年10月3日,第1223号,第19页,"呈"。

大总统印　中华民国四年九月二十八日　国务卿徐世昌。"①

　　对于恤金的计算方式,《文官恤金令》第23条第1项规定:"文官在职半年以上未满十年,又无第十七条情事之死亡者,得于该文官死亡时之一月俸额之范围内,给其遗族以一次恤金。"第2项规定:"前项之遗族一次恤金,死亡文官在职满一年以后,每增一年,递次加给其一月俸额之十分之二。"而其第17条则规定:"文官在职未满十年,有下列情事之一者,得于第三条之终身恤金并增给恤金之三分二范围内,给以遗族恤金:一、因公致死者。二、因公受伤退职后死亡者。三、因公受病退职后死亡者。"②

　　沈承熙去世时,"实在服官年限已逾九年",满足"文官在职半年以上未满十年"的条件,由于其属于积劳病故,并非《文官恤金令》第17条所规定的3种情形,故而,依照《文官恤金令》第23条第1项,应该给予遗族一次抚恤金。沈承熙病逝之前一月俸额为280元,因此,给予280元。同时,依照第23条第2项计算,"按照九年递加恤金",加给抚恤金:$280×2/10×9=504$(元)。两项叠加,共计:$280+504=784$(元)。

　　这种"服官年限"计算方式,从侧面反映了民国初期与清朝末年政治制度的连续性。民初的政治机构,大多以清末的架构为基础而调整,被视同清末政治机构的延续。而清末的官员,到了民初,大多仍被改组后的政治机构留用,之前的任职履历仍然有效,被计入服官年限合并计算,并非一经改朝换代,就一切归零。这种颇有人情味的制度设计,在不动声色中照顾了遗老遗少的情感,一定程度上调和了新旧矛盾,减少了旧官僚对于新政体的抵触。

---

① 《大总统批令》,载《政府公报》1915年9月29日,第1219号,第4—5页,"命令"。
② 《文官恤金令》,载《政府公报》1914年3月3日,第653号,第5页,"命令"。

结　　语

　　沈家本先生至今诞生183周年了,去世也110周年了。百年之间,风雨苍黄,物换星移,多少人事泯灭在历史的长河中,寂然无声,不起波澜,但老先生对中国法治事业的丰功伟绩,却依然铭刻在国民的记忆中,与日俱显,供无数后人凭吊纪念。

　　正如马钟琇挽诗所咏:"昊天胡不吊,华夏失斯人。法理精无匹,清勤政绝伦。名非缘仕显,家为服官贫。手订文明律,常如日月新。"[1]亦如唐洽鉴挽联所言:"任支那法系于一身,合周汉唐元明以迄清朝,酌古准今,岂徒考据词章融通国粹;识世界大同之主义,参英美法德日而成新律,治内安外,宜乎环瀛稗海洋溢声名。"[2]

　　沈家本先生去世之后,中外不少媒体皆有新闻报道,纷纷表示哀悼。《京华新报》载:"前清修订法律大臣、资政院副总裁沈子敦

---

[1] (民国)刘钟英等原修,马钟琇等增刊:《民国安次县志·卷九·艺文志内编(诗)·沈子惇先生(家本)挽诗》(1914年原修,1936年增刊本),台湾成文出版社有限公司1969年影印版,第520页。

[2] 《吴兴沈子惇先生哀挽录》,载刘家平、苏晓君主编,国家图书馆分馆编:《中华历史人物别传集》第62册,线装书局2003年版,第753页(影印《沈家本志哀》,廊房三条丽华石印,第15页)。

君家本,于前初五日早十点,在京病故。"①《时报》载:"沈家本病殁,法界均为悼叹。"②《时报》又载:"沈家本君为吾国旧法律家。凡一国之法律,必根据一国之性质及其习惯。吾国旧法律悉含精意,良以时移势易,不能不变。然较今之稗贩东西洋条文者,非可同日语。老成凋谢,良用嗟悼耳!"③《申报》载:"北京电:沈家本已病卒,国务院决议拨款恤其家属。"④"前法部正首领沈家本研精法律,夙擅专长,自政体改革以来,赞助共和,勤劳尤著。兹闻患病身故,凡我国民,同深悼惜。应由国务院核议给恤,以彰崇报。此令。"⑤"北京电:政府议恤沈家本银二千元,并致祭,立传立碑。"⑥《大公报》载:"前法部正首领沈家本研精法律,夙擅专长,自政体改革以来,赞助共和,勤劳尤著。兹闻患病身故,凡我国民,同深惋惜。应由国务院核议给恤,以彰崇报。此令。 六月十三日。"⑦《神州日报》载:"京函:浙江沈子敦先生家本在前清时称法学大家,精于中国旧律,又博采东西新律,精审宏通,推为海内第一。晚年充修律馆大臣,编定新刑律。日本法学博士冈田朝太郎君就修律

---

① 《大员病故》,载《京华新报》1913 年 6 月 11 号,阴历癸丑年五月初七日,第 101 号,第 3 版,"本京新闻"。

② 《沈家本病殁法界均为悼叹》,载《时报》中华民国二年六月十三日,旧历癸丑年五月初九日,西历 1913 年 6 月 13 号(星期五),第 3223 号,第 2 版,"专电·十二日亥刻北京专电"。

③ 《悼沈家本君》,载《时报》中华民国二年六月十五日,旧历癸丑年五月十一日,西历 1913 年 6 月 15 号(星期日),第 3225 号,第 5 版,"时评二"。

④ 《北京电》,载《申报》中华民国二年六月十五日,旧历癸丑五月十一日,西历 1913 年 6 月 15 号(星期日),第 14495 号,第 2 版,"特约路透电"。

⑤ 《命令》,载《申报》中华民国二年六月十六日,旧历癸丑五月十二日,西历 1913 年 6 月 16 号(星期一),第 14496 号,第 2 版。文中"悼惜",《政府公报》命令原文应为"惋惜"。

⑥ 《北京电》,载《申报》中华民国二年六月二十八日,旧历癸丑五月二十四日,西历 1913 年 6 月 28 号(星期六),第 14508 号,第 2 版,"专电"。

⑦ 《临时大总统令》,载《大公报》中华民国二年六月十五日,癸丑年五月十一日,西历 1913 年 6 月 15 号(礼拜日),第 3895 号,第 2 版,"命令"。

馆顾问,尤推重之。现已在京逝世,寿春秋七十余岁云。"①《之江日报》在刊登了临时大总统命令之余,盛赞沈家本"先生毅然以改革法律自任,举数千年之障碍而廓清之。此其立志,视卢骚、孟德斯鸠为坚。"呼吁"政府宜优恤沈家本,以奖专门之学。"②《时报》引《德文新报》曰:"前清法部大臣、资政院副院长沈家本已逝世。沈为中国一最有名之法学大家,编纂新律之功甚巨,总统命国务院赠以治丧之费。(北京十四日《德文报》电)"③而英文报刊《字林西报》亦引之云:"The death is announced of Shen Chia-pen, formerly Minister of Justice and Vice-president of the old National Assembly. Shen was one of the most famous jurists, and he played a prominent part in the compilation ot the new laws. A Presidential Mandate orders that the State defray the funeral expenses.—'Ostasiatische Lloyd.'"④

沈家本先生去世之后,法界同悲,临时大总统下令国务院议恤,政学两界为其举办了隆重的追悼活动,各路故旧纷纷送联哀挽,到场祭拜;官方为其拨款治丧,派员致祭,助灵回籍,以大总统名义撰写碑文,在司法部衙门树立碑碣,令国史馆为之立传,可谓备极哀荣。

1913年6月13日,沈家本先生去世后第4天,临时大总统袁世凯亲自下令,命国务院核议抚恤办法:"前法部正首领沈家本研精法

---

① 《沈家本之讣音》,载《神州日报》中华民国二年六月十七日,阴历癸丑年五月十三日,西历1913年6月17号(星期二),第2223号,第4版,"要闻二"。

② 《论政府宜优恤沈家本以奖专门之学》,载《之江日报》中华民国二年六月廿一号,旧历癸丑年五月十七日,西历1913年6月21号(星期六),第82号,第2版,"来稿"。

③ 《北京十四日德文报电》,载《时报》中华民国二年六月十五日,旧历癸丑年五月十一日,西历1913年6月15号(星期日),第3225号,第2版,"译电"。

④ DEATH OF SHEN CHIA-PEN(Peking, June 14), THE NORTH-CHINA DAILY NEWS, JUNE 16, 1913, P9.

律,凤擅专长,自政体改革以来,赞助共和,勤劳尤著。兹闻患病身故,凡我国民,同深惋惜。应由国务院核议给恤,以彰崇报。此令。

大总统印　中华民国二年六月十三日　国务总理段祺瑞。"①

国务院奉命之后,交由铨叙局具体负责。不久之后,铨叙局拟出具体方案,呈请批示:

> 为呈请事:本月十三日奉大总统令:"前法部正首领沈家本研精法律,凤擅专长,自政体改革以来,赞助共和,勤劳尤著。兹闻患病身故,凡我国民,同深惋惜。应由国务院核议给恤,以彰崇报。此令。"等因。由国务院钞交到局。
>
> 查关于文官恩给及抚恤法现今尚未规定,该前法部正首领沈家本研究法律,凤擅专长,赞助共和,勤劳懋著,自应从优给恤,藉昭崇德报功之典。拟请由大总统遣员致祭,其灵柩回籍时饬沿途地方官妥为照料,并饬其家属将该前首领生平详细事实呈报国务院,交国史馆为之立传。吾国法学久湮,以吏为师,其能沟通新旧,贯彻中外,以转移风会而立法治国之基础者,实自该前正首领始。拟请由局撰拟碑文,呈由大总统核定,在司法部衙门为之建立碑碣,用垂纪念。至应否发给治丧营葬经费,或暂照《陆军抚恤章程》给予遗族恤金之处,出自大总统钧裁。
>
> 所有核议前法部正首领沈家本给恤缘由是否有当,伏祈批示遵行。谨呈。②

6月24日,临时大总统袁世凯批准了铨叙局拟订的抚恤办法,

---

① 《临时大总统令》,载《政府公报》1913年6月14日,第397号,第7页,"命令"。
② 《铨叙局呈大总统核议前法部正首领沈家本给恤缘由请批示遵行文并批》,载《政府公报》1913年6月25日,第408号,第11页,"公文"。

同意从优给恤,并特别下令发给治丧营葬费用 2000 元:"批:据呈已悉,应如所拟办理。并加给治丧营葬费二千元,以昭优异。此批。

大总统印　中华民国二年六月二十四日　国务总理段祺瑞。"①同月,派总统府侍卫武官萧星垣前往沈家本先生灵前致祭:"中华民国二年六月,大总统袁世凯遣本府侍卫武官萧星垣,致祭于沈子惇先生之灵。"②

6 月 26 日起,许世英、汪守珍、周绍昌、汪有龄、江庸、冈田朝太郎、章宗祥、姚震、张孝杙、沈家彝等 86 人联名在《政府公报》连续刊登启事,发起"追悼沈子惇先生大会":"启者:吴兴沈子惇先生文学道德,中外同钦,而研精法律,提倡新学,手定各种法律草案,荡涤烦苛,沟通新旧,尤属智周万祀,功在国民。兹值先生逝世,世英等至深惋惜,定於七月十三日午后一时至六时,假虎坊桥湖广馆开追悼大会。凡我同人,务希莅会,同展哀敬之忱。所有挽章,均请先期送交金井胡同沈宅王树荣君收存为盼。此启。"③7 月 1 日起,随着伍廷芳、曹汝霖、陆宗舆、汪荣宝、王式通等人④的陆续加入,联名人数与日俱增,至 7 月 12 日最后一次刊登时,已达 108 人⑤。

7 月 13 日,沈家本先生追悼会如期举行。下午一时,在司法次长江庸的主持下,来自北京、济南、天津、保定等地的参加者近 200 人,齐聚湖广会馆,同申哀思。与沈家本先生一起修律的伍廷

---

① 《铨叙局呈大总统核议前法部正首领沈家本给恤缘由请批示遵行文并批》,载《政府公报》1913 年 6 月 25 日,第 408 号,第 11 页,"公文"。
② 《吴兴沈子惇先生哀挽录》,载刘家平、苏晓君主编,国家图书馆分馆编:《中华历史人物别传集》第 62 册,线装书局 2003 年版,第 747 页(影印《沈家本志哀》,廊房三条丽华石印,第 3 页)。
③ 《追悼沈子惇先生大会》,载《政府公报》1913 年 6 月 26 日,第 409 号,第 18 页,"广告"。
④ 《追悼沈子惇先生大会》,载《政府公报》1913 年 7 月 1 日,第 414 号,第 28 页,"广告"。
⑤ 《追悼沈子惇先生大会》,载《政府公报》1913 年 7 月 12 日,第 425 号,第 16 页,"广告"。

芳先生,恰在北京,也前来吊唁。司法总长许世英、司法次长江庸、大理院长章宗祥、旧属曹汝霖、门人王树荣等人先后亲自或派人致辞,追述沈家本先生的道德文章,表达对先生的哀敬之情。

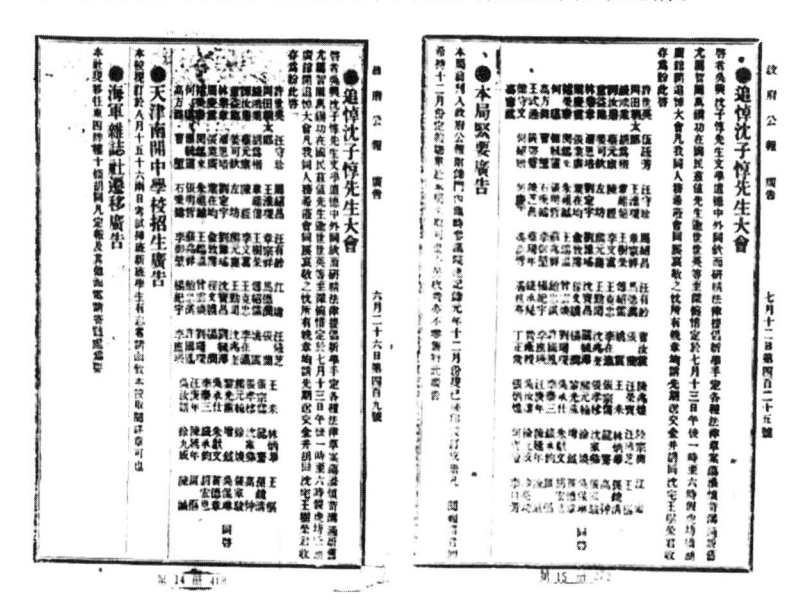

当日情形如下:"午后一时开会。首由江庸君报告开会,司法总长徐世英君至祭坛前行三鞠躬礼。由陈经君宣读追悼会全体同人祭文。"①"次由吕博文君宣读司法部同人祭文。"②"吕君读祭文毕,大理院长章宗祥君至祭坛前行三鞠躬礼。由王劲闻君宣读大理院同人诔文。"③"次由江庸君宣读法学会全体会员诔文。"④"宣

---

① 《吴兴沈子惇先生追悼会纪事》,载《法学会杂志》1913年第1卷第6期,第1页,"杂录"。感谢复旦大学图书馆宋雅婧老师在文献传递中提供的帮助。
② 《吴兴沈子惇先生追悼会纪事》,载《法学会杂志》1913年第1卷第6期,第2页,"杂录"。
③ 《吴兴沈子惇先生追悼会纪事》,载《法学会杂志》1913年第1卷第6期,第3页,"杂录"。
④ 《吴兴沈子惇先生追悼会纪事》,载《法学会杂志》1913年第1卷第6期,第4页,"杂录"。

读祭文后,全体同人向祭坛行三鞠躬礼毕,首由章宗祥君演说先生近十年来行事。"①"次由王树荣君演说先生著述之富,就谋刊遗著、议铸铜像二者略述意见。次由曹汝霖君演述先生之道德品行、学问文章足为世所景仰,而致慨于近日热心政治者日多、潜修学问者日希。次由王炜黼君演说为学者开追悼会乃今日第一之盛举。"②"演说毕,先生家属遣沈秉衡君代致答词,并由先生之孙仁堪、仁培向来宾鞠躬致谢,复摄影以留纪念。五时余,始摇铃散会。"③

11月22日,铨叙局奉命为沈家本先生所撰碑文拟就,由国务总理熊希龄转呈大总统审核:"为转呈事:据铨叙局呈称:前法部正首领沈家本修订法律,沟通新旧,贯彻中西,厥功甚伟。前经由局请撰碑文呈由大总统核定,在司法部衙门建立碑碣,用垂纪念,奉批'如拟办理'在案。现在本局已将此项碑文撰拟完竣,应请转呈大总统核定交下,以便颁发等因,理合转呈鉴核示遵。谨呈。"当即获准:"批:据呈已悉。应由国务院查照颁发。此批。　大总统印

中华民国二年十一月二十二日　国务总理熊希龄　司法总长梁启超。"④

在官方正式碑文之外,士林也有不少追悼文章。除完整收入《沈家本志哀》的之外,尚有两篇吊祭文章,值得注意。其中一篇是国内《大同报》上的《吊法学大家沈家本先生》,另一篇是国外《国学

---

① 《吴兴沈子惇先生追悼会纪事》,载《法学会杂志》1913年第1卷第6期,第4页,"杂录"。
② 《吴兴沈子惇先生追悼会纪事》,载《法学会杂志》1913年第1卷第6期,第4页,"杂录"。
③ 《吴兴沈子惇先生追悼会纪事》,载《法学会杂志》1913年第1卷第6期,第4页,"杂录"。
④ 《国务总理熊希龄呈大总统据铨叙局呈称撰拟前法部正首领沈家本碑文业已完竣恳转呈核定颁发等情请鉴核示遵文并批》,载《政府公报》1913年11月24日,第560号,第9页,"公文"。

（东京）》上的《祭沈子惇先生家本文（代民国临时司法总长撰）》。

前者是一篇情真意切的散文吊文，高度评价了沈家本先生的道德文章与会通中西的修律功业，称之为"震旦新律开山之祖师"，指出"民国刑律，实导源于先生也"，认为官方对于沈家本先生的追悼不够，国人对于沈家本先生的哀悼不足，为之深鸣不平。后者则是一篇古意盎然的韵文祭文，附以饱含深情的按语，号称受命代临时司法总长许世英所作——这篇祭文在追悼会当日为许世英采用，且收入了《沈家本志哀》①，但前言与按语部分则均未收入——极力褒扬了沈家本先生深厚精湛的经学功夫、高迈超群的律学造诣、折衷东西的修律功业、奖掖后进的长者风范与好学不倦的书生本色，表达了深切的哀悼之情。特录于此，以备观览：

吊法学大家沈家本先生②

定　思

半岁以来，大星之霣者数矣。以革命之大家宋钝初而不禄，以共和之健将徐怀礼（即徐军长宝山）而云亡。一时宋之党人、徐之旧部及夫清议之士，莫不致其悼惋之哀思，见之文字者，又芳馨以悱恻。下至贩夫走隶，于鼎革时间曾剽窃功名者，于其亡也，亦必有追悼之集会，极烜染之能事。又莫不裒集轶事，成一册子，见之者，或欷歔不能良已。独于我法学大家沈子敦先生家本之殂落也，仅见之于区区之饰终命令而已。岂无洒羊昙之泪于马鬣之封者哉？抑何阒其无人黯然而销魂也？

---

① 《吴兴沈子惇先生哀挽录》，载刘家平、苏晓君主编，国家图书馆分馆编：《中华历史人物别传集》第62册，线装书局2003年版，第747页（影印《沈家本志哀》，廊房三条丽华石印，第4页）。

② 定思：《吊法学大家沈家本先生》，载《大同报》1913年第473期，第43—44页，"艺文杂纂"。

结　语

定思不慧，曾以一艺见知于大匠之门，略于春明执笔之余，得识先生之遗事。今于先生之殁也，爰述之概梗，以质曾荷先生之掖引者，且更以诇诸治国故者，匪独鸣其哀也已。

呜呼，先生逝矣！先生之家乘，自应出诸先生之家人，而详见于孤子苫次之哀启中。然而，依习惯上之旧例，不过讣告亲故而不以公诸世也，上之仅备史馆之采择已耳。然往往失实于铺叙，不足据也。今欲吊先生以文字，当知先生之事业果何属乎。

先生牺牲毕生之精神，以销铄于法律学中。自他人视之，其在官也，不过奉职而已，其修业也，不过治学而已。既无赫赫之隆誉，亦无振振之谤词。乃孰知其在官奉职，迥异于常人，而其修业治学，远出乎庸众，蔚然为震旦新律开山之祖师，非拘拘于寻常绳墨刀笔之伦所可同日语也。

先生之初岁，崭嶷已非俗器。洎乎中年，服官西曹者有日，是先生覃精中律之时代，而所治者为旧律。其所著述，斐然成一家言，又非蹈常袭故者所可以道里计也。

先生晚年，以法部侍郎充修律馆大臣。编纂新律者，虽实繁有徒，至其贯穿先例，说明今律，一折衷于先生。先生耄年不倦，焚膏继晷，是又先生会通西律之时代，而所定者为新律。

入民国，为法部首领。洎临时政府成立，继武有人，遂引年致仕，退息于宣南之金井胡同。犹复接见新学后辈，相与探讨。乃孰料运候未秋而梧桐先落，而先生竟撒手西归矣！然民国刑律，实导源于先生也。当先生在胜国末造时，力倡修订新律。一时绩学如劳乃宣辈，亦起而与先生反对，靳靳于条文语意之细，非难百出。而先生一一批其隙而导其窾，有以折服而后已。于斯可见所业之专、所造之极矣。

东邦治法家学者有冈田朝太郎，其人当代士也，尝应先生修律之招，为律馆顾问。后冈田出语人曰，先生为支那大官中最可敬爱之人物。谓自薛庸盦先生以还，此土治法律学者，盖以先生为巨擘也。

呜呼！新律成而先生老，新律行而先生殁。后之治新律者，对于先生，当有如何之感慨而景仰乎！设天假以年，俾新律得告完成，则先生之德泽，不尤深且远乎！今于先生之殁，并无失声下泪者，竟不能比之贩夫走隶。哀哉！

祭沈子惇先生家本文①

（代民国临时司法总长撰）

吕学沅

维太岁在昭阳赤奋若（《尔雅·释天》："癸曰昭阳，丑曰赤奋若。"）六月十三日乙丑，许君世英率同法曹就列，谨以清酌之奠，致祭于先生之灵曰：

呜呼！笃生先生，志度渊英。飞辩摛藻，络绎纵横。旧文新艺，亦既有行。

德之所届，宪流后昆。追惟先生，爰自鬌齓。克岐克嶷，发彩流润。游目典坟，金声凤振。

才通汉魏，文蔽班扬。钩深探赜，体微知章。昭哉仁孝，轩曜怀光。越登司官，刑辟端详。一麾出守，视民如伤。膺兹显秩，搢绅洋洋。居因业胜，规矩圆方。

虚握灵珠，法流是把。手不释文，丝纶允缉。纸落如云，无疑不质。国之宪章，献替棐职。悬法无闻，望古遥集。

龙战未分，允迪大猷。人和天静，甄殷陶周。如彼竹柏，

---

① 吕学沅：《祭沈子惇先生家本文》，载《国学（东京）》1914年第1期，第51—52页，"文衡"。

清节为秋。杜门不出,洞灵通幽。洽闻强记,博览旁搜。恭承嘉惠,玄化滂流。

奕奕先生,学优则仕,仕优则学。是敦诗书,是悦礼乐。川渎含晖,挠之不浊。蔼蔼卿云,峩峩崇岳。

听参皋吕,志绍孔姬。纵心儒术,庶狱兼资。善诱善导,复存于兹。成才千计,百僚攸师。昔闻大德,耄耋为期。瞻仰昊天,胡不愁遗。寝疾弥留,尚慎尔仪。

心悽目泫,梁崩哲萎。命不可赎,来者曷追。神飨一觞,或慰涟洏。呜呼哀哉!

谨按:先生为中邦名法家,且兼经师。著有《枕碧楼文集》,并《中国古代法律考》暨其他各考证。小学古文,精详渊雅。清末修订法律,独任其难。盖适值国粹、欧化二派争执之秋,先生惟以折衷至当,不偏不倚,允本宙合,允使刑律减轻,俾遂大同,厥功极伟。共和之役,赞赞襄哉。民国底成,首领法部。未几去位,杜关发愤,卒未竟之绪。或经或法,日手一卷,注释以蝇头小字殆遍,恒至夜分不倦,时年已七旬余矣。好学不厌,公亦有焉!旧主裁法律学馆,翰詹俊士,从游日愁,奖进后学,涵育尤多。溯自司曹郡守,荐跻列卿,罔非黜陟幽明,咸熙庶绩,时亮天功,寅钦夙夜,何以尚斯?民国二纪夏,竟易箦含笑西往。神明不衰,谆谆以遗著未既为憾。噩耗巷传,舆论痛惜,乃相谋追悼,无论知与不知齐来会。时人以方康成、诸葛云。学沅少受遗经,未亲謦欬,然私淑者窃有岁年。癸丑以观光上国,羁滞京师,躬吊沦亡,获承垂型。又承许徐儁仁先生嘉命,见属兹文,义所难委,忝济攀附之美,遂成绍述之光,亦云幸矣。用疏微衷,跋诸篇尾,藉符文质尔。　甲寅四月十日恭注。

1920年代,沈家本先生去世业已数年,而随着时间的推移,法界中人对其贡献认识愈深,对其功业感念愈烈。司法总长董康和临时法制院院长姚震,先后呈请为其建立专祠、设立纪念图书馆,大都获得政府允准和支持。

1921年9月5日,司法总长董康呈请由官方出资,为沈家本建立专祠。《政府公报》载:"大总统指令第二千八十号:令:司法总长董康呈前修订法律大臣沈家本功在法律,学行可风,拟恩特准建立专祠,并由官给款,补助工作由,呈悉。交内务、财政两部查核办理,此令。 大总统印 中华民国十年九月五日 国务总理靳云鹏 内务总长齐耀珊 财政总长 司法总长董康。"①10月1日,经过核议,大总统下令沈家本入功德祠与其他圣贤合祀,间接驳回了为之建立专祠的要求——实际上,早在1919年11月12日,大总统已经核准内务部"于京师及各省区地方筹建功德祠,将前代及民国之有功于民与夫行谊足资矜式者,通令合祀"②之请,不再提倡设立专祠之举,下令:"崇德报功,古有明训,缘情制礼,代设专司。民国肇兴,未遑制作,除春秋丁戊之祭、国庆忠烈之祭,业经分别举行外,其他祀典,犹付阙如,既无以阐往哲之幽光,更无以示群伦之观感,允宜虔通肸蠁,合荐苾芬。举凡捍患御蓄、勤事定国与夫乡闾独行、往代名贤,但足为百代之模型,均应享千秋之俎豆。著即由该部旁稽载籍,博考成规,将此项合祀事宜详加审订,呈候施行,以隆报飨而垂久远。"③——同时,作为抚慰,再次命令清史馆为沈家本立传。《政府公报》载:"大总统指令第二千二百六十五号:令:内务总长齐耀珊呈核司法总长呈请在京师建立清故大臣沈

---

① 《大总统指令第二千八十号》,载《政府公报》1921年9月6日,第1989号,第2页,"命令"。
② 《大总统令》,载《政府公报》1919年11月13日,第1353号,第2页,"命令"。
③ 《大总统令》,载《政府公报》1919年11月13日,第1353号,第2页,"命令"。

家本专祠一案呈请鉴核由,呈悉。沈家本应准入祀功德祠,并宣付清史馆立传,此令。　大总统印　中华民国十年十月一日　国务总理靳云鹏　内务总长齐耀珊。"①对此,《时报》亦有刊载:"司法界呈请立沈家本专祠。"②"内齐(耀珊)、法董(康)前呈请沈家本在京建专祠,被驳。嗣改用手摺,面呈徐总统,请准自出资建祠,名为别墅。"③

1925年6月,临时法制院院长姚震呈请政府筹拨北海官房,建立"沈家本纪念图书馆"。6月23日,《时报》载:"北京电:姚震呈请拨北海官房为沈家本纪念图书馆,批交内部核。(六月二十二日下午三时发)"④6月23日,《顺天时报》的记载更为详细:"法制院院长姚震等,因查前法部已故首领沈家本,为法学鼻祖,编修法律有功于国于民,殊深钦仰,亟应将沈氏功勋垂诸后世,以誌纪念,而示尊重先贤之意。因此联名呈请内务部,要求将北海公园内拨给一适当房舍,代沈家本建设纪念图书馆一处,俾垂千古于不朽等因。兹闻内务部对于姚氏此等义举,深表同情,故已将该案批准,并经职方司于昨日通知该具呈请人姚震等知照云。"⑤

之所以选择以设立图书馆的形式纪念沈家本先生,其实早有先例可循。这一纪念形式,首倡于梁启超。早在1916年12月初,蔡锷将军去世不久,梁启超即致电当局,倡议在上海为其设立纪念

---

① 《大总统指令第二千二百六十五号》,载《政府公报》1921年10月2日,第2013号,第6—7页,"命令"。

② 《司法界呈请立沈家本专祠》,载《时报》中华民国十年九月四日,旧历辛酉年八月初三日,西历1921年9月4日(星期日),第6164号,第2张第3版,"专电二·以上北京三日亥刻专电"。

③ 《北京廿七日亥刻专电》,载《时报》中华民国十年九月廿八日,旧历辛酉年八月二十七日,西历1921年9月28号(星期三),第6188号,第1张第1版,"专电"。

④ 《北京电》,载《时报》中华民国十四年六月廿三日,旧历乙丑年五月初三日,西历1925年6月23号(星期二),第7520号,第1张第1版,"本馆专电"。

⑤ 《姚震等请为沈家本设立图书馆俾誌纪念以垂后世》,载《顺天时报》中华民国十四年六月二十三日,乙丑五月初三日(星期二),第7630号,第7版。

图书馆:"段总理、伍总长、王参谋总长、陈总长、张总长、程总长、范总长、谷总长、许总长、王议长、汤议长、陈副议长、张国务院秘书长、庄审计院长鉴察:蔡公松坡,功在社稷,民不能忘。沪上同人,议设一纪念图书馆,即在馆中奉祠铸像,庶可以范后人而垂不朽。拟恳我公赐衔发起,以资提倡,务乞垂诺,伫盼赐复。梁启超叩。江。"①这一倡议,获得一致响应。在各方支持与捐助下,1918年11月8日,松坡图书馆略具雏形。当日《大公报》载:"纪念松坡之图书馆是日开幕。"②——实际上,由于"时事多故,集资不易",所谓的松坡图书馆"久而未成",仅成立了筹备性的组织"松社"③,《大公报》的报道并不确切——1922年秋,梁启超呈请大总统黎元洪批准,先后获拨北海快雪堂和西单牌楼石虎胡同七号官房作为馆址,在北京设立松坡图书馆第一馆和第二馆。前者于1923年11月4日成立,后者则于1924年6月1日对外开放。④

而之所以选择以北海官房为沈家本纪念图书馆馆址,除了效法北京松坡图书馆的先例外,可能也是受不久前——5月17日——京师图书馆的直接启发。《益世报》载:"京师图书馆主任徐鸿宝以该馆所藏书籍颇富,惟因馆址偏僻(东城方家胡同国子监),不易发展。乃于昨日呈请教部,并具说帖,请提交国务会议,指拨北海官房,作为馆址,俾资扩张云。"⑤

---

① 《梁任公请设纪念图书馆》,载《益世报》中华民国五年十二月七号,旧历丙辰十一月十三日(星期四),第421号,第2版,"公电录要"。
② 《蔡松坡图书馆落成》,载《大公报》中华民国七年十一月八日,旧历戊午年十月初五日,西历1918年11月8号(星期五),第5791号,第1张第2版,"外电杂报"。
③ 梁启超:《松坡图书馆记》,载《梁启超全集(第七册)》,北京出版社1999年版,第4173页。
④ 梁启超:《梁启超创设松坡图书馆有关文件·梁启超等致内务部教育部呈(1924年5月28日)》,载中国第二历史档案馆编:《中华民国史档案资料汇编 第三辑 文化》,江苏古籍出版社1991年版,第147页。
⑤ 《京师图书馆呈请指拨北海官房》,载《益世报》中华民国十四年五月十七号,阴历乙丑年四月廿五日(星期日),第3329号,第2张第7版,"教育丛载"。

结　语

　　1933年,沈家本去世20周年之际,当时的《法律评论》第2期,特意在扉页刊载了"沈家本先生遗像"①,并附生平简介道:"沈先生名家本,字子惇,浙江归安人,生于清道光二十年庚子,卒于民国二年癸丑,年七十四岁(据《疑年录》)。清末任修订法律大臣,孜孜将事,以期有成。我国今日各种法典粲然大备者,佥沈先生有以赐之也。近者刘抱愿先生等编纂《法律大辞典》,侪之世界法学大师之列,允矣。《清史稿》有传(卷二六零)。著作宏富,有《沈寄簃先生遗书》四十册,分甲乙两编,详见本期补白。"②而在"补白"栏,则刊载了"沈寄簃先生遗书详目"③,列举了沈家本先生的重要著作。

----

① 《沈家本先生遗像》,载《法律评论》1933年第11卷第2期,第1页。
② 《澹云轩珍藏中外法家肖像之二》,载《法律评论》1933年第11卷第2期,第2页。
③ 《沈寄簃先生遗书详目》,载《法律评论》1933年第11卷第2期,第30页。

1941年,沈家本先生诞辰101周年之际,当时的《最高法院年刊》在第1期中,专辟"沈家本先生纪念录"一栏,下设"(一)遗像、(二)传略、(三)学说之一斑"①三部分,以近20页的篇幅,刊载了沈家本先生的遗像,介绍了沈家本先生的生平与功业,摘录了可窥沈家本先生学说一斑的几篇著作,以志景仰之情,以表纪念之意。

沈家本先生遗像

先生生於道光二十年(西歷一八三九年)七月二十二日,卒於民國二年(西歷一九一三年)六月九日,有清末葉,律學式微,而東西各國,正在法治昌明之日,先生有鑒於斯,上稽漢代,旁及歐西,融會古今中外,成一家言,謂為中國法律思想革命家,亦無不可!先生雖未為民國一日之官吏,然心血結晶之新刑律草案,除於國體抵觸各章條外,至民國元年三月十日實行;其他民律、商律、訴訟律各項草案,入民國後,均陸續採用其精華,故先生實為中華民國法律界之元勛!爰徵得遺像及其事蹟,草成傳略一篇,蓋節錄其學說之一斑,藉附本刊,以誌景仰!

張韜謹跋

正如编纂者、时任最高法院院长的张韬所言:"先生生于道光二十年(西历一八三九年)七月二十二日,卒于民国二年(西历一九一三年)六月九日。有清末叶,律学式微,而东西各国,正在法治昌明之日,先生有鉴于斯,上稽汉代,旁及欧西,融会古今中外,成一家言,谓为中国法系之复兴家可,谓为中国法律思想革命家,亦无不可!先生虽未为民国一日之官吏,然心血结晶之新刑律草案,除于国体抵触各章条外,至民国元年三月十日实行,其他民律、商律、诉讼律

---

① 张韬:《沈家本先生纪念录》,载《最高法院年刊》1941年4月第1期,"目录",第12页。

各项草案,入民国后,均陆续采用其精华,故先生实为中华民国法律界之元勋! 爰征得遗像及其事迹,草成传略一篇,并节录其学说之一斑,籍附本刊,以志景仰!"①

1949年,新中国成立后,官方与学界对于沈家本先生的纪念活动,与国家的法治建设历程相应浮沉。由于众所周知的原因,作为具有"法治开先河"②、"法治导先河"③之功的中国近代法治的奠基人,沈家本先生一度声名不彰,其对于中国法制近代化的贡献被淹没在历史长河中,几乎为人遗忘,直到其"隔代知己"④李贵连先生的出现。1980年代以来,国家法制建设事业逐步走上正轨,在李贵连先生的深稽博考之下,通过《沈家本传》、《沈家本评传》、《沈家本年谱》、《沈家本年谱长编》等一系列著作,逐渐拂去蒙在沈家本先生身上的历史积尘,使得沈家本先生的人格和功业重新焕发出夺目的光芒,再次进入法学界和公众视野,日益为人所知。

进入新时代,随着国家"全面依法治国"方略的确立与推进,作为"沟通新旧,贯彻中外,以转移风会而立法治国之基础"⑤的中国近代法治奠基者沈家本先生,受到更多关注与重视。2017年5月,最高领导人在中国政法大学考察时,曾专门翻阅《沈家本全集》,表达对沈家本先生的了解与敬意。2018年1月,在最高人民法院和北京市政府的支持下,经过两年多时间花费巨资腾空修葺,

---

① 张韬:《沈家本先生遗像·附跋》,载《最高法院年刊》1941年第1期,"金载(二)",扉页。其中"西历一八三九年"误,应为"一八四〇年。"
② 《吴兴沈子惇先生哀挽录》,载刘家平、苏晓君主编,国家图书馆分馆编:《中华历史人物别传集》第62册,线装书局2003年版,第757页(影印《沈家本志哀》,廊房三条丽华石印,第23页)。
③ 《吴兴沈子惇先生哀挽录》,载刘家平、苏晓君主编,国家图书馆分馆编:《中华历史人物别传集》第62册,线装书局2003年版,第765页(影印《沈家本志哀》,廊房三条丽华石印,第40页)。
④ 黄静嘉:《沈家本传序一》,载《沈家本传》,法律出版社2000年版,第2页。
⑤ 《铨叙局呈大总统核议前法部正首领沈家本给恤缘由请批示遵行文并批》,载《政府公报》1913年6月25日,第408号,第11页,"公文"。

北京沈家本故居正式开放。2020年3月,借沈家本先生诞辰180周年之机,沈家本先生的故乡浙江省湖州市斥资5000万元,在沈家本先生安息的妙西镇启动了"沈家本历史文化园"建设项目,于2021年4月正式开放,成为纪念沈家本先生的又一重要载体。

或许可以说,自沈家本先生去世之后,100多年间,官方和民间的所有这些各种形式的纪念活动,都寄托了世人对于先生的崇敬与追思。而不同时期对于沈家本先生的态度,某种程度上也侧面见证着他所开创的中国法治国家建设事业,百年以来跌宕起伏的风雨历程与坎坷多舛的历史命运。

其实,一位历史人物,要名垂青史,赢得世人尊重,主要在于其历史贡献。而学界与官方乃至普罗大众之所以崇敬沈家本先生,也是如此——主要是因为沈家本先生主持晚清法律改革、对于中国传统法律近代化所做出的丰功伟绩。

然而,必须指出的是,沈家本先生的这些历史贡献,不是在孤家寡人的状态做出的,除了庙堂之尊的支持、官场同僚的协助、不同政见者的激励外,更有不应忽视的来自家庭亲人的直接或间接的无形助力。

我们应该看到,在主持晚清修律的过程中,他并不是一个孤立的个体,在传统士大夫、法学名家、达官显贵等"社会人",刑部左侍郎、修订法律大臣、大理院正卿、法部左侍郎、资政院副总裁等"政治人"角色之外,他更是一个紧紧嵌入帝制社会家庭网络、以兄弟、丈夫、父亲、叔父、岳父、祖父等家庭角色形式存在的"家庭人"——有一众家人,主要是晚辈后裔,构成其富于温情的生活环境,在孤寂时慰藉着他的心灵,在欢喜时分享着他的快乐,在落魄时支撑着他的希望,在患病时倾听着他的乡愁,在厌倦时帮助他应付说客,在疲惫时承欢膝下、陪伴他游园听戏……他们与沈家本先生一起,生活在那个变革的时代,在同一个历史时空与其零距离地接触,经历着并通过他更加直观地感受着预备立宪、变法修律等一系列晚清政法领域的重大变革,是这一段历史的近距离观察者和私人化的参与者。

正是他们,陪伴着沈家本先生完成了十年的修律事业,为他营造了歇泊的港湾、憩息的乐园、著述的雅室、筹谋的营帐,在繁冗的修律事务、复杂的人际关系、紧张的官场斗法中,给了他遮风挡雨的心灵栖息之地。也正是他们,在他去世后,举办追悼,彰显他的丰功伟绩;扶灵回籍,完成他魂归故里的愿望;继续他的事业,投身到具体的法律事务中去;刊刻他的遗著,传播他的法治精神。可以说,这些家人,也是沈家本先生修律事业的隐形功臣,也在不为人知之处为修律事业作出了无形贡献。

故而,要真正了解沈家本先生、考察其修律事业,就不能不关注其家庭成员、尤其是后裔。他们构筑了沈家本先生的生活背景,为以儒家"修身齐家治国平天下"为追求、以"封妻荫子"为荣耀的传统士大夫沈家本先生的官场活动提供了来自私人生活史上的解释。

所以,考证沈家本先生的家人,尤其是曾与其共同生活在一个历史时空的后裔,除了厘清历史事实具有谱牒学意义外,更具有深层的"知人论世"层面的超越性的意义——这一点儿,不惟对于沈家本先生如此,对于其他历史人物而言,也具有普遍的适用性。

可惜的是,对于沈家本先生的家人,尤其是其后裔的情况,既有研究很少提及。《清史稿·沈家本传》中对于沈家本先生的记载,非常简略,且多有谬误,对于他的后裔,只字未提。《吴兴沈公子惇墓志铭》中对于他后裔的记载,着墨很少,且有些地方并不准确。今日沈家后人的言说,则多靠回忆,且时有彼此抵牾之处,甚至对于沈家本先生子女的情况,都未能交代清楚。尤其是对于其子沈承熙,更是众说纷纭,形成了不少谜团——这也是我选择以之为切入点的重要原因。而作为沈家本后裔中唯一一位曾经中举，因而有科举硃卷"履历"在身之人，沈承熙留下了相对丰富的一手资料，故以之为线索，可以对沈家本先生的亲属关系尤其是后裔，进行更加系统化的考察。

对于沈承熙及其亲属构成的家族谱系，由于尚未见沈氏族谱——或许未曾专门修订亦未可知——故除了沈镜源的"手述"之外，主要依据沈家本、沈彦模、沈家霖、沈承熙等人的科举硃卷"履历"，辅以当时的官方记载，参以今日其后人的口述史料，逐层推演，彼此印证，逐步釐清。

目前可知，沈家本先生共有四个儿子、三个女儿、四个孙子、两个孙女。四个儿子依次为沈承熊（沈承焕）、沈承熙、沈承烈、沈承煌（沈承焯）。沈承煦、沈承焌、沈羹梅等人，均非沈家本先生之子。三个女儿依次为：沈承辉（沈承蕙）、沈承烇、佚名（早夭）。四个孙子依次为：沈仁垓、沈仁堪、沈仁培、沈仁坚。两个孙女依次为：沈仁垌、沈仁垸。

沈承熙是沈家本先生的次子，字敬甫，号净芙，乳名庚三，生于光绪二年（1876）闰五月二十日（阴历），卒于中华民国四年（1915）8月6日（阳历）。其乡试硃卷"履历"中所谓生于"光绪戊寅五月二十日"之说，乃是沿袭"官年"陋习虚报年龄所致。由于沈家本长兄沈家树早逝无子，沈家本将沈承熙出嗣给沈家树为子，故其称父亲沈家本为"本生父"，而称伯父沈家树为"父"。沈承熙既未参加义和团，也未失踪。他自幼（1880年入学）在家塾攻读诗书，又曾入天津育才馆、保定畿辅学堂学习英文。1902年以"浙江湖州府学附贡生"身份参加"光绪庚子辛丑恩正并科"浙江乡试，考中第205名举人。沈承熙中举之前，已有"指分江苏试用知县"虚衔，中举之后，援例报捐主事，正式步入官场。1903年被签分工部，学习行走，旋丁母忧。1904年服阕，仍任工部主事。1906年10月，由工部调派巡警部当差,11月,因巡警部改为民政部、工部改为农工商部而等待安置。1907年3月,调入民政部,先后任民政部外城巡警总厅预审厅委员、民政部额外委员、民政部警政司主事。1912年中华民国成立后,民政部改组为内务部,沈承熙留任,担任佥事,先后派充内务部警政司第三科科长、第二科科长、第一科科长,兼充知事试验办事处差事。因积劳成疾,英年早逝,卒于任上,时年虚岁40。沈厚铎先生等沈氏后人的一些文章弄错了沈承熙的排行,将其与长兄沈承熊相混;弄错了沈承熙的乳名,将其与三弟沈承烈相混;同时,由于字形相近,又弄错了沈承熙的大名,将其与嫡兄弟沈承煦相混。这些错误,读者诸君,不可不察。

沈承熙的长兄、沈家本先生的长子名沈承熊,乳名如山,生于同治十二年(1873)十月二十七日(阴历)。在沈家本先生诸子中最先去世,卒年不详,但最晚不迟于1906年。他早年(1878年入学)与沈承熙一起在家塾读书,光绪十六年(1890)九月十九日,娶乌程名士施补华之女为妻,曾任会典馆誊录、议叙盐大使。王式通在《吴兴沈公子惇墓志铭》中说,沈家本长子名"沈承焕",或是沈承熊曾经更名之故。

沈承熙的三弟、沈家本先生的三子名沈承烈,字佑甫,生于光绪六年(1880)六月廿六日。自幼(1891年正月入学)在家塾中读书,光绪二十四年(1898)三月二十九日,与候选州同陈绍达之女成婚。光绪三十一年(1905),以正二品荫生见用,任户部主事。1906年赴英国游学,肄业于英国伦敦大学政治经济科。或许是因为其姐夫汪大燮时任驻英公使之故,留学期间,兼充驻英使署随员、留英调查币制员。归国后,任度支部财政研究所评议员。民国成立后,先后在财政部、审计院任职。1912年5月,任财政部筹备处币制银行股股员。8月,任总务厅理财股二等科员。12月,任公债司主事。1913年7月,任公债司主事,署佥事。10月,任总务厅档案课主任。1914年7月,调入审计院任职,署审计院协审官。1915年8月后,任审计院协审官。因功勋突出,1920年获六等嘉禾勋章,1927年获五等嘉禾勋章。日伪统治时期,赋闲在家。新中国成立后,在京去世。

沈承熙的四弟、沈家本先生的四子名沈承煌,字哲甫,生于光绪九年(1883)十一月初十日。原名沈承焯,后出嗣四叔、沈家本先生四弟沈家荣。光绪二十四年(1898)五月十四日,沈家本先生为其与知县赵松生之女联姻,光绪三十年(1904)十一月十九日完婚。自幼(1891年正月入学)在家塾中读书,后通过报捐,获得监生身份。1904年8月,考入商部高等实业学堂。1911年夏,任邮传部主事。民国成立后,1916年4月,署大理院书记官,1917年5月,兼任大理院书记官。1920年11月,任大理院文书科科长。1926年8月,任京都市政公所行政处科员。日寇侵华期间,在京去世。

沈承熙的大姐、沈家本先生的长女名沈承辉,乳名安南,生于同治八年(1869)八月初五日(阴历)。光绪十九年(1893)九月二十四日(阴历),嫁与时任户部郎中、后曾任留日学生监督、外务部左参议、考察宪政大臣、北洋政府国务总理的钱塘举人汪大燮为妻。在汪氏族谱上更名为沈承蕙,字婉卿。光绪二十一年(1895)六月十一日(阴历),在天津生子汪庚,回京后在家相夫教子——儿子后赴英国剑桥大学留学,以英国剑桥大学理化科硕士毕业,归国后曾充北京大学教习、内务部技士——中华民国三年(1914)12月29日(阳历)去世,时年虚岁46岁。

沈承熙的二妹、沈家本先生的次女名沈承烇[1],生于光绪三年

---

[1] 沈厚铎:《沈家本长子和他的后代》,载《法制日报》2016年12月5日,第8版,"法治文化"。

(1877)六月十二日(阴历)。光绪二十二年(1896)十一月(阴历),嫁与兵部尚书徐用仪之子、曾官居户部员外郎的徐士钟为妻,育有三个女儿。王斗华为沈家本先生五弟沈家霁之婿、张大来亦为沈家本先生五弟沈家霁之婿,均非沈承熙的二妹夫。

沈承熙的三妹、沈家本先生的三女,生于光绪五年(1879)三月初四日(阴历),似卒于光绪七年(1881)正月初九日(阴历)。其人名字不详,《吴兴沈公子惇墓志铭》不载,沈家本、沈承熙科举考试硃卷"履历"不列,事迹难考,或许是因为夭折之故,鲜为人知。

沈承熙的长侄、沈家本先生的长孙名沈仁垓,字经钵,生于1891(或1892)年,为沈承熙长兄沈承熊之子。1917年11月,任盐务署第一科办事员。1931年,任财政部河北财政特派员公署统税处科员。

沈承熙的次侄、沈家本先生的二孙名沈仁堪,字远重,生于1893(或1894)年。本为沈承熙长兄沈承熊的次子,后出嗣沈承熙为子。他毕业于北京化石桥法政专门学校。1917年12月,任高等捕获审检厅办事员,1920年10月,任大理院学习书记官。1929年5月,署江苏高等法院检察处书记官。1930年1月,任浙江杭县地方法院绍兴分院候补推事,1947年,任浙江高等法院永嘉分院推事。新中国成立后,因病去世。

沈承熙的三侄、沈家本先生的三孙名沈仁培,字益三,生于1899年,为沈承熙三弟沈承烈之子。早年考入清华学校留美预备部,与闻一多、罗隆基等同学。1922年留学美国,就读于爱荷华州格林内尔学院,学习教育及心理学。1924年获得学士学位后考入哥伦比亚大学,继续深造教育学,1925年获得硕士学位。毕业归国后,在中国银行北平支行任职。新中国成立后,在京去世,享年80余岁。

沈承熙的四侄、沈家本先生的四孙名沈仁坚,字子固,生于1912年,为沈承熙四弟沈承煌之子。初中就读于国立北京师范大学附属中学校,1926年毕业。1928年考入国立京师大学校法科政治系,1928年9月,因国立京师大学校改组为国立北平大学,遂为国立北平大学法学院政治系学生。1930年,由政治系转入法律学系,1932年毕业。后为章太炎弟子黄侃门生,学习文字音韵训诂之学,与陆宗达等交好。抗战期间南下重庆,抗战胜利后曾在复旦大学代课。1948年回到北京,随即赋闲在家,1952年2月7日因病辞世。

沈承熙的长女、沈家本先生的长孙女名沈仁垌,生于1897年,早年曾在家塾读书,后嫁与察哈尔财政厅长余诒为妻。1941年参加革命,化名余谷似,为党的地下工作做出了突出贡献,被尊为"革命的老妈妈"。解放后曾在内蒙古党委办公厅工作,1957年退休。回京后被聘为北京市文史研究馆馆员,1996年在京去世,享年99岁,虚岁100岁,并非90岁。

沈承熙的次女、沈家本先生的二孙女名沈仁垸,毕业于北京女子师范大学,后嫁给上海富商、苏州人钱家骅为妻。

总体看来,在沈家本先生的后裔中,具有法律背景、学习法律或从事法律相关职业者不在少数。长子沈承熊曾任会典馆誊录,为编纂《大清会典》效力,某种意义上具有参与立法工作的性质;二子沈承熙曾任晚清巡警部内外预审所委员、民政部外城巡警总厅预审厅委员、民政部警政司主事、民国内务部警政司主事、内务部警政司第三科科长、第二科科长、第一科科长等职,从事预审、警政等司法、治安工作;四子沈承煌曾任大理院书记官、大理院文书科科长等职,在最高司法机关办理庶务;二孙沈仁堪毕业于北京化石桥法政专门学校,曾任民国高等捕获审检厅办事员、大理院书记官、江苏高等法院检察处书记官、浙江杭县地方法院绍兴分院候补推事、浙江高等法院永嘉分院推事等职,既曾在中央与地方司法机关从事庶务工作,又曾在地方司法机关从事司法审判工作;四孙沈仁坚毕业于国立北平大学法学院法律系,虽然并未从事具体法律事务,但学习的却是法律专业。可见,沈家本先生的四个儿子中,三个与法律有关,四个孙子中,两个与法律有关——他们或见证了沈家本先生开创的法制近代化的过程、或是沈家本先生变法修律活动的亲历者,他们生活在沈家本先生开创的法制背景中、又是沈家本先生开创的法制近代化事业的践行者——某种意义上,在其血脉传承中,也承载着法脉的延续。

纵览沈氏家族,沈家本先生自不必说,上自沈家本先生之父沈丙莹——曾任刑部广东司主事、广西司员外郎、江苏司郎中、律例馆提调,下至沈家本先生之孙沈仁堪、沈仁坚,沈家一连四代,均与法律有着千丝万缕的联系。在这个意义上,称之为"法律人家族",似不为过。而这个法律人家族的形成,与血脉的传承互为表里。沈家本先生之所以从事法律职业,或许并非出于自主选择,很大程度上来自于其父沈丙莹的影响,而其之所以进入刑部这一法律部门,也主要是受父亲恩荫,"援例签分"的结果[①]。沈家本先生这些从事法律事务的后裔,之所以能够厕身法界,除了自身努力之外,与沈家本先生在法界的影响,更是不无关系。沈家本先生作为"法学泰斗",在当时法界享有崇高的威望,晚清民国法界的很多重要人物——董康、姚震、章宗祥、许世英、王宠惠等等,大都是他的门生故吏、旧交晚辈,这些人执掌着当时的法界,无形中对他的后裔多有关照[②],使得他们至少在同等条件下可以顺利进入法律部门——某种程度上,这也是沈家本先生修律功业获得认可和推崇

[①] 参见(民国)王式通:《吴兴沈公子惇墓志铭》,载(民国)闵尔昌纂录:《碑传集补·卷六·部院大臣·沈家本》(近代中国史料丛刊第 100 辑),台湾文海出版社有限公司 1973 年版,第 413 页。

[②] 对此,沈厚铎先生在《沈家本长子和他的后代》(载《法制日报》2016 年 12 月 5 日,第 8 版,"法治文化")中也曾提及:"沈家本原来的门下,对他的后代很是照顾。"

的体现——他们将对于沈家本先生这位先人的敬重,转移到其后裔的身上,或许,这也可谓沈家本先生功德所致、福及子孙的"君子之泽"? 在这个意义上,法脉的延续,与血脉的传承相互纠葛,融为一体,绵绵不绝,耐人寻味。

今天,以沈承熙为线索,梳理沈家本先生的后裔,厘清史实,纠正不实之说,不是为了批评,而是为了纪念。希望对于先生的血脉传承,有更加清晰的言说。这些亲属关系的界定,可以将人物置于更加宏阔的社会关系网络中,对于解释人物的行为及其背后的动因,或许会有更多的启发意义。透过沈氏家族与政法领域的密切关系,或许也可以管窥其血脉传承与法脉延续,展现和扫描晚清民国政法领域的多重面向。

总而言之,百余年后的今日,以沈承熙为线索,寻找钩沉沈家本先生的后裔,梳理先生的血脉传承,接续他延续至今的生命轨迹与历史足迹,或许,也是在检视晚清沈家本先生主持的法律近代化以来,国家那一缕法脉的运行与流转,在起承转合、若隐若现、朦朦胧胧、若有若存中窥测近代法治的兴衰浮沉。

百年沧桑,树犹如此,人何以堪,法何以堪! 愿先生的后裔福泽绵长,愿先生苦心倡导的法治精神长盛不衰!

参考文献

一、史料类

1. 徐世虹主编：《沈家本全集》，中国政法大学出版社 2010 年版。
2. 顾廷龙主编：《清代硃卷集成》，台湾成文出版社有限公司 1992 年版。
3. 清华大学图书馆编：《清代缙绅录集成》，大象出版社 2008 年版。
4. 王式通：《吴兴沈公子惇墓志铭》，载闵尔昌纂录：《碑传集补》，台湾文海出版社有限公司 1973 年版。
5. 佚名：《沈家本志哀》，廊房三条丽华石印，刊年不详。
6. 刘家平、苏晓君主编，国家图书馆分馆编：《中华历史人物别传集》第 62 册，线装书局 2003 年版。
7. 定思：《吊法学大家沈家本先生》，载《大同报》1913 年第 473 期。
8. 吕学沅：《祭沈子惇先生家本文》，载《国学(东京)》1914 年第 1 期。
9. 觚叟：《记法学先进沈家本》，载《中央日报》1936 年第 2939 号。
10. 刘钟英等原修，马钟琇等增刊：《民国安次县志》，台湾成文出版社有限公司 1969 年影印版。
11.《内务部呈本部佥事沈承熙积劳病故恳请照章给恤文》，载《政府公报》1915 年第 1223 号。
12.《令江苏直隶浙江民政长前法部正首领沈家本灵柩回籍应饬沿途地方官妥为照料文》，载《内务公报》1913 年第 2 期。

13. (清)陆心源等修,丁宝书等纂:《(光绪)归安县志》,台湾成文出版社有限公司 1970 年影印版。

14. (清)陆心源撰:《贵州安顺府知府沈公墓志铭》,载"法大新闻网""网上展厅"栏目之"碑石遗韵——古代法律碑刻拓片展"(2017 年 10 月 23 日)。

15. (清)谭廷献撰:《贵州安顺府知府沈公行状》,清同治九年刻本。

16. 王树荣等纂修:《小湖王氏宗谱》,1936 年重修。

17. 徐丙奎等纂修:《海盐丰山徐氏重修家乘》,1915 年刻。

18. 汪怡、汪玉年、汪大燮等纂修:《平阳汪氏迁杭支谱》,1932 年铅印。

19. 汪庚编:《钱塘汪公哀挽录》,1929 年印行。

20. 国家图书馆地方志家谱文献中心编:《清代民国名人家谱选刊 18 平阳汪氏迁杭支谱》,北京燕山出版社 2010 年版。

21. 王式通:《故国务总理汪公墓志铭》,载闵尔昌纂录:《碑传集补》,台湾文海出版社有限公司 1973 年版。

22. 上海图书馆编:《汪康年师友书札》,上海书店出版社 2017 年版。

23. 秦国经主编,唐益年、叶秀云副主编:《中国第一历史档案馆藏 清代官员履历档案全编》,华东师范大学出版社 1997 年版。

24. (日)田原天南编:《清末民初中国官绅人名录》,台湾文海出版社有限公司 1973 年版。

25.《申报》,上海书店 1983 年影印版。

26.《大公报》(天津版),人民出版社 1983 年影印版。

27. 北京政治官报局编:《政治官报》,台湾文海出版社有限公司 1965 年影印版。

28. 中国第二历史档案馆整理编辑:《政府公报》,上海书店 1988 年影印版。

29. 左志丹编著:《近现代名人书札手迹鉴赏》,四川美术出版社 2015 年版。

30. 骆宝善、刘路生主编:《袁世凯全集》,河南大学出版社 2013 年版。

31. (清)刘春堂:《畿南济变纪略》,载庄建平主编:《近代史资料文库》(第六卷),上海书店出版社 2009 年版。

32.（清）薛雪：《一瓢诗话》，清道光昭代丛书本。

33.（清）来保撰：《大清通礼》，清文渊阁四库全书本。

34.（清）礼部纂辑：《钦定科场条例》，台湾文海出版社有限公司1989年版。

35.（清）方濬师撰：《蕉轩随录 续录》，盛冬玲点校，中华书局1995年版。

36.（清）王士祯撰：《池北偶谈》，勒斯仁点校，中华书局1982版。

37.（清）官修：《清实录》，中华书局2008年影印版。

38.（清）朱寿朋编：《光绪朝东华录》，张静庐等校点，中华书局1958年版。

39.（清）允禄奉敕编，弘昼续编：《世宗宪皇帝上谕内阁》，台湾商务印书馆1988年影印版。

40. 胡蕴玉等撰：《满清野史四编 第十五种 名人轶事》，新兴书局有限公司1983年影印版。

41. 辜鸿铭、孟森等著：《清代野史（第四卷）》，巴蜀书社1998年版。

42. 裘毓麐：《清代轶闻 卷二 名人轶事下》，上海书店出版社1989年版。

43. 上海商务印书馆编译所编纂：《大清新法令（1901—1911）》（点校本）第1卷《大清光绪新法令》，李秀清、孟祥沛、汪世荣点校，商务印书馆2010年版。

44. 中国第二历史档案馆编：《中华民国史档案资料汇编 第三辑 文化》，江苏古籍出版社1991年版。

45. 舒新城编：《近代中国教育史料（第四册）》，上海科学技术文献出版社2015年版。

46. 田涛、郑秦点校：《大清律例》，法律出版社1999年版。

47. 屈疆：《雉尾集》，世界书局1947年版。

48. 孙宝瑄：《忘山庐日记》，上海古籍出版社1983年版。

49. 许宝蘅：《巢云簃日记》（摘抄），载《北京文史资料 第56辑》，北京出版社1997年版。

50. 徐世昌：《徐世昌日记》，吴思鸥点校，北京出版社2018年版。

51. 黄侃：《黄侃日记》，黄延祖重辑，中华书局2007年版。

52. 法官训练所同学总会重编:《法官训练所同学录》,永祥书馆 1947 年印行。

53. 司法部编:《司法部大理院暨京师各厅监所职员录》,1917 年印行。

54. 司法部编:《司法部大理院暨京师各厅监所职员录》,1920 年印行。

55. 敷文社编:《最近官绅履历汇录(第一集)》,台湾文海出版社有限公司 1970 年版。

56. 国立北平大学法学院编:《国立北平大学法学院一览》,1929 年印行。

57. 国立北平大学校长办公处秘书室编:《国立北平大学校况简表》,1930 年印行。

58. 国立北平大学校长办公处编:《国立北平大学在校学生及毕业生姓名录》,1934 年印行。

59. 国立北平大学法商学院编:《国立北平大学法商学院一览》,国立北平大学法商学院印刷部 1935 年印行。

60. 国立北平大学法商学院第八届毕业同学录编辑委员会编:《国立北平大学法商学院第八届毕业同学录》,1936 年印行。

61. 国立北平大学校长办公处编:《国立北平大学一览》,1936 年印行。

62. 国立清华大学校长办公处:《清华同学录》,1937 年印。

63. 清华学校编:《清华一览》,1926 年印行。

64. 清华大学校史研究室编:《清华大学史料选编 第 4 卷 解放战争时期的清华大学 1946—1948》,清华大学出版社 1994 年版。

65. 寰球中国学生会编:《寰球中国学生会二十周年纪念册》,1925 年印行。

66. 北平中华基督教青年会编:《会员录》,1934 年印行。

67. 杨丽娟整理:《学海遗珍——仪征刘氏家藏书札笺注》,广陵书社 2014 年版。

68. 闻黎明、侯菊坤编著:《闻一多年谱长编 上卷 增订版》,闻立雕审定,上海交通大学出版社 2014 年版。

69. 来薰阁编:《来薰阁书目(第二期)》,1931 年印行。

70. 来薰阁编:《来薰阁书目(第三期)》,1932 年印行。

71. 来薰阁编:《来薰阁书目(第四期)》,1935年印行。

72. 来薰阁编:《来薰阁书目(第五期)》,1936年印行。

73. 来薰阁编:《来薰阁书目五期续编》,1937年印行。

74. 来薰阁编:《来薰阁经售学术机关刊物目录》,1934年印行。

75. 京都市政公所庶务科编印:《京都市政公所及附属机关职员录》,1926年印行。

76. 财政部河北财政特派员公署编:《财政部河北财政特派员公署职员录》,1931年印行。

77. 铨叙部秘书处第三科编辑:《铨叙年鉴(1931—1933年,续编)》,1934年南京大陆印书馆印行。

78. 审计院编:《审计院职员录》,1924年编刊。

79. 盐务署编:《盐务署职员录》,1920年印行。

80. 盐务署编:《盐务署职员录》,1924年印行。

81. 盐务署编:《盐务署职员录》,1925年印行。

82. 中国银行北京分行、北京市档案馆编,吴恩芳主编:《北京的中国银行(1914—1949)》,中国金融出版社1989年版。

83. 中国银行总管理处编:《中国银行职员录》,1933年版。

84. 中国银行总管理处编:《中国银行职员录》,1935年版。

85. 中国银行总管理处编:《中国银行职员录》,1937年版。

86. 中国银行经济研究室编:《全国银行年鉴(1937)(上)》,台湾学生书局1937年版。

87. 中国银行总管理处经济研究室编:《全国银行年鉴(1934)》,汉文正楷印书局1934年版。

88. 中国银行总管理处经济研究室编:《全国银行年鉴(1935)》,汉文正楷印书局1935年版。

89. 浙江高等法院编印:《浙江司法年刊(1930)》,1931年印行。

二、著作类

1. 李贵连:《沈家本传》,法律出版社2000年版。

2. 李贵连:《沈家本传》(修订本),广西师范大学出版社 2017 年版。

3. 李贵连:《沈家本年谱长编》,山东人民出版社 2010 年版。

4. 李贵连:《近代中国法制与法学》,北京大学出版社 2002 年版。

5. 李贵连:《现代法治:沈家本的改革梦》,法律出版社 2017 年版。

6. 李贵连:《1902:中国法的转型》,广西师范大学出版社 2018 年版。

7. 高勇年:《法学泰斗沈家本》,浙江人民出版社 2006 年版。

8. 沈小兰、蔡小雪:《修律大臣沈家本》,人民法院出版社 2012 年版。

9. 沈小兰、蔡小雪:《沈家本新传》,商务印书馆 2022 年版。

10. 骆憬甫:《浮生手记 1886—1954 一个平民知识分子的纪实》,上海古籍出版社 2004 年版。

11. 丰子恺:《缘缘堂续笔》,海豚出版社 2014 年版。

12. 商衍鎏:《清代科举考试述录及有关著作》,百花文艺出版社 2004 年版。

13. 韩涛:《晚清大理院:中国最早的最高法院》,法律出版社 2012 年版。

14. 黄秋富主编:《礼仪文化手鉴》,岳麓书社 1998 年版。

15. 于明、田晓娜主编:《礼仪全书》,国际文化出版公司 1993 年版。

16. 李秉谦编著:《一百年的人文背影:中国私立大学史鉴 第四卷 浴火重生(1937—1945)》,陕西师范大学出版总社 2016 年版。

17. 马玉生:《中国近代中央警察机构建立、发展与演变》,中国政法大学出版社 2015 年版。

18. 顾长声:《传教士与近代中国》,上海人民出版社 2013 年版。

19. 沈文泉编著:《湖州名人志》,杭州出版社 2009 年版。

20. 杨靖筠:《北京基督教史》,宗教文化出版社 2014 年版。

21. 浦薛凤:《音容宛在》,商务印书馆 2015 年版。

22. 王永斌:《北京的商业街和老字号》,北京燕山出版社 1999 年版。

三、论文类

1. 沈厚铎:《沈家本长子和他的后代》,载《法制日报》2016 年 12 月 5 日。

2. 沈厚铎:《沈氏老二房与老三房》,载《法制日报》2017 年 5 月 8 日。

3. 沈厚铎:《告别枕碧楼宅院的老四房》,载《法制日报》2017 年 9 月 11 日。

4. 沈厚铎:《枕碧楼最后公务》,载《法制日报》2016 年 11 月 7 日。

5. 沈厚铎:《枕碧楼宅院易主风波(上)》,载"法制网"2017 年 7 月 4 日。

6. 沈厚铎:《枕碧楼宅院易主风波(下)》,载"法制网"2017 年 8 月 14 日。

7. 沈厚铎:《枕碧楼请愿风波》,载《法制日报》2018 年 7 月 2 日。

8. 沈厚铎:《乡思凝成"枕碧楼"》,载《法制日报》2016 年 4 月 25 日。

9. 沈厚铎:《沈寄簃与姐丈潘霨的挚友深情》,载《法制日报·法治周末》2019 年 11 月 5 日。

10. 沈厚铎:《寄簃版本赠法大》,载《法制日报》2016 年 10 月 10 日。

11. 沈厚铎:《自此藏书别小楼》,载《法制日报》2016 年 6 月 20 日。

12. 沈厚铎:《枕碧楼藏书与沈家本手稿》,载其"明光沈叟"博客("沈家本故事三"),2020 年 2 月 29 日刊发,2020 年 7 月 6 日登录。

13. 沈厚铎:《家父沈仁坚与陆宗达先生》,载北京师范大学民俗典籍文字研究中心编:《陆宗达先生百年诞辰纪念文集》,中央广播电视出版社 2005 年版。

14. 沈厚铎:《沈家本的家国情怀与法律救国志向的形成》,载"民主与法制网"2018 年 7 月 13 日,2019 年 10 月 20 日登录。

15. 沈厚鋆:《读陈宝琛〈题沈家本遗像〉诗》,载张国华主编:《博通古今学贯中西的法学家》,陕西人民出版社 1992 年版。

16. 沈厚鋆:《陆润庠庚子书札笺注》,载《传统文化研究》(第 8 辑),白山出版社 2000 年版。

17. 沈仁垌(余谷似)口述、沈厚鋆整理:《沈家本先生二三事》,载张国华主编:《博通古今学贯中西的法学家》,陕西人民出版社 1992 年版。

18. 余谷似、沈厚鋆:《义和团运动史料片段》,载中国人民政治协商会议北京市委员会文史资料研究委员会编:《文史资料选编》第 18 辑,北京出版社 1983 年版。

19. 沈小兰:《"无念尔祖 聿修厥德"——关于沈家本及其他》,载《中国法律评论》公众号,2016 年 7 月 10 日。

20. 沈寅飞:《寻找沈家本家族》,载《方圆》2015年第19期。

21. 沈巳淼:《踏遍坎坷终归安宁——沈家本四世孙沈厚锦的一生》,载"法制网"2017年4月11日。

22. 常寒婴:《革命老人余谷似的一生》,载《法制日报》2017年6月5日。

23. 靖力、毛亚楠:《法律人家族式传承的兴与衰》,载《检察日报》2015年5月15日。

24. 李贵连:《保定教案与沈家本被拘考》,载《比较法研究》2000年第1期。

25. 曹南屏:《"考试不足得人才"——清末科举改制与出版市场的互动及其影响》,载《近代史研究》2018年第5期,第109页。

26. 顾一平:《刘师颖及其遗诗》,载顾一平:《邗上杂记(中)》,广陵书社2015年版。

27. 郭长海:《李叔同和1902年浙江乡试——林子青〈弘一大师新谱〉拾补之一》,载《杭州师范学院学报》1998年第3期。

28. 韩涛:《晚清大理院审判官员调配及履历考论》,载《历史档案》2011年第3期。

29. 胡金兆:《琉璃厂旧书业领军者:来薰阁的陈济川》,载胡金兆:《百年琉璃厂》,当代中国出版社2006年版。

30. 康冬梅:《缪禄保致王文进手札十五通释读》,载《图书情报研究》2018年第2期。

31. 康冬梅、程仁桃:《沈兆奎致文禄堂、德友堂信札辑注》,载程焕文、沈津、张琦等主编:《2016年中文古籍整理与版本目录学国际学术研讨会论文集(下)》,广西师范大学出版社2018年版。

32. 凌以安:《湖州建筑的奇葩》,载《湖州文史》第18辑,湖州市社科联印刷厂1998年印行。

33. 陆昕:《我的祖父陆宗达》,载《中华文史资料文库 第十六卷 文化教育编》,中国文史出版社1996年版。

34. 陆宗达:《黄季刚(侃)致陆宗达书十二封并陆跋》,载《北京师范大学学报》1987年第5期。

35. 陆宗达口述:《我的学、教与研究工作生涯》,王宁笔录并整理,载《文献》1986年第3期。

36. 欧七斤:《李叔同两次参加乡试史实新考》,载《历史档案》2012年第2期。

37. 潘鸣:《1906年中央官制改革裁撤机构人员安置问题研究》,载《首都师范大学学报(社会科学版)》2004年S1期(增刊)。

38. 郗志群:《封建科举、职官中的"官年"——从杨守敬的乡试硃卷谈起》,载《历史研究》2003年第4期。

39. 杨丽娟、葛星明:《青溪旧屋的第五代文化传人刘葆儒》,载赵昌智主编:《扬州文化论丛 第4辑》,广陵书社2009年版。

40. 叶瑜荪:《李叔同参加的浙江乡试》,载杭州师范大学弘一大师·丰子恺研究中心编:《一月千潭——第五届弘一大师研究国际学术会议论文集》,上海三联书店2016年版。

41. 张剑:《清代科举文人官年现象及其规律》,载《华南师范大学学报(社会科学版)》2017年第4期。

42. 周控夫:《胡建人牧师的生前身后》,载中国人民政治协商会议乐清县委员会文史资料研究委员会编:《乐清文史资料 第九辑》,1991年3月印行。

43. 朱碧玲:《国立京师大学校研究》,苏州大学2018年硕士论文。

附　录

附录一：沈子惇先生事略补志

沈子惇先生事略补志[①]

法学界之大恩人嘉兴沈子惇先生，于本月九日卒于金井胡同寓第，已纪报端。今更详其出处本末与其为学大旨著于篇，学者可览观焉。

先生之阅历　同治甲子，援例以郎中分刑部。光绪癸未，成进士，补官后，充主稿兼秋审处总办。癸巳后，历守天津、保定，所至有声。癸卯秋，充法律馆大臣，督办京师法律学堂。戊戌后，兼任资政院副议长。共和成立后，任为司法部正首领。卒时，享年七十有四。

先生之著述　先生少时淹博群经，尤精《周官》。因阅郎氏《周官古文奇字》，知其舛误，著《周官书名考古》一卷。居长沙就戚，好

---

① 《沈子惇先生事略补志》，载《时报》中华民国二年六月二十八日，旧历癸丑年五月廿四日，西历1913年6月28号（星期六），第3238号，第4版，"时评一"。其中"嘉兴"应为"吴兴"之误。

假古籍浏览,成《借书记》一卷。居闽藩署,纵观四库书,成《跋后》一卷。入刑部后,专心纂述,著有《读律校勘记》五卷、《秋谳须知》十卷、《刑案汇览三编》一百卷、《刺字集》二卷、《历代刑法考》若干卷、《历代刑官考》二卷、《寄簃文存》八卷、又《二编》二卷。近年董理旧作,编定《枕碧楼诗稿》六卷、《枕碧楼偶存稿》八卷、《日南随笔》八卷、《日南读书记》十八卷、《说文引经异同考》八卷、《文选注引书目》若干卷、《三国志琐言》四卷、《三国志校勘记》八卷、《古书目》三卷。又刊《枕碧楼丛书十二种》,皆亲自校勘,印成全书。此外,订成民律、刑律、商律、民刑诉讼律及其他附属法尚数十种,每本眉批签注,动累万言。著述之多,用力之勤,为近世名卿所未见,宜同馆少年靡不叹服也。

先生之素行 先生少历艰险,父由御史出守黔中,调贵,时匪氛甚恶,先生单身往省,屡濒于危。官刑部久,新进事简,一肆力于学。平日除从公外,即手一编,静坐室中,漏深灯炧,了无倦容。陈夫人卒后,家人劝置妾侍,峻词拒绝。体素强健,除循例休息,无一日缺席,外国顾问均服其治事精整。近世名卿号通法学者,首推薛允升、赵舒翘,先生精博尤远过之。故总统特命国务院从优议恤,以彰崇报云。

附录二：沈子敦先生传略

沈子敦先生传略[①]

先生名家本,浙江吴兴人。髫年毕群经,于《周官》尤多神悟。后阅郎氏《周官古文奇字》一篇,知多舛误,锐意纠正,成《周官书名考古》一卷。

咸丰己未,其父某由御史出守黔中。时苗氛正恶,道路艰阻,黔垣戒严,先生间关省父,屡濒于危。庚子,客游闽峤,居潘方伯蔚署中,得观闽本《四库书》,纂《跋后》一卷。

同治甲子,援例以郎中分刑部,肆力于经学、小学及掌故考据。都下得书易,精心玩索,故所纂述以是时为最多。

光绪癸未,成进士。补官后,充主稿,兼秋审处。自此遂专心于法律之学,纂有《读律校勘记》五卷、《秋谳须知》十卷,辑有《刑案汇览》一百卷、《刺字集》二卷。复病近人治律之陋,乃搜讨典籍,考订汉、晋、唐、宋历代律令,期成一家之学。癸巳后,历守天津、保定,公余纂述,曾不少辍。

癸卯秋,开馆修订法律,绵历十载。日延接中外法家,研究各国法律,穷其堂奥。先后订成民律、刑律、商律、民刑诉讼律及其他附属法共数十种。稿本盈屋,每本眉批签注,动累万字,同馆少年皆叹服。创办法律学校,育才逾千人,其有异者,奖成倍切。教习、

[①] 《沈子敦先生传略》,载胡蕴玉等撰:《满清野史四编 第十五种 名人轶事》,新兴书局有限公司1983年影印版,第47—48页。又载辜鸿铭、孟森等著:《清代野史(第四卷)》,巴蜀书社1998年版,第2114—2115页。又载裘毓麐:《清代轶闻 卷二 名人轶事下》,上海书店出版社1989年版(复印中华书局1915年版),第20—22页。另有《清朝野史大观 卷八 清人逸事》等多种著作,对该文皆有收录,不再赘举。

学员有所质疑,为文以答,娓娓千言。少暇,仍事著述,纂有《历代刑法考》若干卷、《历代刑官考》二卷、《寄簃文存》二卷、又《二编》二卷。平日除从公外,即静坐室中,手一卷,漏深灯炧,了无倦容。

庚戌秋,兼任资政院副议长。值法律馆纂订各稿将告成,日与馆员逐条细究。议院事又须兼顾,四阅月终会期,除循例休息,无一日缺席。任刑部侍郎最久,暨丙午修官制,改大理院正卿。旋调任法部侍郎,洊升法部大臣。

清廷逊位,先生乞病,逊位诏未副署,先期请假。及改为法部正首领,并未到署,杜门谢客,一意著书。项城以司法总长商请,先生作书婉谢之。项城谓此系南京政府之意,如不列名单内,恐失人望。乃于寄去阁员名单内,列先生名,而注明以病坚辞。此第一次内阁事也。第二次组织内阁,项城复请其出任司法。先生乃荐章宗祥自代,参议院未通过。

殁年七十四岁。临殁前四日,尚伏案著书,前十日,尚写日记。好学不倦,敬爱文士。布衣蔬食,除购书外,别无他好。

近两年中,杜门谢客,董理旧作,编定《枕碧楼诗稿》六卷、《枕碧楼偶存稿》八卷、《日南随笔》八卷、《日南读书记》十八卷、《说文引经异同考》八卷、《文选注引书目》若干卷、《三国志琐言》四卷、《三国志校勘记》八卷、《古书目》三卷。又刊《枕碧楼丛书》十二种,亲自校勘,皆梓行。

附录三：沈子敦先生传略

沈子敦先生传略[①]

先生名家本，浙江吴兴人。髫年毕群经，于《周官》尤多神悟。后阅郎氏《周官古文奇字》一篇，知多舛误，锐意纠正，成《周官书名考古》一卷。

咸丰己未，其父某由御史出守黔中。时苗氛正恶，道路艰阻，黔垣戒严，先生间关省父，屡濒于危。庚子，客游闽峤，居潘方伯蔚署中，得观闽本《四库书》，纂《跋后》一卷。

同治甲子，援例以郎中分刑部，肆力于经学、小学及掌故考据。都下得书易，精心玩索，故所纂述以是时为最多。

光绪癸未，成进士。补官后，充主稿，兼秋审处。自此遂专心于法律之学，纂有《读律校勘记》五卷、《秋谳须知》十卷，辑有《刑案汇览》一百卷、《刺字集》二卷。复病近人治律之陋，乃搜讨典籍，考订汉、晋、唐、宋历代律令，期成一家之学。癸巳后，历守天津、保定，公余纂述，曾不少辍。

癸卯秋，开馆修订法律，绵历十载。日延接中外法家，研究各国法律，穷其堂奥。先后订成民律、刑律、商律、民刑诉讼律及其他附属法共数十种。稿本盈屋，每本眉批签注，动累万字，同馆少年皆叹服。创办法律学校，育才逾千人，其有异者，奖成倍切。教习、学员有所质疑，为文以答，娓娓千言。少暇，仍事著述，纂有《历代刑法考》若干卷、《历代刑官考》二卷、《寄簃文存》二卷、又《二编》二

---

① 《沈子敦先生传略》，载《大公报》中华民国二年七月十三日，癸丑年五月廿九日，西历1913年7月3号（礼拜四），第3913号，第4张第1版，"杂录"。

卷。平日除从公外，即静坐室中，手一卷，漏深灯炧，了无倦容。

庚戌秋，兼任资政院副议长。值法律馆纂订各稿将告成，日与馆员逐条细究。议院事又须兼顾，四阅月终会期，除循例休息，无一日缺席。任刑部侍郎最久，暨丙午修官制，改大理院正卿。旋调任法部侍郎，洊升法部大臣。

清廷逊位，先生乞病，逊位诏未副署，先期请假。及改为法部正首领，并未到署，杜门谢客，一意著书。项城以司法总长商请，先生作书婉谢之。项城谓此系南京政府之意，如不列名单内，恐失人望。乃于寄去阁员名单内，列先生名，而注明以病坚辞。此第一次内阁事也。第二次组织内阁，项城复请其出任司法。先生乃荐章宗祥自代，参议院未通过。

临殁，遗言以道士装殓。殁年七十四岁。临殁前四日，尚伏案著书，前十日，尚写日记。好学不倦，敬爱文士。布衣蔬食，除购书外，别无他好。

近两年中，杜门谢客，董理旧作，编定《枕碧楼诗稿》六卷、《枕碧楼偶存稿》八卷、《日南随笔》八卷、《日南读书记》十八卷、《说文引经异同考》八卷、《文选注引书目》若干卷、《三国志琐言》四卷、《三国志校勘记》八卷、《古书目》三卷。又刊《枕碧楼丛书》十二种，亲自校勘，皆梓行。

附录四:记法学先进沈家本

记法学先进沈家本[①]

觚叟

浙江吴兴沈子敦先生家本,幼即颖悟,髫年已毕群经,于周官犹多神悟。后阅郎氏《周官古文奇字》一篇,知多舛错,锐意纠正,成《周官书名考古》一卷。

咸丰己未,其父某由御史出守黔中。时苗氛正恶,道路艰阻,黔垣戒严。先生间关省父,屡濒于危。庚子客游闽峤,居潘方伯署中,得观闽本[②]《四库书》,纂《跋后》一卷。

同治甲子,援例以郎中分刑部,肆力于经学、小学及掌故考据。都下得书较易,精心玩索,故所纂述,以是时为最多。

光绪癸未,成进士。补官后,充主稿,兼秋审处。自此遂专心于法律之学,纂有《读律校勘记》五卷、《秋谳须知》十卷,辑有《刑案汇览》一百卷、《刺字集》二卷。复病后人治律之陋,乃搜讨典籍,考订汉、晋、唐、宋历代律令,期成一家之学。

癸卯秋,清廷开馆修订法律,先生主之,绵历十载。日延接中外法家,研究各国法律,穷其堂奥。先后订成民律、刑律、商律、民刑诉讼律及其他附属法共数十种。稿本充栋,每本眉批签注,动累万字,同馆无不钦服。创办法律学校,育才逾千人,其有特异者,奖成倍切。教习、学员有所质疑,为文以答,娓娓千言。稍暇仍事著述,纂有《历代刑法考》若干卷、《历代刑官考》二卷、《寄簃文存》二

[①] 觚叟:《记法学先进沈家本》,载《中央日报》中华民国二十五年六月二十二日,西历1936年6月22日(星期一),第2939号,第3张第1版。

[②] "本",原文误为"东",径改。

卷、又《二编》二卷。

庚戌秋,兼任资政院副议长,值法律馆纂订各稿将告成,日与馆员逐条细究,了无倦容。任刑部侍郎最久,暨丙午修官制,改大理院正卿。旋调任法部侍郎,洊升法部大臣。

民国第一次内阁,袁项城以司法总长商请,坚以病辞。第二次内阁,乃荐章宗祥自代,未获参议院通过。先生旋杜门谢客,董理旧作,编定《枕碧楼诗稿》六卷、《枕碧楼偶存稿》八卷、《日南随笔》八卷、《日南读书记》十八卷、《说文引经异同考》八卷、《文选注引书目》若干卷、《三国志琐言》四卷、《三国志校勘记》八卷、《古书目》三卷、《枕碧楼丛书》十二种。亲自校勘,皆梓行。

先生平生好学不倦,敬爱文士。布衣蔬食,除购书外,别无他好。今之谈前清法律专家者,殆无不仰为泰斗矣。

附录五：祭沈子惇先生家本文

祭沈子惇先生家本文[①]

（代民国临时司法总长撰）

吕学沆

维太岁在昭阳赤奋若（《尔雅·释天》："癸曰昭阳,丑曰赤奋若。"）六月十三日乙丑,许君世英率同法曹就列,谨以清酌之奠,致祭于先生之灵曰：

呜呼！笃生先生,志度渊英。飞辩摛藻,络绎纵横。旧文新艺,亦既有行。

德之所届,宪流后昆。追惟先生,爰自髫龀。克岐克嶷,发彩流润。游目典坟,金声凤振。

才通汉魏,文蔽班扬。钩深探赜,体微知章。昭哉仁孝,轩曜怀光。越登司官,刑辟端详。一麾出守,视民如伤。膺兹显秩,搢绅洋洋。居因业胜,规矩圆方。

虚握灵珠,法流是挹。手不释文,丝纶允缉。纸落如云,无疑不质。国之宪章,献替棐职。悬法无闻,望古遥集。

龙战未分,允迪大猷。人和天静,甄殷陶周。如彼竹柏,清节为秋。杜门不出,洞灵通幽。洽闻强记,博览旁搜。恭承嘉惠,玄化滂流。

奕奕先生,学优则仕,仕优则学。是敦诗书,是悦礼乐。

---

① 吕学沆：《祭沈子惇先生家本文》,载《国学（东京）》1914年第1期,第51—52页,"文衡"。

川渎含晖,挠之不浊。蔼蔼卿云,峨峨崇岳。

听参皋吕,志绍孔姬。纵心儒术,庶狱兼资。善诱善导,复存于兹。成才千计,百僚攸师。昔闻大德,耄耋为期。瞻仰昊天,胡不憖遗。寝疾弥留,尚慎尔仪。

心悽目泫,梁崩哲萎。命不可赎,来者曷追。神飨一觞,或慰涟洏。呜呼哀哉!

谨按:先生为中邦名法家,且兼经师。著有《枕碧楼文集》,并《中国古代法律考》暨其他各考证。小学古文,精详渊雅。清末修订法律,独任其难。盖适值国粹、欧化二派争执之秋,先生惟以折衷至当,不偏不倚,元本宙合,允使刑律减轻,俾遂大同,厥功极伟。共和之役,赞赞襄哉。民国底成,首领法部。未几去位,杜关发愤,卒未竟之绪。或经或法,日手一卷,注释以蝇头小字殆遍,恒至夜分不倦,时年已七旬余矣。好学不厌,公亦有焉!旧主裁法律学馆,翰詹俊士,从游日懋,奖进后学,涵育尤多。溯自司曹郡守,荐跻列卿,罔非黜陟幽明,咸熙庶绩,时亮天功,寅钦夙夜,何以尚斯?民国二纪夏,竟易箦含笑西往。神明不衰,谆谆以遗著未既为憾。噩耗巷传,舆论痛惜,乃相谋追悼,无论知与不知齐来会。时人以方康成、诸葛云。学沉少受遗经,未亲謦欬,然私淑者窃有岁年。癸丑以观光上国,羁滞京师,躬吊沦亡,获承垂型。又承许徐儁仁先生嘉命,见属兹文,义所难委,忝济攀附之美,遂成绍述之光,亦云罕矣。用疏微衷,跋诸篇尾,藉符文质尔。　　甲寅四月十日恭注。

附录六：吊法学大家沈家本先生

吊法学大家沈家本先生[①]

定 思

半岁以来，大星之霣者数矣。以革命之大家宋钝初而不禄，以共和之健将徐怀礼（即徐军长宝山）而云亡。一时宋之党人、徐之旧部及夫清议之士，莫不致其悼惋之哀思，见之文字者，又芳馨以悱恻。下至贩夫走隶，于鼎革时间曾剽窃功名者，于其亡也，亦必有追悼之集会，极烜染之能事。又莫不哀集轶事，成一册子，见之者，或欷歔不能良已。独于我法学大家沈子敦先生家本之殂落也，仅见之于区区之饰终命令而已。岂无洒羊昙之泪于马鬣之封者哉？抑何阒其无人黯然而销魂也？

定思不慧，曾以一艺见知于大匠之门，略于春明执笔之余，得识先生之遗事。今于先生之殁也，爰述之概梗，以质曾荷先生之掖引者，且更以诇诸治国故者，匪独鸣其哀也已。

呜呼，先生逝矣！先生之家乘，自应出诸先生之家人，而详见于孤子苫次之哀启中。然而，依习惯上之旧例，不过讣告亲故而不以公诸世也，上之仅备史馆之采择已耳。然往往失实于铺叙，不足据也。今欲吊先生以文字，当知先生之事业果何属乎。

先生牺牲毕生之精神，以销铄于法律学中。自他人视之，其在官也，不过奉职而已，其修业也，不过治学而已。既无赫赫之隆誉，亦无振振之谤词。乃孰知其在官奉职，迥异于常人，而其修业治

---

① 定思：《吊法学大家沈家本先生》，载《大同报》1913 年第 473 期，第 43—44 页，"艺文杂纂"。

学,远出乎庸众,蔚然为震旦新律开山之祖师,非拘拘于寻常绳墨刀笔之伦所可同日语也。

先生之初岁,钦嶷已非俗器。洎乎中年,服官西曹者有日,是先生覃精中律之时代,而所治者为旧律。其所著述,斐然成一家言,又非蹈常袭故者所可以道里计也。

先生晚年,以法部侍郎充修律馆大臣。编纂新律者,虽实繁有徒,至其贯穿先例,说明今律,一折衷于先生。先生耄年不倦,焚膏继晷,是又先生会通西律之时代,而所定者为新律。

入民国,为法部首领。洎临时政府成立,继武有人,遂引年致仕,退息于宣南之金井胡同。犹复接见新学后辈,相与探讨。乃孰料运候未秋而梧桐先落,而先生竟撒手西归矣!然民国刑律,实导源于先生也。当先生在胜国末造时,力倡修订新律。一时绩学如劳乃宣辈,亦起而与先生反对,靳靳于条文语意之细,非难百出。而先生一一批其隙而导其窾,有以折服而后已。于斯可见所业之专、所造之极矣。

东邦治法家学者有冈田朝太郎,其人当代士也,尝应先生修律之招,为律馆顾问。后冈田出语人曰,先生为支那大官中最可敬爱之人物。谓自薛庸盦①先生以还,此土治法律学者,盖以先生为巨擘也。

呜呼!新律成而先生老,新律行而先生殁。后之治新律者,对于先生,当有如何之感慨而景仰乎!设天假以年,俾新律得告完成,则先生之德泽,不尤深且远乎!今于先生之殁,并无失声下泪者,竟不能比之贩夫走隶。哀哉!

---

① 作者定思转述有讹,"薛庸盦"应为"薛云阶"或"薛允升"之误。薛庸盦即薛福成,并不以律学见称。

附录七：前法部正首领沈君之碑

前法部正首领沈君之碑[①]

袁世凯

吾国号礼治国，历代沿袭之律，未必悉中于今日之用。清德宗有鉴于此，特于光绪二十八年二月，诏举娴习中西律例者编纂法典。于是，直隶、两江、湖广总督，首荐法部左侍郎沈君家本于朝。

越二年四月，君于京师开修订法律馆，广延各国法学名家及吾国之习东西法与老于秋曹者为之佐。未逾时，译成法、俄、德、日各法律书数十编，则犁然知异同之原，与改革缓急之计。乃请先去旧律之过当者曰凌迟，曰枭首，曰戮尸，曰缘坐，曰刺字，俾天下咸晓然于缓刑之意。又请设法律学堂以课吏士，使它日有所取材。又请废《大清律》，改颁《现行律》各条，以济新陈递嬗之穷。而新律粲焉粗备，纲举目张，循序渐进，删繁补漏，镕旧铸新。于光绪三十三年八月成《新刑律总则》十七章，十一月成《新刑律分则》三十六章；宣统二年十二月成《民事诉讼律》四编，《刑事诉讼律》六编。当时，一孔之儒，非议丛起，或疑祖宗成法不当变，或恐法宽不足以防奸，或恐与中国习俗龃龉。君反复讨论，究之以精心，而持之以毅力，盖有百变而不渝者。当清之末季，所兴作者众矣，上下交替，卒泄沓无所就，惟君之制作，历层累曲折而终底于成。其后，君虽解任去，然后之人犹得循君所制，掇拾而赓续之。迨国体猝更，凡百草创，而至繁至重之典，法司日夕所承用者，大抵仍君之旧。乌虖，君

[①] 袁世凯：《前法部正首领沈君之碑》，载《政府公报》1913 年 11 月 24 日第 560 号，第 9 页，"公文"。

之有造于吾国，岂浅尠哉！

君于宣统三年冬为法部大臣，赞成共和。民国成立，为法部正首领，旋引退。民国二年五月，以疾卒于家。乃下所司议所以报功者，佥曰：君之修订法律，革历朝之秕制而主轻刑，采列国之成规以蕲合辙，实伯夷降典以来所未有，不可以湮没勿彰。夫革秕制而主轻刑，则可以生死属绝，使感化寓乎惩戒，而发展其人民保障之能，民之福也；采成规以蕲合辙，则可以一道同风，使法权宏及版图，而恢张其国势平均之渐，邦之荣也。有斯二者，可以刊石纪功，垂诸不朽矣！

君为官治绩甚著，所著书凡数十类，皆见于家乘，不具书。书其尤重要者，以示来世。

中华民国二年　月　日　大总统撰

附录八：吴兴沈公子惇墓志铭

吴兴沈公子惇墓志铭[①]
王式通

　　清之季年，有以耆年硕德治法家言名于时，当变法之初，能融合古今中外之律，使定于一而推行无碍，蔚为一代不刊之盛典，则今世海内所推仰吴兴沈公者是也。

　　公讳家本，字子惇。祖讳镜源，举人，庆元县学教谕，妣卜氏、宗氏、李氏。父讳麟书，妣□氏。本生父讳丙莹，进士，刑部郎中，贵州安顺府知府，妣俞氏。安顺公以忤时解官归，公才弱冠，即援例以郎中分刑部。公之学律，自是始。中本省同治四年补行辛酉壬戌科举人，回京供职，历充直隶、陕西司主稿。时吴县潘文勤为尚书，公尝为同舍郎某拟稿进，文勤诧其不类平日所为，诘之，某以实对。文勤叹曰："吾固知非沈君不办此也。"公之以律鸣于时，又自是始。成光绪九年癸未科进士，充奉天司正主稿，兼秋审处坐办，律例馆帮办提调、协理提调、管理提调。在部十年，无日不以纂述为事。

　　十九年，简放天津府知府。津俗故剽悍，喜械斗。前守持之严，风稍敛。公履任，以宽大为治，群不逞之徒以为可欺也，聚百人閧于市。公饬役擒其魁四人戮之，无敢复犯者。望海楼者，法兰西教堂也，以庚申毁于火，至是重建成。津人感念前衅，讹言繁兴。又适有侦获诱卖孩童人犯事，旧律非迷药不处死刑。公曰："是岂

───────
　　[①] （民国）王式通：《吴兴沈公子惇墓志铭》，载（民国）闵尔昌纂录：《碑传集补·卷六·部院大臣·沈家本》（近代中国史料丛刊第100辑），台湾文海出版社有限公司1973年版，第413—419页。

可以常例论乎？"竟置之法，而民大安。于是，又知公之用律，能与时为变通也。大吏才公，调保定府知府。北关外有某国教堂，甘军过境毁之。公闻变，即偕清苑县令驰往，多方抚慰。教士感公诚，但乞城中一地易之。而当路慑于外人之势，遽派员查办。于是教士亦电告其留京主教，百端要索，势张甚。卒偿金五万两，且与以清河道旧署。犹不可，以郡廨东偏为道署旧址，应划归教堂为辞。将许之矣，公独持《府志》断断辨，教士始无言而退。于是，又知公于外交，能守正不阿如此。

拳匪之变，萌于山东，蔓延于畿辅。民初有私习者，公辄侦得其首要，重惩之。俄而，朝贵多为所惑，卒不可遏。保定密迩京师，故受祸尤烈，英美教堂相继被毁。公时已升通永道，擢山西按察使。未及行，而两宫西狩。联军入保，大肆搜索，某教士衔公前争郡廨之隙也，则诬公附和拳匪，百计中伤之，卒无左验而难解。公遂驰赴西安行在，被命以三四品京堂用，授光禄寺卿。升刑部右侍郎，迁左侍郎。

自嘉道以来，各国互市，开拓及于内地，传教订诸约章，民教龃龉，日远而益多。方其起衅之初，大抵薄物细故，州县吏率不解各国法律，往往坐失机会，酿成巨案而莫可收束。而中外用律，轻重悬殊，民益不能堪，恶官长之薄视己也，则惟有迁怒于外人。庚子之变，万口同声者，此其症结之所在耳。公尝私忧，以谓欲使民教相安，当令官吏普知法律。然中律不变，而欲收回领事审判权，亦终不可得。会二十七年两宫回銮，变法议起。今大总统袁公荐公于朝，设修订法律馆，命公与伍公廷芳总其事。公于是先译东西各国现行法，每一卷成，必考其沿革，审其轻重，三复而后已。又请先废凌迟、枭首、戮尸及缘坐、刺字等刑。又别设法律学堂，毕业者近千人，一时称盛。补大理正卿，旋改法部右侍郎，仍兼修律事。三十三年，专充修订法律大臣。宣统二年，兼充资政院副总裁，仍日与馆员商订诸法草案,先后告成,未尝以事繁自解。盖公生平之学之志,至是乃大发摅矣。

公虽终其身于法律之学,然于他书无所不读。其所自著已刊者:《刺字集》二卷,《历代刑官考》二卷,《寄簃文存》八卷、又《二编》二卷。未刊者:《历代刑法考》三十八卷,《汉律摭遗》二十二卷,《明大诰峻令考》一卷,《明律目笺》三卷,《律例偶笺》三卷,《驳稿汇存》一卷,《雪堂公牍》一卷,《奏谳汇存》一卷,《压线编》一卷,《学断录》一卷,《文字狱》一卷,《刑案汇览三编》一百卷,《读律校勘记》五卷,《秋谳须知》十卷,《日南读书记》十八卷,《说文引经异同》二十五卷、又《附录》一卷,《史记琐言》三卷,《汉书琐言》六卷,《后汉书琐言》三卷,《续汉书志琐言》一卷,《三国志琐言》四卷,《三国志校勘记》七卷,《汉书侯国郡县表》一卷,《李善〈文选注〉引书目》六卷,《古今官名异同考》一卷,《枕碧楼偶存稿》八卷,《日南随笔》八卷,《枕碧楼诗稿》六卷,《古书目》三编共八卷。此外又有《周官书名考古》一卷,《借书记》一卷,《奇姓汇编》一卷,《金井杂志》一卷,《寄簃文存三编》一卷,皆未成书。其零篇断楮有待汇集者,尚盈箧也。非所谓博学多识者耶!

三年十二月共和诏下,乃引疾不出。以民国二年六月九日薨于京师,距生于道光庚子年七月二十二日,年七十有四。

原聘郑氏,未娶,殉发匪之难。继配陈氏,先公卒。子四:长承焕,分省盐大使,先卒;次承熙,举人,内务部佥事,出嗣公兄子佳公;次承烈,附生,英国留学毕业,财政部署佥事;次承煌,司法部署主事,出嗣公弟子祥公。女二:长适教育部总长汪大燮,次适前度支部员外郎徐士钟。孙四人:仁垓、仁堪、仁培、仁坚。女孙二人。将以三年四月二十一日,葬于渡善桥之原。

式通尝从公问律,受知最深,曷敢不铭。铭曰:

五刑之属,厥有三千。仍世损益,大体不愆。
瀛海既通,远人来萃。主客互淆,如蜩如沸。
穷则必变,室则思通。谁其尸之,翼翼沈公。
首除残酷,与民更始。仁风扇和,吉祥止止。
孰是孰非,何去何从。较及毫厘,偕之大同。
亦有讥排,徇时蔑古。浩然不顾,群疑消阻。
公学大成,匪惟明刑。掩彼众艺,培兹盛名。
公功在世,论久益定。刻辞贞石,以讯无竟。

附录九:沈家本乡试硃卷

沈家本乡试硃卷①

沈家本,字子惇,行二,道光庚子年七月二十二日吉时生。湖州府归安县监生,民籍,刑部学习郎中、直隶司行走。

高祖:逢龄(国学生)。

高祖妣:氏陈、氏吴。

曾祖:国治(邑庠生,著有《韵亭诗文集》,乾隆乙酉南巡召试,钦取二等。貤赠修职郎、庆元县学教谕,一晋赠朝议大夫②、刑部陕西司主事加三级,例晋中宪大夫)。

曾祖妣:氏张(貤赠孺人,晋赠恭人)。

祖:镒。

祖妣:氏李。

本生祖:镜源(嘉庆戊午科举人,庆元县学教谕。勅授修职郎,晋赠朝议大夫、刑部陕西司主事加三级,例晋中宪大夫)。

本生祖妣:氏李(勅赠孺人,晋赠恭人)。

氏宗(勅赠孺人,晋赠恭人)。

氏卜(勅封孺人,晋封太恭人)。

父:麟书。

---

① 顾廷龙主编:《清代硃卷集成》第251册《乡试(浙江)·同治乙丑(四年)(一八六五)补行咸丰辛酉(十一年)(一八六一)科并同治壬戌(元年)(一八六二)恩科》,台湾成文出版社有限公司1992年版,第195—213页。

② 顾廷龙主编:《清代硃卷集成》第251册《乡试(浙江)·同治乙丑(四年)(一八六五)补行咸丰辛酉(十一年)(一八六一)科并同治壬戌(元年)(一八六二)恩科》,台湾成文出版社有限公司1992年版,第195页。其中"一"疑为衍文。

妣：氏黄。

本生父：丙莹（道光壬辰科举人，乙巳恩科进士。历任刑部广东司主事、广西司员外郎、江苏司郎中、律例馆提调、山西道监察御史，巡视中仓，京察一等。前任贵州安顺府知府，历署铜仁府、贵阳府知府，军功随带加二级，钦加道衔）。

本生母：氏俞（嘉庆庚辰科进士、翰林院编修、原署湖南按察使、衡永郴桂道、恤赠光禄寺卿、世袭云骑尉讳焜公次女）。

本生具庆下。

从伯叔曾祖：国桢、国庆、国彪、国祥、国泰、国清、国恩（国学生）、国荣（国学生）、国寿（国学生）、国封（国学生）、国诰（国学生）、国贤。

从伯叔祖：凤仪、凤鸣、凤岐、铭、铦、钕、锟、镛（候选从九品）、铻、钧、镐、鑑（候选从九品）、鐄（国学生）、錀（国学生）、钟（国学生）、钫、锟、镎、镇。

胞伯叔祖：锜（候选从九品，貤赠奉直大夫、刑部四川司主事加一级）、镜。

从伯叔：福田、福元（钦天监算学生）、福顺、福渊、福材、学源、学海、学浚、学醇、奎章、连章、森章（候选从九品）、增祥、瑞祥、呈祥、兆祥、其祥、履祥、迎祥。

堂伯：丙泉、荣（郡庠廪生）、金传、金吾。

胞伯：丙辉（国学生，例赠修职郎）。

胞姑一：（适福建庚申科举人、原任山东沂州营都司陈名登龙公次子、候选府经历名为瑚）。

从兄：永奎、永谦。

堂兄：汝楫、汝桐。

嫡兄：家禾（江苏试用县丞）。

嫡姊一：（适现任山东登莱青道、钦加盐运使衔潘名爵）。

胞兄:家树(早世)。

胞弟:彦模(郡庠生)、家棨、家霂(俱业儒)。

胞妹二:(俱早世)。

嫡侄:承勋(幼)。

原聘:郑氏(道光辛卯科举人、原任起居注主事郑讳训方公女。壬戌在郡殉难,恩准旌表)。

族繁,止载近支。

居郡城南门内徧吉巷口。

庭训。

受业师:

　　程心斋夫子。

　　韩　　夫子。

　　闵莲庄夫子(原任两淮余西场盐大使)。

　　族伯响泉夫子(道光丁酉举人,原任仁和县学教谕)。

　　孙竹亭夫子(余杭县附贡生)。

　　陈子裳夫子(江苏宜兴县廪贡生,候选盐大使)。

　　周岷飔夫子(咸丰壬子进士,翰林院编修,原升用侍讲学士)。

　　姨丈沈经笙夫子(道光丁未进士,翰林院编修,前山西巡抚)。

　　刘朗屏夫子(咸丰戊午举人,贵州广顺州知州,前国子监助教)。

乡试中式第六十二名。

会试中式第　名。

殿试第　甲第　名。
钦点　　。

浙江乡试硃卷(第十六房)

中式第六十二名举人沈家本,湖州府归安县监生,民籍,刑部学习郎中。

同考试官:同知衔题补绍兴府萧山县知县加三级边阅:荐。

大主考:翰林院编修、国史馆纂修董批:取。又批:衔华佩实。

大主考:国子监祭酒、实录馆总校、宗室瑞批:中。又批:切理餍心。

本房原荐批:首艺理明机圆,词无庞杂,次三清畅,诗妥。经艺稳洁一律,五策清洁。

聚奎堂原批:词意清真,气机流畅,诗雅。

君子无众寡无小大无敢慢
沈家本

君子心一于敬,人与事无歧视也。

夫人有众寡,事有小大,慢即生矣。君子无众寡小大之见,又何自而敢慢哉?

尝思至不一者人也,至难一者事也,而要贵持之以主一无适之心。精其心于人与事之未乘,而其作所也至肃;摄其心于人与事之纷集,而其直丙也至虔。吾心既治,而外来之遇胥受范焉。兢业之弥深,实操存之罔懈尔。

试由惠劳与欲而进观君子:夫君子,固以敬为主,而人与事均受治焉者也。

宥密退藏之际,君子有劼毖之隐,而莫或窥。迨与人接,而谨与肆见焉矣。勖懋简者曰"念敬我众",颂徽懿者曰"惠鲜鳏寡",于以知宜民宜人之有常德焉。

云为未集之时,君子有恂栗之忧,而不及觉。迨与事接,而恭与怠判焉矣。美弼亮者曰"克勤小物",训燮和者曰"率循大卞",于以知为纲为纪之有全量焉。

夫君子,一于敬而已矣。乃自人有众寡,事有小大,而为政者或不免于慢。何也?

且夫对林总而任艰巨,宜罔弗悚然矣,而怠气每乘于所忽,则固有不慢于众而慢于寡,不慢于大而慢于小者。

御近习而亲庶慎,亦或能惕若矣,而神明或疲于屡照,则又有不慢于寡而慢于众,不慢于小而慢于大者。

况乎狎侮之易萌也,一二人偶有惰色,而后将及于人人;一二事掉以轻心,而后将及于事事。存睥睨一切之见,于是因慢于寡而遂慢于众,因慢于小而遂慢于大者,有之矣。

意气之易矜也,大廷尚弛恪恭,矧在燕闲之少与?巨典犹存倦怠,何论丛脞之纷乘?狃安肆日偷之习,于是因慢于众而并慢于寡,因慢于大而并慢于小者,有之矣。

其慢也,其敢也。

惟君子克谨乎人与事之未来,而澄心以观理。临兆民时有懔矣,而一夫亦惧胜予;贞百度无或玩矣,而细行犹虞累德。地无论隐与显,恒设一临渊集木之想以应之,罔敢或轻,罔敢或易,业业乎合众寡小大,而寅惕俱深也,慢何有也?

惟君子能慎乎人与事之方至,而殚思以应务。常伯准人咸知恤矣,仍不忽于趣马缀衣;戎兵车马胥致戒矣,复不懈于寝兴洒埽。时无论久与暂,要必有见宾承祭之意以将之,无敢戏豫,无敢驰驱,兢兢乎统众寡小大，而警惕弥周也，慢何有也？

夫君子，一于敬而已矣。不自知其为泰，而骄于何有？

本房加批：一气挥霍之中，仍处处典切，禀经酌雅，洁净精微。

得一善则拳拳服膺而弗失之矣
沈家本

能守者不惟能择，道以行为明也。

夫一善之得，安保其弗失乎？拟之曰"拳拳服膺"，非以行为明乎？

且学者行道之功，患知之不深也，而尤患守之不密。守之密者，其识精，则持之也确，而犹豫无虞；其力贞，则受之以恒，而操存自固。至健之神，以至明之衷运之，贯终始而无违，实合内外而交慎已。

回于中庸，非随所择而有所得乎？而未敢谓所得之无弗失也，而深冀所得之终弗失也。敢漫曰得一善乎？

锐进者，聪明自喜，往往深恃焉而以为安。谓自我得，即无虞自我失也，而未可恃也。研几之地，中以幸心，若即若离，而善已归杳乎难寻之数。

退葸者，劼毖多疏，往往自弛焉而不及检。谓诡以得，安保不诡以失也，而未可弛也。竭蹷之余，乘以怠气，为迎为距，而善已有稍纵即逝之机。

夫此一善也，安在其弗失之哉？

而试观于回：

人情于素所歆羡之端，一旦遇之目前，每恐离于须臾，而龟皇倍切。神明之倾注，赖坚贞之定力为操持。气自凝也，志自壹也，觉危微之介明明有可据者，无形而虚构其形。

人情于几经追寻之境,一旦据为已有,每不胜其珍重,而餍饫弥深。性命之饷贻,恃缜密之全神相贯注。造之深也,居之安也,觉肴密之中隐隐有可凭者,无象而实征其象。

盖拳拳服膺然:

善未积而身难持,善既积而身愈难持。一其身以积善,而有以惑之,则诣力奚自纯也?而拳拳者无虑也,学问思辨以还,方随事存一失之之思,自深其惕厉。而时甚猝者贞以至常,境屡迁者持以不变,与善胥化,而得失之见忘焉。夫人于旦昼所为,或接之梦寐而犹不能释,形役于是,而神与之俱耳。而况道积厥躬者乎?

善于心为公宅,心于善若为私宅。虚其心以宅善,而有以间之,则功候奚自精也?而拳拳者无虑也,息养瞬存而后,方随时悬一失之之象,自摄其神明。而念偶疏者惕之以密,力偶怠者策之綦严,与善为一,而得失之迹泯焉。夫人于平居所处,乍徙之一途而终不能忘,意安于是,而性与为依耳。而况理宅于心者乎?

回之能守如此,此道之所以明也。

本房加批:清而腴,疏而畅,沙明水净,尘障一空。

禹思天下有溺者由己溺之也稷思天下有饥者由己饥之也是以如是其急也

沈家本

以尽其职者为急,天下皆己责也。

夫饥溺,天下之急也,而禹、稷急之。若非身当其任,何如是其引为己责哉?

尝思圣贤者,以天下为心者也。外顾诸世,而有不容缓之情,实内顾诸身,而有不容辞之责。故不谓以天下劳一心,而艰危不能恝置,直谓以一身厄天下,而拯济未可迟回。天下之忧皆其忧,天下之咎皆其咎。盖欲为须臾之俟,而此中有所不忍已。

不然,禹、稷、颜回同此己也,同此天下也,而禹、稷独以天下任之己而如是其急焉,何哉?禹与稷重思之矣!

盖敛其己与天下相忘,自可淡天下而以己自佚。天下无所属望于己,己亦无所抱歉于天下。天下之急皆非己之急,而何有于溺者,而何有于饥者?

乃出其己与天下为公,即难置天下而以己自私。天下即不苛责于己,己要不得稍恕乎己。天下之急皆己所当急,而忍使有溺者,而忍使有饥者?

禹与稷重思之矣!

今使洚水未咨于虞廷,阻饥未申于帝命,而必顾怀襄之天下,为之图袵席之安,悯艰鲜之天下,为之谋稼穑之利。是以局外而怀局中之虑,非所急而急也,而乌用其思?

然使身践司空之位,职膺田正之司,而犹以距川浚浍、袖手而听之朝廷,以水毁木饥、坐视而委之运会。是以一心而忍一世之人,当急而不急也,而奈何弗思?

禹与稷重思之矣!溺虽非己溺,而不啻由己溺之也;饥虽非己饥,而不啻由己饥之也。其急也,岂有他哉?夫亦以是而已矣!

谓百世免其鱼之苦,禹所以称神;万姓赓乃粒之歌,稷所以名后,亦浅举其功,而未深窥其隐耳!夫禹、稷,岂独有厚于天下哉?己无所系于天下,而饥溺可听乎气数;天下既有所系于己,而饥溺难贷之当躬。此其隐隐相待之机,觉不如是而不得也,是以爱天下不啻其爱己也。

谓《书》称文命,禹不徒绩著随刊;《诗》颂陈常,稷不独勋隆教稼,亦显名其德,而未微察其心耳!夫禹、稷,岂有所私于天下哉?己不出而任天下,饥溺之急人自急之,尚有免厄之方;己既出而任天下,饥溺之急己不急之,转无济艰之望。此其默默相维之故,觉能如是而未已也,是以忧天下转逾于忧己也。

苟非其地使然,则过门不入何为哉?

本房加批:从"是以"二字着笔,故语语有颜子在。不矜才,不使气,灵光四映,元箸超超。

赋得红树碧山无限诗(得"诗"字,五言八韵)
沈家本

树树红于染,山山碧尽滋。翛然尘外赏,无限画中诗。
鸦舅寒争丽,螺鬟瘦益奇。恰宜秋雨后,最好夕阳时。
写叶留题徧,看云得句迟。六朝寻旧藁,千里寄遐思。
地擅登临胜,情方坐对移。停车三径晚,有客捻吟髭。

本房加批:自然浑雅。

附录十：沈家本会试硃卷

沈家本会试硃卷①

沈家本，字子惇，行二，道光庚子七月二十二日吉时生。浙江湖州府归安县监生，民籍，刑部候补郎中。

十二世分支祖：枳（字东生）。

十一世祖：经（字北桥）。

十世祖：朝元。

九世祖：文逊。

八世祖：复初（字敬桥，明邑庠生）。

七世祖：天应（字润寰，顺治丁亥恩贡，湖广华容县知县，勅授文林郎）。

七世本生祖：天颜（字济寰，金华协标守备，诰授武德将军）。

六世祖：铨元（字霞峯，议叙八品，考授征仕郎）。

高高祖：良丰（字西成）。

高高祖妣：氏徐。

高祖：逢龄（字舜庸，国学生）。

高祖妣：氏陈、吴。

曾祖：国治（字琴石，号韵亭，邑庠生。乾隆乙酉南巡召试，钦取二等。貤赠修职郎、庆元县学教谕，晋赠朝议大夫、刑部陕西司主事加三级，例晋中宪大夫。著有《韵亭诗文集》，语存《语录》，邑志有传）。

---

① 顾廷龙主编：《清代硃卷集成》第 54 册《会试·光绪癸未（九年）（一八八三）科》，台湾成文出版社有限公司 1992 年版，第 299—321 页。

附　录

曾祖妣:氏张(貤赠孺人,晋赠恭人)。

祖:镜源(字席怀,号蓼庵,嘉庆戊午科举人,拣选知县,庆元县学教谕。勅授修职郎,晋赠朝议大夫、刑部陕西司主事加三级,例晋中宪大夫)。

祖妣:氏李(勅赠孺人,诰赠恭人)。

　　氏宗(勅赠孺人,诰赠恭人)。

　　氏卜(勅赠孺人,晋封太恭人)。

父:麟书(诰赠中宪大夫,刑部直隶司郎中加一级)。

妣:氏黄(诰赠恭人)。

本生父:丙莹(字晶如,号菁士,道光壬辰科举人,乙巳恩科进士。刑部广东司主事、广西司员外郎、江苏司郎中、律例馆提调,山西道监察御史,巡视中仓,京察一等,贵州安顺府知府,历署铜仁、贵阳府知府,军功随带加二级,钦加道衔,诰授中宪大夫,晋封通议大夫。著有《软红草》《星匏馆诗集、随笔》,待梓。府志有传)。

妣:氏俞(诰封恭人,晋封淑人,嘉庆庚辰科进士、署湖南按察使、衡永郴桂道、恤赠光禄寺卿、世袭云骑尉、勅建专祠予谥文节讳焜公次女)。

永感下。

从伯叔曾祖:国桢、国庆、国彪、国祥、国泰、国清、国恩(国学生)、国荣(国学生)、国寿(国学生)、国封、国诰(国学生)、国贤。

从伯叔祖:凤仪、凤鸣、凤岐、铭、鋕、钆、锟、镛(候选从九品)、铻、钧、镐、鑑(候选从九品)、鐄(国学生)、鑰(国学生)、钟(国学生)、钫、錤、錞、镇。

胞伯叔祖:锜(候选从九品,貤赠奉直大夫、刑部四川司主事加一级)、镜。

从伯叔:福田、福元(钦天监算学生,例赠修职郎)、福顺、福渊、福材、学源、学海、学浚、学醇、奎章、连章、森章(候选从九品)、增祥、瑞祥、呈祥、其祥、履祥、迎祥。

堂伯:丙泉、荣(郡庠廪生)、金传、金吾。

胞伯:丙辉(字苏泉,国学生,例赠修职郎,驰赠通奉大夫)。

胞姑一:(适福建庚申科举人、原任山东沂州营都司陈名登龙公次子、候选府经历名为瑚)。

从兄弟:永奎、锦椿(贵州补用知县,即补府经历)、家霖、家藩、家桢。

堂兄:汝楫、汝桐。

嫡兄:家禾(江苏候补县丞,勒授修职郎)。

嫡姊一:(适江苏现任江西巡抚潘名霨)。

本生胞兄弟:家树(驰赠中宪大夫、刑部直隶司郎中加一级)。

　　　　　　彦模(光绪丙子科举人,四川会理州知州)。

　　　　　　家棨。

　　　　　　家霡(光绪壬午科举人,浚河议叙,钦加中书衔)。

本生胞妹二:(俱早世)。

堂侄:承炜。

嫡侄:承勋(国学生)。

本生胞侄:承燕、承烜。

本生胞侄女四:(三字咸丰癸丑进士、前陕西布政使王印思沂第五孙、安徽候补知府印济廷第四子。余未字)。

从侄孙:凤清。

原聘:郑氏(道光辛卯科举人、起居注主事讳训方公女。壬戌在郡殉难,恩准旌表)。

继娶:陈氏(刑部郎中讳奉曾公孙女,山东候补运同印瑞麟公长女,山东知县用尽先补用县丞名汉章胞妹,候选盐大使名懋章、国学生名瑜章胞姊)。

子:承熊、承熙(出嗣本生胞兄后)、承烈。

女二。

族繁,祇载近支。
居郡城南门内徧吉巷口。

庭训。
外祖训。
受业(知)师:
程心斋夫子(讳庆余)。
韩　　夫子。
闵莲庄夫子(讳曾需,两淮余西场盐大使)。
族伯响泉夫子(讳涛,道光丁酉举人,仁和县学教谕)。
孙竹亭夫子(名国治,余杭县附贡生)。
陈子裳夫子(讳黄理,江苏廪贡生,候选盐大使)。
周岷飔夫子(讳学源,咸丰壬子进士,翰林院侍讲学士)。
姨丈沈文夫定子(讳桂芬,道光丁未进士,兵部尚书,协办大学士)。
刘朗屏夫子(讳琦,咸丰戊午举人,国子监助教,贵州广顺州知州)。
王莘鉏夫子(讳绰,同治癸亥进士,户部主事)。
龚叔雨夫子(讳自闳,道光甲辰进士,工部左侍郎)。
宗室睦莘夫子(印瑞联,咸丰癸丑进士,兵部尚书,补行辛酉壬戌科浙江乡试正考官)。
董瑞峯夫子(印兆奎,同治壬戌进士,江西广信府知府,补行辛酉壬戌科浙江乡试副考官)。
边雪坡夫子(讳厚庆,道光乙巳进士,浙江萧山县知县,补行辛酉壬戌科浙江乡试同考官)。
张午桥夫子(印丙炎,咸丰己未进士,前广东廉州府知府,即选道,戊辰科会试同考官)。

黄泽臣夫子(印毓恩,同治乙丑进士,四川夔州府知府,甲戌科会试同考官)。

杨蓉浦夫子(印颐,同治乙丑进士,翰林院侍读,丙子科会试同考官)。

丁巡卿夫子(印振铎,同治辛未进士,浙江道监察御史,丁丑科会试同考官)。

补行辛酉壬戌科本省乡试中式第六十二名,戊辰科会试挑取誊录第一名,会试中式第二百三名,殿试第二甲一百名,朝考引见,奉旨以郎中即用。

会试硃卷(光绪癸未科)

中式第二百三名贡士沈家本,浙江湖州府归安县监生,民籍,刑部候补郎中。

同考试官:内阁中书加三级周阅:荐。

大总裁:刑部右侍郎、正白旗蒙古副都统、稽查左翼觉罗学加三级贵批:取。又批:取。

大总裁:经筵讲官、刑部尚书加三级张批:取。又批:取。

大总裁:兵部尚书、武英殿总裁、正蓝旗汉军都统加三级、宗室瑞批:取。又批:取。

大总裁:经筵日讲起居注官、太子少保、国史馆总裁、礼部尚书、翰林院掌院学士加三级徐批:中。又批:中。

本房原荐批:

第一场:沉雄深厚,一气呵成;次确切不浮;三有笔有书,足征根柢;诗工。

第二场:《易》、《书》、《礼》三艺考核明确,说经铿铿;《诗》艺亦组织鲜明;《春秋》持论名通,甚有见解。

第三场:五策旁推曲证,洞悉源流。

知其说者之于天下也其如示诸斯乎
沈家本

禘之说系乎天下,一言知而难于名言矣。

夫天下至大,而知禘之说者,正隐相系也。子以示斯者拟之,不愈见其难知哉?

且先王尽伦尽制,体一本之谊,即以握万化之原也。要非洞见其原者,必不能深明其谊。惟推恩之精意会通焉,而道彻古今;斯宰世之全神统贯焉,而量周宇宙。不出户庭而措施莫能外焉,正未可轻议为已。

吾不知禘,诚以禘也者,其理通于天下,其诚达于天下,而其说即著于天下也。而谁欤知其说者?

综四代以定隆仪,亦第尽尊祖敬宗之义。乃何以推所自始,庙中之孝子,即为境内之大君?至理所弥纶天下,于以征禽服焉,则其说可微参也。

绍百王以隆孝治,亦第伸水源木本之思。乃何以反所自生,锡类之仁人,即是绥猷之圣主?至诚所贯澈天下,于以神感召焉,则其说可默喻也。

而谁欤知其说者?

果其通微合莫,深识夫本天本祖之精心,而匕鬯明虔,数百世而恍联一气,则大义已彻于终始,而方隅之嗜好,一理烛之而有余。

果其慢见忾闻,默契夫飨帝飨亲之挚意,而馨香告洁,数十王而如聚一堂,则性真已浃于幽明,而薄海之心思,一诚孚之而已足。

则其于天下也,可默喻于斯也。谓典溯商家,阿衡从祀;礼隆周室,文母兼尊。学士之推求,特详旷典,而岂知明其说者,固已率天下而罔越矣。箕毕之性情虽异,摄以祗先之敬而莫敢不虔;象鞻之风气虽殊,临以报本之仁而莫敢不信。圣天子堂阶不下,百族咸熙,亦惟此至理所通,其推暨为无尽耳。绎斯旨也,仪型不远,福命已基;奏格无言,劝威已具。郅隆之治,其有举而措之者乎?

则其于天下也,可微参于斯也。谓大祭小祭,隆杀攸分;三年五年,异同攸判。儒生之考订,特重明禋,而岂知通其说者,固已范天下而不过矣。不必侈受命之符,而谊本大同,九州一室;不必托感生之论,而情归大顺,四海一家。圣天子端拱无为,万几咸理,亦惟此精诚所达,其感应为倍神耳。遵斯道也,昭格式围,祥廑长发;燕天昌后,美溯来雖。于变之休,其有坐而致之者乎?

其如示诸斯乎,而谁欤知其说者!

文理密察足以有别也

沈家本

验至圣之知,神于别矣。

夫德不极诸有别,知之量未尽也。文理密察,不可见至圣之知哉?

且事物各有其序,而施之每失其序者,无定识以序之也。惟识之极其明者,无固陋,亦无混淆;识之极其精者,无脱略,亦无蒙昧。事至繁,以至简之识御之;物至赜,以至一之识贞之。夫乃叹志气清明,其所以应万事而备万物者,洵不等寻常之推测已。

试进言至圣之知:夫知也者,固合人与事而莫不有别者也。

百族之得失是非,每环伺而猝难区判,乃见微知著,独能于人情之类聚者散而给之,则其剖别也精。

万汇之纷纭蕃变,每涢列而莫测等差,乃致远钩深,独能举事故之显陈者微为烛之,则其鉴别也至。

而特恐其不文也。弇鄙无文,简质亦无文,别于何? 有至圣,则定命之符,文著乎外;日章之象,文蕴于中,所谓有美而文也,其炳蔚何如者!

而特恐其不理也。蒙杂非理,紊乱亦非理,别于何? 有至圣,则有经有纬,理若治丝;为始为终,理如合乐,所谓黄中通理也,其纲纪何如者!

而又恐其未密也。阙遗焉不足以别,粗疏焉亦不足以别,至圣则纤悉必详,细微必析,神明之地,无间可乘,所谓缜密以栗也,其瑟僴何如者!

而又恐其未察也。眩瞀焉不足以别,疑惑焉亦不足以别,至圣则毫厘必辨,衡鉴必精,闻见之余,无微不至,所谓察于人伦也,其辨晰何如者!

是可分验其知焉。文以发其英华,理以通其节目,密以综其巨细,察以烛其渊微。应事接物之交,区别焉而不愆毫末,夫孰得而穷之欤? 世有自诩明通,而缕析条分,终苦于几微之难究。何以亶聪之诣,不待博而文章已炳,不待审而伦理已昭,不待思而密勿已严,不待辨而察识已著? 实征之,曰有固足于内而形于外也。谓非知周天下者哉?

是可合觇其知焉。文以彰其美,尤必条理之无愆,密以慎其几,尤必省察之悉当。互证参观之下,分别焉而不爽锱铢,夫孰得而淆之欤? 世有自矜坐照,而参伍错综,终惑于等杀之难明。何以明睿之资,大文著而综理自明,非粉饰亦非纷糅,慎密持而鉴察自备,非琐屑亦非苛求? 确核之,曰以固足于己而著于物也。谓非其知如神者哉?

非至圣,孰能与于斯?

其事则齐桓晋文其文则史

沈家本

征事考文,《春秋》之旧也。

夫事为桓文之事,文为史之文,此亦《春秋》之旧耳,岂有关于王迹哉?

今使考柱下之编,而事皆据实以书,文亦师传勿替,不亦足征信于后人哉?顾事不必违其实,而取威定霸,徒矜大国之勋名;文不必失其传,而起例发凡,祇属当官之纂述。则虽宗邦典籍尚未就湮,考古者执卷流连,有未能踌躇满志者尔。

《春秋》何以同于《乘》与《梼杌》哉?盖尝征其事而考其文矣。

翕河衷对以还,戢矢橐弓,其事多关王室。迨歌兴扬水,政权半在强侯。而征伐会盟,且得假天子之威灵,以施其号令,而其事遂为《春秋》之事矣。

车攻马同之会,召康吉甫,其文多述王朝。迨风列车邻,纂录亦归列国。而编年纪月,相与守一家之体例,以勒为成书,而其文遂为《春秋》之文矣。

则尝综而计之,事不皆齐晋,而桓文则功之首也。夫篇系琼瑶,仅传于卫;句怀玉佩,仅附于秦。而惟是攘楚尊周,假仁义以肆诈谋,焜耀一时之槃敦。后之人追维其事,犹相与称道而勿衰。

则尝确以核之,文不外乎史,而史则职之旧也。夫刺兴齐子,不采诸风;功美鲁侯,不征诸颂。而惟是存疑征信,循故事以成新录,缉成一国之简编。后之人夷考其文,犹相与参稽而不置。

假令采择未宏,事不登创霸之功,文莫守专家之业,则宗国之残编断简,或且与弓玉俱湮,而尚幸事与文可考也。征王贡而朝王所,事或藉文以彰;书王子而列王人,文或因事而晦。十有二公之实录,纵观之偶偕乎易象,约举之难继乎风诗。即谓疑以传疑,信以传信,遂可听迁流于时会乎?诵《春秋》者,当憬然悟矣。

假令搜罗毕备,事初非铺张而扬厉,文亦非体杂而言庞,则儒臣之纪要钩元,不难与球图并古,乃何意事与文空存也。尊王亦属空言,事岂赖文以显?书王间存直笔,文岂赖事而明?四百余载之遗编,粗陈之而记备动言,精求之而旨殊讽刺。即谓所见异词,所闻异词,遂可徇毁誉于流俗乎?习《春秋》者,当爽然失矣。

夫其事其文而不断之以义,亦犹是《春秋》之旧耳。孔子所为,窃取之也。

赋得花开鸟鸣晨(得"晨"字,五言八韵)

沈家本

定为名花好,飞鸣鸟意亲。正宜开永昼,应是惜芳晨。
移槛曾招客,提壶欲唤人。似催千树晓,刚过二分春。
宿蜨犹寻梦,流莺乍结邻。光含初日丽,声度早烟新。
旖旎香纔动,间关语最真。朝阳欣叶律,振翼凤池滨。

附录十一：沈彦模乡试硃卷

沈彦模乡试硃卷①

沈彦模，字子范，行三，道光戊申年六月十二日吉时生。浙江湖州府归安县廪贡生，民籍，候选主事。

十二世分支祖：枧。

十一世祖：经。

十世祖：朝元。

九世祖：文逊。

八世祖：复初（字敬桥，明邑庠生）。

七世祖：天应（字润寰，顺治丁亥恩贡，湖南华容县知县，勅授文林郎）。

七世本生祖：天颜（字济寰，金华协标守备，诰授武德将军）。

六世祖：铨元（字霞峯，议叙八品，考授征仕郎）。

高高祖：良丰。

高高祖妣：氏徐。

高祖：逢龄（字舜庸，国学生）。

高祖妣：氏陈、吴。

曾祖：国治（字琴石，号韵亭，邑庠生。著有《韵亭诗文集》，语存《语录》，载入《府志·艺文略》。乾隆乙酉南巡召试，钦取二等。貤赠修职郎、庆元县学教谕，晋赠朝议大夫、刑部陕西司主事加三级，例晋中宪大夫）。

---

① 顾廷龙主编：《清代硃卷集成》第266册《乡试（浙江）·光绪丙子（二年）（一八七六）科》，台湾成文出版社有限公司1992年版，第271—293页。

曾祖妣:氏张(貤赠孺人,晋赠恭人)。

祖:镜源(字席怀,号蓼庵,嘉庆戊午举人,拣选知县。原任庆元县学教谕,勅授修职郎,晋赠朝议大夫、刑部陕西司主事加三级,例晋中宪大夫)。

祖妣:氏李(勅赠孺人,诰赠恭人)。

氏宗(勅赠孺人,诰赠恭人)。

氏卜(勅封孺人,晋封太恭人)。

父:丙莹(字晶如,号菁士,道光壬辰科举人,乙巳恩科进士。历任刑部广东司主事、广西司员外郎、江苏司郎中、律例馆提调,山西道监察御史,巡视中仓,京察一等。前任贵州安顺府知府,历署铜仁府、贵阳府知府,军功随带加二级,钦加道衔。府志有传。著有《软红草》《星匏馆诗集》《星匏馆随笔》,待梓。诰授中宪大夫,晋封通议大夫)。

妣:氏俞(嘉庆庚辰科进士、翰林院编修、原署湖南按察使、衡永郴桂道、恤赠光禄寺卿、世袭云骑尉、勅建专祠予谥文节讳焜公次女)。

永感下。

从伯叔曾祖:国桢、国庆、国彪、国祥、国泰、国清、国恩(国学生)、国荣(国学生)、国寿(国学生)、国封、国诰(国学生)、国贤。

从伯叔祖:凤仪、凤鸣、凤岐、铭、鋯、鈊、锟、镛(候选从九品)、铻、钧、镐、鑑(候选从九品)、鐀、鑰(国学生)、钟(国学生)、钫、鐄、镈、镇。

胞伯叔祖:锜(候选从九品,貤赠奉直大夫)、镜。

从伯叔:福田、福元(钦天监算学生,例赠修职郎)、福顺、福渊、福材、学源、学海、学浚、学醇、奎章、连章、森章(候选从九品)、增祥、瑞祥、呈祥、其祥、履祥、迎祥。

堂伯:丙泉、荣(郡庠廪生)、金传、金吾。

胞伯叔:丙辉(国学生,例赠修职郎,驰赠通奉大夫)。

麟书(诰赠中宪大夫)。

胞姑一:(适福建庚申科举人、原任山东沂州营都司陈名登龙公次子、候选府经历名为瑚)。

从兄弟:永奎、锦椿(贵州候补府经历)、家霖。

堂兄:汝楣、汝桐。

嫡兄:家禾(江苏候补县丞,勅授修职郎)。

嫡姊一:(适福建布政使、前会办台湾海防事务、钦差大臣潘名霨)。

胞兄:家树(早世,驰赠中宪大夫)。

家本(同治乙丑补行咸丰辛酉科并同治壬戌恩科举人,刑部候补郎中、直隶司行走。出嗣胞叔)。

胞弟:家榮(早世)。

家霨(邑庠生,浚河保举,钦加中书衔,同治癸酉科堂备卷,光绪乙亥恩科荐卷)。

胞姊二:(俱早世)。

嫡侄:承勋。

胞侄:承燕、承烈、承杰(俱幼)。

胞侄女四:(俱幼)。

原室:朱氏(三品封员名家奎公孙女,赏戴蓝翎、补用同知直隶州、江苏候补知县名声先公长女)。

子:承焘(殇)。

女一。

族繁,衹载近支。

居郡城南门内徧吉巷口。

外祖训。

庭训。

受业师：

族伯响泉夫子（讳涛，道光丁酉举人，原任仁和县学教谕）。

孙竹亭夫子（印国治，余杭县附贡生）。

费砚农夫子。

陈子裳夫子（讳黄理，江苏宜兴县廪贡生，候选盐大使）。

郑听篁夫子（印训承，戊辰进士，刑部江苏司主事）。

陈仲逵夫子（江苏吴江县附生）。

王雪樵夫子（印镜蓉，咸丰戊午举人）。

章榆青夫子（讳辅廷，同治乙丑进士，福建即用知县）。

姜梅生夫子（印敏修，同治壬戌进士，翰林院编修）。

萧梦香夫子（贵州铜仁县廪生）。

周花丞夫子（印官锦，咸丰乙卯举人）。

章亥汀夫子（印鸿森，同治丁卯举人）。

施伯均夫子（印补华，同治庚午举人）。

江子平夫子（印珍榀，同治丁卯举人）。

莫枚叔夫子（印文泉，同治庚午举人）。

受知师（谨以受知先后为序）：

年伯吴和甫夫子（印存义，兵部左侍郎，前浙江学政）。

杨黼香夫子（印荣绪，癸丑进士，原任湖州府知府）。

年伯王小沂夫子（讳书勋，道光乙巳进士，安徽天长县知县，爱山书院掌教）。

张梅岩夫子（印馨，廪贡生，新城县学教谕）。

年伯胡筱泉太夫子（印瑞澜，兵部左侍郎，浙江学政，本科监临）。

杨石泉夫子（印昌浚,现任浙江巡抚,本科监临）。

卫静澜夫子（印荣光,现任浙江布政使,本科提调）。

唐艺农夫子（印树森,现署浙江按察使,本科监试）。

陈伯敏夫子（印鲁,前任杭州府知府,现任杭嘉湖道,本科提调）。

边仲思夫子（印葆誠,现任宁波府知府,本科监试）。

郭谷斋夫子（印式昌,候补知府,本科内监试）。

乡试中式第七十四名。

会试中式第　　名。

殿试第　甲第　名。

钦点　　。

浙江乡试硃卷（第十三房）

中式第七十四名举人沈彦模,浙江湖州府归安县廪贡生,民籍,候选主事。

同考试官:同知衔龙游县知县陈:阅。荐批。

大主考:詹事府右春坊右中允、文渊阁校理、国史馆总纂、实录馆纂修、功臣馆纂修、翰林院撰文王:取批:息深达亹。

大主考:光禄寺少卿潘:中批:气象光昌。

本房原荐批:左盘右旋逼出,而字圆光,文笔奥衍。次取镕经义,独出机杼。三抑扬感慨,弦外有音。诗俊逸,经艺清思往复,词旨丰腴。五策原原本本,殚见洽闻。

聚奎堂原批:前七行落墨甚高,入后发挥透切。次饱满,三不竭。诗切。

子曰君子不可小知而可大受也

沈彥模

衡才有圣论,欲人审处夫君子焉。

夫以小知求君子,始见有不可矣,抑知所可之自在大受也哉?

且国家求才,幸得一二命世之才,宜若知之无不尽矣。而复以琐屑困之,岂重任果未可轻授乎?盖以短驭蹶长才,势必以虚声疑实诣。无端之轩轾,几视为一定之品评。亦乌知斯人之厚期于世、其抱负自有真也?则请持圣人相士之论以告:

昔夫子尝为求才者立之准曰:"人之知人,亦如其所受以为知而已。"特恐一于小知者,或且以之概君子也。吾是以重思君子。

君子具天地民物之量,则规模宏远,簿书不暇于分营,一旦责以技能,将钱谷兵刑疎略,而一筹莫展者有之。

君子厪宗庙社稷之忧,则志意渊深,尺寸不甘于争效,一旦置诸闲散,将下僚末秩頺废,而一官不治者有之。

其不可知也,正以其人为君子而能自大其受者也。乃世则因小知之不可,而转浅之乎测君子矣。

其以资格为限者,虽国士登朝,必试以目前之繁琐,谓高材何妨以俯就先也。迨繁琐未娴,遂以其无实效而置之,则曷怪长驾远驭之材末由自致?

其以吏治为先者,虽公辅坐论,亦渎以庶务之综稽,谓全量亦将因偏端见也。迨综稽未善,遂以其不称职而罢之,则曷怪兼容并包之器无自而彰?

然而君子之所可,要不因所不可者而没也,信乎其有以大受也。

受不期于分任也,而期于专任,才能效于一职,谋画倚于群贤,受也,而非大也。惟有时宫廷虚己,静待经纶;寮寀宣勤,恭承教令,则担荷有独肩者矣。乃者从容坐镇,笑谈弭变故之萌;敷布成谋,指顾定澄清之局,非犹是向之一筹莫展者哉?不竞庸众之功名,斯功名迥超庸众也,于以知蕴蓄之有独宏焉。

受不期于暂任也,而期于久任,慷慨期速成之效,张皇奏旦夕之功,受也,犹未大也。惟有时寄托之重,要诸始终;利害所关,倚为休戚,斯重负有莫释者矣。乃者感知遇而许驰驱,躬尽毕生之瘁;隆勋望而孚中外,身系数世之安,非犹是向之一官不治者哉?不争寻常之建树,斯建树卓越寻常也,于以叹分量之不容诬焉。

名世自在两间,勿隘其途以相陋;官人不拘一格,必如其量以相加。知此,则不特君子能为我用,并可反用之以驭小人矣。

本房加批:顾视清高,气深稳,一切浮烟涨墨,无从犯其笔端。

序爵所以辨贵贱也序事所以辨贤也

沈彦模

即同异姓而综序之,爵与事其要也。

夫同姓有爵亦有事,而序之必偕异姓,此贵贱与贤之辨,所以异于昭穆之序欤?

尝观古者官人,论爵必曰任事,此一以辨之者也。若犹是论爵任事之常,而意相成礼不相假,则惟于宗庙为然。

盖统同异姓而论其等差,礼不可以恩掩义;合同异姓而供吾奔走,礼不可以位掩才。尊卑明焉,能否判焉,其犁然各当者,不独子姓之无失伦也。昭穆之序,序同姓也,序同姓之无爵者也,即序同姓之无爵而因无事者也。外此,则随异姓以序。

一序爵,同姓而无爵,犹得依昭穆以存;异姓而无爵,不得入于庙矣。其入于庙者,其贵者也,稍贱亦一命之荣也。序之以爵,而同姓准此。《礼》:"公族之在于宗庙也,以爵为位。"可知同姓中分有独尊,虽其列应在阼阶,自当出而从在官之例,非与序昭穆者违也。将使高材者得以自拔,不至见屈于父兄;亦无官者得以自全,不至相形于荣悴。情文交挚,贵贵也,而亲亲寓焉矣。独念未祭之日,大宰诏王以爵驭群臣,则序之已久,岂复有僭逾者而未也?序五等之爵,宗盟与庶姓当有辨;序六等之爵,王朝与侯国当有辨。则所以审处夫贵贱者,可不当乎?及至祭,命大史执书以次位,若曰:"庶邦侯甸男卫,其庶几共荷神庥,以永享天禄也。"此统同异姓而不以恩掩义之说也。

一序事,同姓而无事,即无爵犹得依昭穆以存;异姓而无事,虽有爵不得入于庙矣。其入于庙者,其爵而贤者也,即向者称职之臣也。序之以事,而同姓之爵准此。《礼》:"宗人之授事公族也,以爵以官。"可知同姓中躬膺显秩,而其才更堪任使,皆得进而备赞币之班,非与序昭穆者背也。盖谓其能者承乏其间,自可以和平动神听;而不能者靖共尔位,弗至以陨越增神恫。体恤弥周,尊贤也,而亲亲寓焉矣。独念将祭之先,天子以躬习事于泽宫,则序之已预,岂尚有疏虞者而未也?序贵者之事,相大礼与相小礼有辨;序贱者之事,司几筵与司尊彝有辨。则所以位置夫贤者,可不慎乎?及至祭,命小宗伯序事与其礼,若曰:"凡我伯叔甥舅,其庶几各奏尔能,以相予肆祀也。"此合同异姓而不以位掩才之说也。

要之,贵贵尊贤,皆所以亲亲也。亲亲,孝也。

本房加批:笔意疏宕,迥不犹人,正非徒以涂附为工。

非圣人而能若是乎而况于亲炙之者乎

沈彦模

非圣人不能化,亲炙者更神于闻风矣。

夫若是其兴起,非夷、惠之圣不及此。闻风犹若是,而亲炙之者,不更可想乎?

且人非杰出乎一世者,必不能传后而信今。非世之不能传是人,实人之不足传于世也。若夫旷世相感,世阅世而想见其人;虽复其人云亡,人化人而神游其世。盖世往而人不与之俱往,其人之名世,可知矣;设世同而人得与之同,风并世之同人,尤可幸矣。

百世之下,莫不兴起,闻所闻者,不必见所见也。彼何尝亲履首阳之迹?彼何尝亲依柳下之门?而已动人歆慕若是。是必有不测之神明,是必有同流之神化,是必有高风亮节浃洽乎人心,是必有懿行嘉言留贻乎来哲。信乎百世之师,圣人之流传远也!

而或者执吾隘与不恭之说,漫以为非圣人。

噫!清如夷,和如惠,而犹曰非圣人乎?非圣人而知交延誉,至没世而友朋之力已穷;非圣人而余韵流风,至五世而君子之泽已渺;非圣人而謥闻动众,能交推乎通国,不能徧颂乎寰区;非圣人而砥行立名,能焜耀乎生前,岂能仪型乎身后?而何以顽廉懦立,不必亲聆其绪论,已能若是之濯磨乎?而何以鄙宽薄敦,不必亲觌其芳徽,已能若是之感格乎?

人情于怀思之侣,山川间隔,每恨阻长,一旦命驾言欢,其快心有不可言喻者,为夫晤对之远胜溯洄也,而惜其音尘之已杳也。

人情于契合之贤,瘝瘵萦怀,有如饥渴,一旦班荆道故,其适愿有非常欣慰者,益信闻声之不如觌面也,而愧其奋发之已迟也。

则有如生圣人之世,近圣人之居,而亲炙之者乎?

夫由今日以思夷、惠,末由亲炙也明矣。仰叩马之丰标,徒怅望西山片石;志展禽之姓氏,仅掺求东国遗书。要不过诵清芬,挹和光,庸人孺子,慕义无穷已耳。犹且上有典型,发愤而潜移锢习;犹且自惭形秽,闻名而如对严师。而况当就养待清之日,亲承其道范者乎?而况当犒师受命之余,亲奉其德音者乎?而况于黄农虞夏之歌,亲闻其风旨者,宜何如勉励乎?而况于恭孝仁慈之度,亲炙其光仪者,宜何如慕效乎?

吾深为亲炙者幸,不禁神往于夷、惠也。吾师乎!吾师乎!其在商周之季乎?

本房加批:神明于捭纵离合之法,能使题中数虚字跃然纸上。至其机旺神流,尤有振笔疾书之乐。

赋得荷花夜开风露香(得"香"字,五言八韵)

沈彦模

卅里荷花绕,开时夜未央。却当风送爽,并入露凝香。
净引金飔逗,清含玉液瀼。闻根飘藕榭,坠粉湿莲房。
拂座心多妙,沾衣体亦芳。韵流千柄远,芬孕万珠凉。
盍冷侵鸳梦,盘承胜麝囊。泛舟湖上路,髣髴御炉旁。

本房加批:秀韵天成,处处不脱"香"字,尤为探骊得珠。

附录十二:沈家霖乡试硃卷

沈家霖乡试硃卷①

沈家霖,字子文,行五,咸丰甲寅年十二月三十日吉时生。浙江湖州府归安县附生,民籍。

十二世分支祖:枧(字东生)。

十一世祖:经(字北桥)。

十世祖:朝元。

九世祖:文逊。

八世祖:复初(字敬桥,明邑庠生)。

七世祖:天应(字润寰,顺治丁亥恩贡,湖南华容县知,县勅授文林郎)。

七世本生祖:天颜(字济寰,金华协标守备,诰授武德将军)。

六世祖:铨元(字霞峯,议叙八品,考授征仕郎)。

高高祖:良豊(字西成)。

高高祖妣:氏徐。

高祖:逢龄(字舜庸,国学生,邑志有传)。

高祖妣:氏陈、吴。

曾祖:国治(字琴石,号韵亭,邑庠生。著有《韵亭诗文集》,语存《语录》,载入《府志·艺文略》。乾隆乙酉南巡召试,钦取二等。貤赠修职郎、庆元县学教谕,晋赠朝议大夫、刑部陕西司主事加三级,例晋中宪大夫)。

---

① 顾廷龙主编:《清代硃卷集成》第270册《乡试(浙江)·光绪壬午(八年)(一八八二)科》,台湾成文出版社有限公司1992年版,第357—379页。

曾祖妣:氏张(貤赠孺人,晋赠恭人)。

祖:镜源(字席怀,号蓼庵,嘉庆戊午举人,拣选知县。原任庆元县学教谕,勅授修职郎,晋赠朝议大夫、刑部陕西司主事加三级,例晋中宪大夫)。

祖妣:氏李(勅赠孺人,诰赠恭人)。

氏宗(勅赠孺人,诰赠恭人)。

氏卜(勅封孺人,晋封太恭人)。

父:丙莹(字晶如,号菁士,道光壬辰科举人,乙巳恩科进士。历任刑部广东司主事、广西司员外郎、江苏司郎中、律例馆提调,山西道监察御史,巡视中仓,京察一等。前任贵州安顺府知府,历署铜仁府、贵阳府知府,军功随带加二级,钦加道衔。府志有传。著有《软红草》《星鲍馆诗集》《星鲍馆随笔》,待梓。诰授中宪大夫,晋封通议大夫)。

妣:氏俞(诰封恭人,晋封淑人。嘉庆庚辰科进士、翰林院编修、原署湖南按察使、衡永郴桂道、恤赠光禄寺卿、世袭云骑尉、勅建专祠予谥文节讳焜公次女)。

永感下。

从伯叔曾祖:国桢、国庆、国彪、国祥、国泰、国清、国恩(国学生)、国荣(国学生)、国寿(国学生)、国封、国浩(国学生)、国贤。

从伯叔祖:凤仪、凤鸣、凤岐、铭、铦、釰、锟、镛(候选从九品)、铻、钧、镐、鑑(候选从九品)、鐄(国学生)、鑰(国学生)、钟(国学生)、钫、鍸、錞、镇。

胞伯叔祖:锜(候选从九品,貤赠奉直大夫)、镜。

从伯叔:福田、福元(钦天监算学生,例赠修职郎)、福顺、福渊、福材、学源、学海、学浚、学醇、奎章、连章、森章(候选从九品)、增祥、瑞祥、呈祥、其祥、履祥、迎祥。

堂伯:丙泉、荣(郡庠廪生)、金传、金吾。

胞伯：丙辉（字苏泉，国学生，例赠修职郎，貤赠通奉大夫）。

胞叔：丙华（字麟书，诰赠中宪大夫）。

胞姑一：（适福建庚申科举人、原任山东沂州营都司陈名登龙公次子、候选府经历名为瑚）。

从兄弟：永奎、锦椿（贵州补用知县，即补府经历）、家霖、家藩、家桢。

堂兄：汝楣、汝桐。

嫡兄：家禾（江苏候补县丞，敕授修职郎）。

嫡姊一：（适江苏现任江西巡抚潘名霨）。

胞兄：家树（貤赠中宪大夫）。

家本（同治乙丑补行咸丰辛酉科并同治壬戌恩科举人，刑部候补郎中、直隶司行走。出嗣胞叔）。

彦模（光绪丙子科举人，候选知州）。

家棨（早世）。

胞姊二：（俱早世）。

堂侄：承炜（字松孙）。

嫡侄：承勋（国学生）。

胞侄：承熊、承熙、承烈。

胞侄女三。

堂侄孙：凤清。

妻：俞氏（国学生印企曾公次女，同知衔前江西玉山县知县、历署南昌府通判、建昌府同知、广信府河口分防同知、新喻、上高、奉新、吉水、高安等县知县印宪曾公胞侄女，江西候补县丞、前署靖安县县丞印锡祜胞妹）。

子：承燕、承烜（嗣四胞兄后）。

女：长（未字）、次（字咸丰癸丑科进士、陕西布政使王印思沂第五孙、安徽候补知府印济廷第四子）、三（未字）。

族繁,祇载近支。

居郡城南门内徧吉巷口。

外祖训。

庭训。

受业师：

  费砚农夫子(讳仁,邑庠生)。

  陈子裳夫子(讳黄理,江苏宜兴县廪贡生,候选盐大使)。

  郑听篁夫子(印训承,戊辰进士,刑部云南司员外郎,记名御史)。

  陈仲遽夫子(江苏吴江县附生)。

  王雪樵夫子(讳镜蓉,咸丰戊午举人)。

  章榆青夫子(讳辅廷,同治乙丑进士,福建即用知县)。

  姜梅生夫子(讳敏修,同治壬戌进士,翰林院编修)。

  萧梦香夫子(印炳辉,贵州举人)。

  周花丞夫子(印官锦,咸丰乙卯举人)。

  章亥汀夫子(印鸿森,同治丁卯举人)。

  陈联青夫子(讳标,邑庠生)。

  江子平夫子(讳珍楹,同治丁卯举人)。

  钮容甫夫子(印承恕,道光己酉拔贡,户部主事)。

  丁又吾夫子(印养元,廪贡生,试用训导,历署象山等县训导)。

  莫枚叔夫子(印文泉,同治庚午举人)。

受知师：

  庄耀采夫子(印凤威,前归安县知县)。

  杨黼香夫子(讳荣绪,癸丑翰林,原任湖州府知府)。

  徐寿蘅夫子(印树铭,前浙江学政)。

  世伯周缦云夫子(印学浚,甲辰榜眼,前广西学政,爱山、安定两书院掌教)。

王叔雅夫子(讳彬,同治癸酉科同考官)。
邵宾谷夫子(讳正寅,光绪乙亥恩科同考官)。
胡笠青夫子(印永焯,光绪己卯科同考官)。
张霁亭夫子(印澐卿,现任浙江学政)。
年伯陈隽丞夫子(印士杰,现任浙江巡抚,本科监临)。
晓峰夫子(印德馨,现任浙江布政使,本科提调)。
廖谷士夫子(印寿丰,现任浙江粮储道,本科提调)。
孙稼生夫子(印家谷,现任浙江按察使,本科监试)。
盛旭人夫子(印康,布政使衔浙江候补道,本科监试)。
陈寿田夫子(印浚畴,浙江候补知府,本科内监试)。
桂文圃夫子(印斌,现任湖州府知府)。
吕向叔夫子(印懋荣,现任归安县知县)。

乡试中式第三十六名。

会试中式第　名。

殿试第　甲第　名。

钦点　。

浙江乡试硃卷(第三房)

中式第三十六名举人沈家霁,浙江湖州府归安县附生,民籍。

同考试官:四品衔尽先补用知府、候补班前同知庞:阅。荐批:局紧机员,经策详赅。

大主考:翰林院编修、武英殿纂修、国史馆纂修、本衙门撰文朱:取批:气盛言宜,经策典赡。

大主考:兵部左侍郎许:中批:理明词达,经策淹通。

本房原荐批:

第一场:清矫不群,神理自合;次清新灵紧,不拾牙慧;三精锐无前;诗工雅绝伦。

第二场:《书》艺骨重神寒,《诗》艺考证精确,《春秋》文音节入古,《易》、《礼》二艺龙跳虎卧,霞蔚云蒸,雅与题称。

第三场:称引繁富,证佐详明,尤妙以简炼之笔出之,非钞胥家可比。

聚奎堂原批:
第一场:清华朗润,次灵矫,三华赡。
第二场:典丽鬲皇,五艺一律。

后进于礼乐君子也如用之则吾从先进

沈家霈

舍俗尚而决所从,圣人用礼乐之中也。

夫后进之不如先进,而谬膺君子之称,此礼乐所由敝也。夫子能不明其所从哉?

且自踵事增华之习起,而古人之制作,半坏于今人。顾不能强今人之心仍如乎古人之心,吾人为无权矣;然犹得存古人之心以挽乎今人之心,吾人又有权矣。当爱今薄古之时,深蒇古狥今之惧,正不必慕儒雅之名,而谓前人质朴之风不可复也。

野人之名,何独归于先进哉?诚以世之用礼乐者皆从后进,而君子之称,有以惑之也。

立异矜奇之见,即不必为世俗疑。而大雅咸推,亦祗娴于仪度;名流竞誉,惟是侈其声容。趋时名而昧旧章,其景从若别有在也。此何为者也?

党同伐异之私,即不必为庸流诮。而经师自诩,不离玉帛之文;绝学流传,徒尚鼓钟之末。猎浮誉而忘本始,其信从若不可易也。此何为者也？

虽然，此人之于礼乐，而非吾之于礼乐也。吾于是皇然思，吾于是毅然决。

今夫喜新厌故，虽非弃高曾之规矩别创其典章，而文采相矜，且共谓同节同和，与古昔显分夫轩轾。

今夫往宪前谟，业几经神圣之修明折衷于文质，而范围不过，要惟是亦趋亦步，协履蹈以进于中和。

则吾且舍后进而审所用，则吾且谢君子而定所从。如其用之，吾岂附后进而薄先进哉？

法制之昭垂，历数传矣。威仪以明敬，而周旋裼袭，非无不易之经；声律以象功，而广大清明，自具克谐之准。假令任其迁变，弗为溯先正之典型，则尹姞衣冠，畴继遗徽于东洛？辟雍钟簴，谁嗣逸响于西京？而流弊日深，何由追文武成康之盛乎？朱纮镂簋，因奢华而渐紊等威；舞佾歌雍，由侈泰而益形僭越，未必非后进者阶之厉也。斯则违心焉，而不如违众者尔。

风会之递迁，非一日矣。欲崇实以黜浮，而未切指归，孰缵休明之绪？欲去华以就朴，而群讥夐陋，谁敦古处之风？惟是默为转移，独自守先民之矩矱，纵爻闲蓁芾，已莫呈王会之图；秋籥春干，非亲觌大昕之奏。而挽回有志，亦稍抒文琴旦梦之怀耳！韦布琴书，藉以留皇王律度；斋居丝竹，用以存故府宫县，庶几使后进者知所返也。斯则救弊焉，而独臻无弊者尔。

是安得世之用礼乐者，亦不惑于君子之称也。

人莫不饮食也鲜能知味也

沈家霱

即饮食以论道，知失中之由于不察矣。

夫有饮食，即有味也，乃知味者卒鲜。苟非习焉不察，何其知之之难哉？

今夫人有所赋以遂其生之理，与有所资以遂其生之机，皆不可须臾离也。顾即颐养以验身修，昧于此或期通于彼；而舍躬行以觇口体，忽其大乃更略其微。岂属厌几何，早有欲辨已忘之意乎？何至其细已甚，而亦安于愦愦也。吁，可嘅已！

知愚贤不肖，何以常失其中哉？其过也，其不知道也；其不及也，亦其不知道也。吾核夫知，吾不禁穆然于人之饮食矣。

养阴养阳之义，或者难悟其精微，至即摄卫之恒情，默参夫消息，固非同芬成告苦，荠成告甘。百物几难悉喻矣，而朵颐观我，岂其得于口而不得于心？

居左居右之文，自有相宜之义理，至即朝夕之所给，进课其聪明，更非若曲直作酸，炎上作苦。五行尚待深求矣，而口实自求，岂其歌且有而不歌且旨？

是有味也，贵于知也，夫孰谓其难知者？虽然，知亦何尝之有？

今夫一事之乘，有已然未然之别，则既造其境者，始得以辨其深微；未历其途者，不得以测其旨趣。有能知，有不能知，其势然也，而饮食则非其例也。

今夫一物所系，在可得可失之间，则嗜好相同者，随在可参其甘苦；取舍各异者，此中难究其精粗。若能知，若不能知，其情然也，而饮食则非其类也。

无他，莫不饮食也。乃一言知而吾殷然于人也，一言知而吾嘅然于人也。噫，其能也，竟已鲜矣！

然则谓人无能知者，不得也。非无知觉，岂竟难别夫淄渑？等此知能，岂竟莫名夫刍豢？即一端之感触，近取之以征理道之微，可知人身习用之间，皆有至中之理。而知与贤固犹是饮食矣，而愚不肖亦犹是饮食矣。

然则谓人皆能知焉,不得也。载呎忘监史之箴,即清酒不知其旨;灭鼻味噬肤之戒,即大烹不知其馨。就片念之疏虞,浅言之以见操存之失,可知人生必需之物,自有适中之衡。观贪饕之失,而知求道者之太过有如是矣;观饥渴之害,而知求道者之不及有如是矣。

吾乃日望人之知道也。

关市讥而不征泽梁无禁

沈家霢

征与禁俱宽,便民也。

夫使征而严,禁而厉,关市泽梁皆畏途矣。

是可更征文王之政:且司关司市,咸备厥官;掌泽掌梁,各分其职,不几疑王者之有私哉?讵知用法而无苛法,为商旅储不匮之需;推恩而不寡恩,为天地溥自然之利。诘尔奸不责尔税,爱夫物不病夫民,于以见王者大公无我焉。

请即九一世禄之外,更举治岐之政。

高山天作以还,地堪设险;明德帝迁而后,人已从归。而且漆有多鱼,道皆拔械,兴王隆肇造,久已廓其规模矣。文而丕承基绪也,果何由惩贪去吝,更严夫如伤如毁之情?

筹边圉之策,风雨崤函;扩庐旅之规,夕阳豳馆。而且取材涉渭,观景流泉,祖德庆留遗,久已宏其枯冒矣。文而克笃前光也,果何以通商惠民,并普其不赋不租之德?

不有关乎,牧之室谁按其节?邸之舍孰合其符?界之门畴司其钥?无以讥之,封人疆吏奚为也?至于征求之累,关尹其免之哉?

不有市乎,廛有人主其铨衡?贾有师辨其均平?肆有长核其名实？无以讥之，展成奠贾奚为也？至于征输所入，市官其捐之哉？

若夫潴蓄水以为泽，岂无舟鲛，敢爱萑蒲？岂无水虞，忍私材苇？固不徒汝濆之遵，伐其条枚，伐其条肄也，遑曰禁之？

若夫石绝水以成梁，獭其祭乎，歗则入诸；鹜其鸣乎，笱则发诸。又不啻园囿之大，刍荛者往，雉兔者往也，岂其禁之？

而惜也，雅化之云遥也。当日者，混夷远窜，珠玉萃商贾之珍；云汉为章，泾渭竞烝徒之楫。问孰于察奸而外，别事诛求乎？虞芮质矣，敂关而咸持玺节；驷马献矣，入市而第禁奇淫。推之，行泽者无赪尾之歌，涉梁者有白鱼之瑞。斯何如景运也？穆考之精神未泯，犹得于蠲征弛禁之余，披方策以稽之。

而幸也，隆规之可溯也。当日者，南戎北狄，严异言异服之条；渭涘洽阳，宽孟冬仲冬之令。问孰于御暴之闲，更多悉索乎？关河隔矣，服贾而已肇牛车；市井清矣，居货而不闻象箸。推之，贩鱼盐者逃名于大泽，梦龙罴者垂钓于河梁。斯何如气象也？丰水之典章如昨，能勿缅薄征宽禁之风，因前席而陈之。

而文王之政，犹不止此。

赋得云水光中洗眼来（得"光"字，五言八韵）

沈家霖

放眼空千古，今来选佛场。直将云水洗，遥接斗牛光。
山拥芙蓉态，波含菡萏香。昂头容擘絮，濯足拟扶桑。
顿使双眸豁，何嫌两屦忙。侧身天上下，回首影苍茫。
正法金镃谢，清吟玉局狂。蓬瀛欣在望，风景正重阳。

附录十三：沈承熙乡试硃卷履历

沈承熙乡试硃卷履历①

沈承熙，字敬甫，号净芙，行二，光绪戊寅五月二十日吉时生。浙江湖州府学附贡生，归安县民籍，指分江苏试用知县。

十三世分支始祖：枕（字东生）。

十二世祖：经（字北桥）。

十一世祖：朝元。

十世祖：文逊。

九世祖：复初（字敬桥，明邑庠生）。

八世祖：天应（字润寰，顺治丁亥恩贡生，湖广华容县知县，勅授文林郎）。

八世本生祖：天颜（字济寰，金华协标守备，诰授武德将军）。

七世祖：铨元（字霞峯，议叙八品，敕授征仁郎）。

六世祖：良丰（字西成）。

六世祖妣：氏徐。

高高祖：逢龄（字舜庸，国学生）。

高高祖妣：氏陈、吴。

高祖：国治（字琴石，号韵亭，邑庠生。乾隆乙酉南巡召试钦取二等，貤赠修职郎，晋赠中宪大夫。著有《韵亭诗文集》，语存《语录》，邑志有传）。

高祖妣：氏张（貤赠孺人，晋赠恭人）。

---

① 顾廷龙主编：《清代硃卷集成》第300册《乡试（浙江）·光绪壬寅（二十八年）（一九〇二）补行庚子（二十六年）（一九〇〇）辛丑（二十七年）（一九〇一）恩正并科》，台湾成文出版社有限公司1992年版，第391—400页。

附　录

曾祖:镜源(字席怀,号蓼庵,嘉庆戊午科举人,拣选知县,庆元县学教谕,勅授修职郎,诰赠资政大夫、刑部左侍郎,随带加二级)。

曾祖妣:氏李、宗、卜(勅赠孺人,诰赠一品夫人)。

祖:麟书(谱名丙华,诰赠资政大夫、刑部左侍郎,随带加二级)。

祖妣:氏黄(诰赠一品夫人)。

本生祖:丙莹(字晶如,号菁士,道光壬辰科举人,乙巳恩科进士。刑部广东司主事、广西司员外郎、江苏司郎中、律例馆提调,山西道监宗御史,巡视中仓,京察一等,贵州安顺府知府,历署贵阳、铜仁府知府,军功随带加二级,钦加道衔。诰授朝议大夫,诰赠资政大夫、刑部左侍郎,随带加二级。著有《春星草堂诗文集》,府志有传)。

本生祖妣:氏俞(诰封淑人,诰赠一品夫人。嘉庆庚辰科进士、湖南衡永郴桂道、历署湖南按察使、恤赠光禄寺卿、云骑尉世职、勅建专祠予谥文节讳煜公次女,世袭云骑尉、江西瑞州府铜鼓营同知印锡祉胞姑母)。

父:家树(字子佳,驰赠中宪大夫)。

妣:氏贾(驰赠恭人)。

本生父:家本(字子惇,补行辛酉壬戌科举人,癸未科进士。刑部福建司郎中、律例馆提调,京察一等,记名繁缺知府,直隶天津、保定府知府,分巡通永备兵道,山西按察使,候补三四品京堂,光禄寺卿,刑部右侍郎。历署直隶按察使,现任刑部左侍郎,赏戴花翎,随带加二级。诰授资政大夫,晋封光禄大夫)。

妣:氏郑(诰赠一品夫人,壬戌在郡殉难,恩准旌表。道光辛卯科举人、起居注主事讳训方公女)。

母:氏陈(诰封一品夫人,刑部郎中讳奉曾公孙女,附贡生、山东滨乐运同讳瑞麟公长女,山东候补知县、署莱芜、宁阳县知县印汉章胞妹,候选盐大使印鸿章、分省候补县丞讳瑜章胞姊)。

本生具庆下。

从伯叔高祖:国桢、国庆、国彪、国祥、国泰、国清、国恩(国学生)、国荣(国学生)、国寿(国学生)、国封、国诰(国学生)、国贤。

从伯叔曾祖:凤仪、凤鸣、凤岐、铭、鋘、鈊、锟、镛(候选从九)、铻、钧、镐、鑑(候选从九)、鏻(国学生)、鑰(国学生)、钟(国学生)、钫、錤、錞、镇。

胞伯叔曾祖:锜(候选从九,貤赠奉直大夫、刑部四川司主事加一级)、镜。

从伯叔祖:福田、福元(钦天监算学生)、福顺、福渊、福材、学源、学海、学浚、学醇、奎章、连章、森章(候选从九)、增祥(候选从九)、瑞祥(国学生)、呈祥、光祥、其祥、履祥、迎祥。

堂伯祖:丙泉、荣(郡庠廪生)、金传、金吾。

胞伯祖:丙辉(国学生,貤赠资政大夫)。

胞祖姑一:(适福建候选府经历陈讳为瑚)。

从伯叔:永奎、锦椿(知县用贵州即补府经历)、家霖、家藩、家桢、家桐、家枬、家懋、家琛。

堂伯:汝楫、汝桐。

嫡伯:家禾(江苏候补县丞,勅授修职郎)。

嫡姑一:(适江苏原任贵州巡抚潘讳霨)。

本生胞叔:彦模(丙子科举人,四川会理州知州,历署涪州知州、彭山县知县)。

家榮(早逝)。

家霂(壬千科举人,癸未会试堂备,浚河议叙,中书衔)。

本生胞姑二:(俱早逝)。

从兄:承炜。

堂兄：承勋(国学生)。

嫡兄弟：承燕(早逝)。

承烜(邑庠生)。

承煦(邑庠生)。

承照(幼,读)。

本生胞兄：承熊(会典馆膳录,议叙盐大使)。

胞弟：承烈。

承焯(出嗣胞叔)。

嫡姊妹：长(适分部员外郎吴讳家棠)。

次(适江苏候补知县冯印步衢)。

次(适太常寺博士、截取广东候补同知王印树槭)。

次(续适树槭)。

次(字丁丑科进士、江西新淦县知县周印宗洛三子名□)。

次(幼,待字)。

本生胞姊：(适己丑科举人、四品衔花翎候补五品京堂、钦差游历日本学生总监督汪印大燮)。

胞妹：(适花翎户部员外郎徐印士钟)。

从侄：仁垣(郡庠生)、仁埔、仁埏、仁㙲。

嫡侄：仁圻、仁均。

本生胞侄：仁垓、仁堪、仁培。

从侄女一：(幼)。

嫡侄女二：(均幼)。

娶：汪氏(甲子科举人、兵部主事汪印鸿基公女,同知衔山东候补知县名锡康胞妹,花翎四品衔户部主事名锡珍胞姊)。

继娶：汤氏(直隶青县兴济镇巡检讳世荫公长女,同知衔直隶候补知县印世晋公胞侄女,监生、本科荐卷名源清胞妹,名泽清、名沛清胞姊,分省候补州吏目名润清、名溥清嫡姊)。

女二：长（殇），次（幼）。

族繁，止载近支。
世居郡城南门徧吉巷口。

庭训。
受业师：
　　袁子彦夫子（印学诒，大兴庠生）。
　　夏芝山夫子（印澍，浙江萧山庠生）。
　　汪次卿夫子（印兆禄，宛平庠生）。
　　汪慎庵夫子（讳树垣，大兴贡生，鸿胪寺鸣赞）。
　　崔子馀夫子（宛平廪生）。
　　表舅祖周木君夫子（讳行铎，乙酉科举人，大名府教授）。
　　宗绍华夫子（印伯隶，直隶通州廪生）。
　　张掞庭夫子（讳崇藻，武清庠生）。
　　路梅轩夫子（讳鸣鹤，盐山廪生）。
　　边绅泉夫子（印恩源，任邱庠生）。
　　李文阁夫子（讳廷章，涞水岁贡生）。
　　张觐侯夫子（印华燕，甲午科举人，议叙湖北本班尽先即补知县）。
　　蒋信侪夫子（印国亮，丁酉科举人，前天津育才馆汉文教习）。
　　夏遂卿夫子（印曾佑，庚寅科会元，安徽候补直隶州知州，前天津育才馆汉文教习）。
　　周焘臣夫子（印长龄，前天津育才馆英文教习）。
　　陈義川夫子（印寿平，四品衔都察院都事，前畿辅学堂英文斋长）。

受知师：

年伯沈剑芙夫子（讳宝青，癸未科进士，前归安县知县）。

徐季和夫子（讳致祥，庚申科会元，兵部左侍郎，前浙江学政）。

年伯张燮钧夫子（印亨嘉，癸未科进士，大理寺少卿，现任浙江学政，本科监临）。

太年伯任筱园夫子（印道镕，现任浙江巡抚，本科监临）。

诚果泉夫子（印勋，现任浙江布政使，本科提调）。

许　　夫子（印贞干，浙江候补道，本科提调）。

湍莨臣夫子（印多布，现任浙江按察使，本科监试）。

年世伯朱小笏夫子（印启凤，浙江尽先补用道，本科监试）。

年伯熊再卿夫子（印起璠，现任浙江绍兴府知府，本科内监试）。

乡试中式第二百五名。

会试中式第　名。

殿试第　甲第　名。

钦点　　　。

浙江乡试卷（第十二房）

中式第二百五名举人沈承熙，湖州府学附贡生，归安县民籍，指分江苏试用知县。

同考试官：同知衔截取知县顾阅：荐。又批：议论精通，策义妥适。

大主考：翰林院编修、协办院事、国史馆协修、功臣馆纂修、大学堂副总办李批：取。又批：笔致清妍，策义均妥。

大主考：日讲起居注官、翰林院侍读学士、南书房行走、起居注总办、咸安宫总裁教习、庶吉士朱批：中。又批：词意稳惬，策义妥切。

本房原荐批：
第一场：持论既精，摛词无懦，第一艺尤胜。
第二场：援引赅博，头头是道。
第三场，持论颇凹。

聚奎堂原批：
气充词沛，一往清利，策明畅，义妥适。

附录十四：皇清诰授奉政大夫王君云卿碑铭

皇清诰授奉政大夫王君云卿碑铭[①]

沈家本

君讳思纯，字云卿，明靖难忠臣谢贵后。以避祸，改姓王氏，世为湖州归安县人。君少孤家贫，以母命去儒学贾。然君沉默好书，暇辄私习之。

既冠，遭母丧。服阕，慨然曰："阛阓中，吾安能郁郁久居乎？"同侪咸目笑之。君独自念叔父少泉司马宦津门，因往依之。司马爱其才，为援例纳粟得官。旋补阜城典史，调署邢台。奉法守职，思不出位。以官卑不竟厥施，复援例以知县试用，充天津县发审委员，旋调省发审局。剖决明敏，上官咸称之曰能，然犹未之奇也。

庚子之乱，畿辅各州县河决鱼烂，公私扫地，不可收拾。会容城令缺出，地当冲，众缩朒不敢前，君毅然请行，余为言之方伯。奉檄往，至则修城复濠，缮治守备，拳匪不敢犯。统帅某率兵至，纵兵大掠，且声言痛剿匪类，且屠洗数村，容民汹惧。君驰诣营中，让之曰："乱方亟，公为统帅，不能坚明约束，民何罪乎？必若所为，是吾民不死于敌、死于匪而死于兵。今首要已伏诛，愚民无知被胁，请以百口保其无他。"某帅气夺，少敛迹，旋移营去。

已而联军大至，德法二国将驻兵容城。君往见德法帅，反覆言城中不可驻兵状，辞气激昂。时法人以教民房屋被毁，嘱德兵官挟君之安肃，使兵环守之。索赔款三十万，胁以白刃、拟以火枪者，屡

[①] 王树荣纂修：《小湖王氏宗谱 第4册 卷12—14》，卷十三"墓碑"，1936年重修，第23—24页。

矣。君笑曰："吾此来,身家性命早置度外,断头炸胸,固其所耳。偿款如过十万,吾请以身殉!"容城士民既失君,则大骇不知所措,急酿金数千贿德法帅,请脱君。而安肃令胡君宾国,力为君营解,卒以钱七万七千议结,德法帅亦竟不复驻兵容城,容民莫不感泣。明年四月,有德国兵自新安至,又将驻容城文庙。君急驰至保定见德帅,力言文庙不可驻兵状。德帅大笑,顾谓舌人曰:"彼又为百姓来矣!"遂电止其兵。

及将受代,士民争赴大府乞留。于例不许,旋复檄署昌黎。先是,昌黎被拳匪之乱,官无暇理词讼,久则紊如乱丝,不可爬梳,愈置不问。盗贼隐伏山谷间,掳人勒赎,亦不敢治。君既至,首清釐积案数百事,复亲率兵往捕巨盗数人,立置重典,一境肃然。又往见英日兵官,劝令严束部伍,相约不犯境内。并议定美法教案赔款,以安民教。月诣书院,召诸生亲试月课,虽公事旁午,不废也。

君去昌黎,士民留之者,一如去容城时。不得,则撰文颂君德政,大书深刻,以志去不忘。君既卸任,旋病。曰:"方事急时,吾振厉精神,不自知身之孱弱也。今事定,转惫矣。"时留京营务处不得人,大府檄君往。于光绪二十九年十二月二十一日卒于京寓差次,年四十有八。

曾祖讳锦,祖讳鸿,父讳善。初娶黄氏,生一女凤姑,扶君榇归籍,女旋卒。无子,以族兄思治之子齐楷为嗣。将于三十一年十二月二十三日,卜葬于乌程县西杨家埠王母山之阳,邮书请铭于余。庚子之岁,余在保定,方摄按察使事,亦被困十余日。与君同在患难中,故知君事最稔。铭曰:

风急而劲草自见,岁寒而松柏可知。匪妖氛之横决兮,曷由著君才之奇?临大难而不惧兮,履险途其如夷。惜巫阳之下召兮,述治行而止于斯。

二品顶戴修律大臣、法部右侍郎、姻愚姪沈家本拜撰
赐进士出身、翰林院编修、世愚姪章祖申书丹并篆额
皇清光绪三十三年,岁在旃蒙协洽正月之吉树碑

附录十五：沈家本致二村啸庵手札

沈家本致二村啸庵手札①

山海修阻，暌隔音塵，叠奉鱼缄，恍挹清德。祇以官私事冗，裁答稽延，滋以为愧。兹奉和原韵两章，聊博方家一粲，惟指教之。

天各一方，觌面无从。炎暑方来，语维珍摄。

此上

啸庵老吟翁砚者

沈家本顿首
光绪三十四年五月十三日

---

① 沈家本：《致二村啸庵手札》，载《书法丛刊》2011年第6期，第64—65页。感谢复旦大学图书馆宋雅婧老师在文献传递中提供的帮助。二村啸庵为日本福冈县人，曾多次写信向沈家本索诗。沈家本手札中所言的"奉和原韵两章"，以《日本二村啸庵前年冬书来索诗，未寄，两次书来相促，依元韵答之（戊申）》为名，收录于《枕碧楼偶存稿》中。其一曰："海上鱼书迢递至，新诗展卷几回看。遥知圆峤方壶际，松柏青青耐岁寒。"其二曰："匆匆忽过两年春，迩景频催白发新。我与梅花清一样，世人漫笑在官贫。"二村啸庵喜欢收集名人书画，曾向多位晚清名人索诗。沈家本外，桐城派大家吴汝纶亦有《福冈县有二村啸庵者，好藏名人书画，贻诗索字，依韵答之》一诗云："先生好客如搏象，藏奔齿牙当象看。又似人间画龙手，满纸沧洲云雾寒。"（吴汝纶：《桐城吴先生集诗文集》，清光绪刻《桐城吴先生全书》本，中国基本古籍库电子版第236页）。

附录十六：令江苏直隶浙江民政长前法部正首领沈家本灵柩回籍应饬沿途地方官妥为照料文

令江苏直隶浙江民政长前法部正首领沈家本灵柩回籍应饬沿途地方官妥为照料文[①]

据本部佥事沈承熙呈称：佥事本生父于本年六月九日在京寓病逝，现拟扶柩回籍，恳请给假二十日。再，职父身故之时，经铨叙局呈由大总统批准，灵柩回籍时沿途地方官妥为照料。职此次南行，拟于本月十九日乘火车赴津，航海到沪，再由沪乘船回浙江吴兴县原籍。应请发给护照，并知照各该地方官藉资保护而利遄行等情。

查前法部正首领沈家本考定法律，赞助共和，夙夜辛勤，积劳病故。曾由铨叙局核议，俟其灵柩回籍时，饬沿途地方官妥为照料等因，奉大总统批准有案。兹既据伊子沈承熙呈请前来，除由本部发给护照并分行外，为此令仰该民政长转饬各该地方官妥为照料，以昭优异。此令。

[①] 《令江苏直隶浙江民政长前法部正首领沈家本灵柩回籍应饬沿途地方官妥为照料文（十月十七日）》，载《内务公报》1913年11月15日，第2期，第32—33页，"命令"。

附录十七：内务部呈本部佥事沈承熙积劳病故恳请照章给恤文并批令

内务部呈本部佥事沈承熙积劳病故恳请照章给恤文并批令①

为本部佥事沈承熙积劳病故，恳请照章给恤，仰祈钧鉴事：

案据京师警察厅总监吴炳湘详称，据外右三区详称，属境金井胡同一号住户、已故内务部佥事沈承熙之子沈仁堪禀称，伊故父沈承熙，系浙江吴兴县人，由举人报捐主事。清光绪二十九年，分工部行走，旋丁母忧。三十一年，由巡警部调派外城巡警总厅当差，充豫审厅审判委员，兼充警厅行政处股长，派署六品警官。三十二年，补警政司主事，充行政科、警学科帮稿。民国元年，内务部改组，荐任佥事，叙五等，给第五级俸，派充第三科科长。二年，丁父忧，旋派第二科、第一科科长，进给四等第四级俸，月支俸给二百八十元。于本年八月六日积劳病故。计在职以来，除扣去丁艰年限，已逾九年。为此恳请转详给恤等情，转详到厅，理合据情转详等情，到部。

本部查该故佥事沈承熙，于前清光绪二十九年，以主事分工部行走。民国元年，荐任为本部佥事，叙五等第五级俸。二年，进给四等第四级俸，月支俸给二百八十元。除丁艰不计外，合计实在服官年限已逾九年，核与《文官恤金令》第二十三条所载事例相符。

---

① 《内务部呈本部佥事沈承熙积劳病故恳请照章给恤文并批令》，载《政府公报》1915年10月3日，第1223号，第19页，"呈"。

该故金事服务有年,颇著劳勚,现因病身故,应依《文官恤金令》第二十三条第一项之规定,给其遗族一次恤金银二百八十元,并依同条第二项之规定,按照九年递加恤金,给予银五百零四元。

除咨达铨叙局照章核办外,理合具呈,谨乞大总统钧鉴训示施行。谨呈。

批令:准如所拟给恤,交政事堂饬铨叙局查照。此批。

大总统印

中华民国四年九月二十八日
国务卿徐世昌

附录十八：沈承烈偕弟承煌、沈仁垓率子厚淦挽汪大燮联

沈承烈偕弟承煌挽汪大燮联

德业较独孤郁为优，垂老权璩，愧我未能依骥尾
勋名等富彦国而上，受知元献，哀公转自泣椿阴

——沈承烈偕弟承煌[1]

沈仁垓率子厚淦挽汪大燮联

内应端揆，外睦邦交，憔悴不堪论，长自闭门过岁晚
画合禅机，书传心学，孤寒同一哭，可怜无地达恩思

——沈仁垓率子厚淦[2]

---

[1] 汪庚编：《钱塘汪公哀挽录·挽联》，1929年印行，第24页。
[2] 汪庚编：《钱塘汪公哀挽录·挽联》，1929年印行，第24—25页。

附录十九：沈仁垌（余谷似）词作三首

千秋岁

幽居新择，聊住为□客。室□小，花堪折。楼头钟鼓接，闹市俗尘隔。窗明净，枣香影里诗人宅。

写尽牢愁意，莫使污胸膈。数往事，惊心魄。电光才一瞥，恩怨都轻割。从今后，斜晖正好休空掷。①

鹧鸪天

燕子重来认旧巢，钟楼改建气偏豪。骄阳仍然蓬门影，已早光明过暗礁。

思往事，雨飘摇，明争暗斗伪装乔。人前笑面夸荣贵，黑夜传声电浪迢。②

沁园春

回首十年，旧梦重温，玉立眼前。念吾儿投笔，征骑初试，竟随主帅，扫荡烽烟。为国亡身，伤残手足，壮志何曾片刻闲。流年逝，叹丰碑屹立，南望邯郸。

而今语慰重泉，□吾党欢联各族间。更交亲异域，和平同颂，如兄如弟，四海腾欢。领导英明，群贤辅佐，万姓同歌大有年。吾

---

① 余谷似：《千秋岁》，载钟鸿：《寻美·寻乐·寻情》，华文出版社2000年版，第162页。词牌名钟鸿未明言，遍查《钦定词谱》所载826调，2306体，未有尽符者。唯除上阕"聊住为客，室小花堪折"，下阕"写尽牢骚愁意"外，格律与《千秋岁》一致，故疑抄引时有所衍漏。今校正如上，缺字以"□"代之。

② 余谷似：《鹧鸪天》，载钟鸿：《寻美·寻乐·寻情》，华文出版社2000年版，第162页。

虽老,正欣逢盛世,长自开颜。①

---

① 余谷似:《沁园春》,载钟鸿:《寻美・寻乐・寻情》,华文出版社 2000 年版,第 164 页。词牌名钟鸿引时未明言,为作者所加。下阕第二句有缺字,以"□"代之。

后　　记

年少毫端无定势。几许雕虫,几许雕龙意。倚马千言何恣肆,纵横今古天人际。

庾信文章真老矣。且尽芳尊,休说风流事。歇笔高楼明月里,云烟满纸痴儿气。

——调寄《蝶恋花》(词林正韵)

斯书之成,殆有年矣。五年之前,动笔于冠岳山上、邻国访学之际;三年之前,初成于黄浦江畔、申城闭关之时。而追溯其源,则实发轫于十八年前、燕园负笈之日。

犹忆当年,蒙本师李贵连先生不弃,得以忝列门墙。亲聆先生之教诲,拜读先生之著作,而于先生毕生精研之吴兴沈公家本,初有所识焉。追经先生指导而成晚清大理院之博士论文,于沈公之认知,乃更进一层。及执教沪上,竟日研读《沈家本全集》,精读《沈家本传》《沈家本年谱长编》诸书,于沈公之认知,乃又进一层。感其会通中西之功,遂有爱屋及乌之思,欲寻其子孙后裔之行迹,藉观其君子之泽。及读后人之论说,益惑其家世谱系之未明、流风余韵之不彰,于其血脉传承更生探求之念矣。

一念既生,念念在兹。乃爬梳剔抉,钩玄索隐,寒暑易节,未敢稍懈。历时数载,遂有是书之成。

所憾者,虽数年之间,增删损益,不知凡几,然囿于学养,犹未尽如人意。文献不足征,史实难尽言,间有推求演绎之语,终非确凿无疑之证,舛误错讹之处,自知在所难免。除反躬自省,内求诸己外,尚祈诸君法眼烛照,慧心明鉴,攻瑕批谬,有以教我。余愿洗耳闻过,俟机更易。奉告电邮如下,博雅君子有匡谬正讹者,感激之至:hantef@fudan.edu.cn。

斯书之成,端赖师长之教,亲友之爱,同仁之助。小子铭感五内,谨录之于此,以志谢忱。

本师李贵连先生:引余入学术之门,塑余之学术生命,身教言传,金声玉振,实杏坛之夫子,乃精神之父母。其传道授业解惑之恩,关爱栽培提携之情,非言语所能谢表。唯固守正道,戮力经典,砥砺学术,潜心本业,以不负先生之殷殷厚望。

前辈耆宿沈厚铎先生:耄耋高龄,不辍笔耕,弘扬沈学,理其大成,鸿文巨制,嘉惠士林。本书诸多观点,皆参阅先生之作而时有辩驳。初稿成,即请先生寓目,且告罪焉。而先生不以为忤,劳神批阅,温言勖勉,惠赐资料,释解疑惑,令人如沐春风,感激莫名。终稿就,复贸然微信致函,请序于先生。而先生慨然应允,旬月之间,成两千余言,不避疏漏之处,不吝溢美之辞。其海量汪涵之胸襟气度,求真务实之学术品格,温柔敦厚之长者风范,尽显厚字之精神,不坠沈氏之家风,令小子感极生愧。斯书以得先生一言之褒为无上之荣,小子亦于先生一谦之德见沈公爱士之风。感佩之情,难以言表,唯愿先生福寿安康!

师兄李启成、孙家红、陈新宇、胡震、王瑞峰诸先生,师姐黄海如女士:师出同门,意气相投,虽悬隔异地,而音书不绝。惠赐史料、指点门径、切磋学术、顾念生计,多年深情厚谊,感念于心。今复披览斧正书稿,不吝奖掖鼓吹,既感且愧。

硕学先进郭建、赵立行、季立刚、孙笑侠诸先生,良师益友王志强、王旭、史大晓、江照信、陈立、王伟、李传轩、潘伟杰、李世刚、侯健、赖骏楠、孟烨、梁咏诸同仁:点拨于困顿之中,激励于窘迫之际,砥砺学术、鞭策科研、关怀生活、传授经验,受惠至深,感激不尽。

复旦大学法学院:求法问道之地,安身立命之所,于本书之出版,功莫大焉,诚非慷慨资助一言可以蔽之,无任感荷。

复旦大学图书馆宋雅婧女士、贵州省图书馆执事司员、深圳市龙岗区图书馆石韫璇女士:慨然相助,于本书之告竣,有文献襄助之功,深表谢忱。

法律出版社刘晓萌女士、北大出版社刘秀芹女士:费心审读,热心推介,于本书之面世,实有佐助引荐之力,特此鸣谢。

上海三联书店钱震华先生:以绝大之耐心,容忍余之延宕,以专业之精神,敬业之态度,致力于本书之编辑,使之以典丽之姿现于人前,衷心感谢。

家严家慈:赐余以生命,抚余之生长,育余至成才,茹苦含辛,戮力耕织,三十余年,倾举家之心力,成一人之学业,克勤克俭,无怨无尤。阳春德泽,天高地厚,寸草之心,永世难报。唯以赤子之心,修身养德,直道前行,以不负庭训,欣慰双亲。

立德、立功、立言,圣人谓之"三不朽"。《典论》更云:"盖文章,经国之大业,不朽之盛事。"后学以此知先辈视文之重。顾亭林先生尝曰:著述"必古人之所未及就,后世之所不可无者,而后为之。"前辈程树德先生《九朝律考》引为名言。小子由是更知前贤著文之慎。故虽身为书生,论述乃为本业,然著书立说,于余而言,终为神而圣之之事。今将以拙陋之作付梓刊行,灾梨祸枣,中心惶惶惴惴,爰记成书始末及师友恩义于此,以示谢忱,兼作警策。区区微衷,贤明诸君鉴之!

呜呼！辞别帝都，客居江南，倏忽十数载矣，华发渐生，而学术未有寸进。马齿徒增，情怀渐老，春秋虚度，书剑无成，良可叹也，思之汗颜！唯集沈公家本诗句自嘲曰："弹铗憔悴风尘间，座上杯空兴未阑。骑驴懒向京华去，只今空话木樨禅。"诸君雅达，当不以人老情多笑我也。

韩　涛
癸卯年庚申月癸卯日于复旦

图书在版编目(CIP)数据

法脉不绝：沈家本先生后裔小考：以沈承熙为中心 /韩涛著.
—上海：上海三联书店,2023.10

ISBN 978-7-5426-8255-0

Ⅰ.①法… Ⅱ.①韩… Ⅲ.①沈家本(1840—1913)—人物研究 Ⅳ.①K825.19

中国国家版本馆 CIP 数据核字(2023)第 184796 号

法脉不绝：沈家本先生后裔小考
——以沈承熙为中心

著　　者　韩　涛

责任编辑　钱震华

装帧设计　陈益平

出版发行　上海三联书店
　　　　　中国上海市漕溪北路 331 号
印　　刷　上海新文印刷厂有限公司

版　　次　2023 年 10 月第 1 版
印　　次　2023 年 10 月第 1 次印刷
开　　本　890×1240　1/32
字　　数　268 千字
印　　张　11
书　　号　ISBN 978-7-5426-8255-0/K · 743
定　　价　68.00 元